全国教育科学"十三五"规划2016年一般项目"民族地区农村中小学积极心理健康教育体系构建研究"
（课题批准编号：BMA160022）

## 心理基础与应用丛书
丛书主编／韦义平

# 广西农村中小学积极心理健康教育体系构建研究

余欣欣 李 山 等 著

科学出版社
北京

## 内 容 简 介

本书对广西农村中小学心理健康教育现状进行了调查，并在调查的基础上提出相应的对策。本书以广西农村小学生和初中生为研究对象，调查了广西农村小学生、初中生的心理健康特点及幸福感特点，提出农村中小学积极心理健康教育体系，包括心理健康课程体系、团体辅导活动体系、心理健康教育保障体系、心理危机干预体系。本书还介绍了如何在农村小学、初中学科教学中及农村中小学生工作中进行积极心理健康教育的渗透，阐述了如何将少数民族文化渗透进农村中小学的积极心理健康教育中。

本书可供心理学、教育学等相关学科的研究者、教育工作者及对心理学感兴趣的读者阅读参考。

---

**图书在版编目（CIP）数据**

广西农村中小学积极心理健康教育体系构建研究/余欣欣等著. —北京：科学出版社，2022.3

（心理基础与应用丛书 / 韦义平主编）

ISBN 978-7-03-071908-9

Ⅰ.①广… Ⅱ.①余… Ⅲ.①农村学校－中小学生－心理健康－健康教育－教育体系－研究－广西 Ⅳ.①G444

中国版本图书馆 CIP 数据核字（2022）第 043838 号

责任编辑：郭勇斌 彭婧煜 方昊圆 / 责任校对：杜子昂
责任印制：张 伟 / 封面设计：黄华斌

科学出版社 出版
北京东黄城根北街 16 号
邮政编码：100717
http://www.sciencep.com

北京九州迅驰传媒文化有限公司 印刷
科学出版社发行 各地新华书店经销

\*

2022 年 3 月第 一 版　开本：720×1000　1/16
2022 年 3 月第一次印刷　印张：17
字数：305 000

**定价：108.00 元**
（如有印装质量问题，我社负责调换）

## "心理基础与应用丛书"编委会

主　编：韦义平
编　委：韩振华　余欣欣　苏思慧
　　　　莫　文　李宏翰　廖昌荫
　　　　吴素梅　秦素琼　刘　珂

# 丛 书 序

　　心理学是一门古老而又年轻的学科，它的古老表现在人们在很早的时候就开始关注内心及其变化和成长。早在春秋时期，诸子百家就广泛关注心理问题，认为身体为形，而心灵为神，形成了以"形具而神生"为核心思想的形神论，孟子提出的"权，然后知轻重，度，然后知长短，物皆然、心为甚。"论点成为心理测量学的经典语录。中国古代医学不仅详细分析了情绪与个人需要的类型，提出七情六欲理论，还提出有长久历史影响力的情绪激活与身体健康的关系理论，《黄帝内经》之《素问》指出"怒伤肝、喜伤心、思伤脾、忧伤肺、恐伤肾"等情绪应激对身体的影响成为中医的重要理论基础。在个性发展方面，《三字经》提出的"人之初，性本善。性相近，习相远。"的观点已经传诵数千年。在西方，心理学一词起源于希腊文，意指这是一门关于灵魂（psyche）的学科，柏拉图、亚里士多德等古希腊哲学家都阐述过许多与心理学相关的观点。1879 年，冯特建立世界上第一个心理学实验室，标志着心理学从哲学母体中独立出来，成为一门独立的学科。心理学走向科学发展道路，促进了自身的迅速发展，但似乎开始披上神秘的面纱，与人们的日常生活渐行渐远，曾一度被认为是迷信学科，心理学专业的学生曾经在回答他人询问时说自己是学心理学的，竟然引起询问者的紧张、不安和焦虑，这种情形直至今日也时有发生。心理学的研究及大量的研究成果也如同其他很多研究一样，被搁置在无用的文件柜中。

　　当今社会面临着社会迅速发展带来的心理不适应问题、文化与价值多元带来的心理和谐问题、老年化社会出现的空巢问题、人口迁徙产生的留守和随迁问题、心理健康教育模式转变等因素给心理学科带来的巨大机遇和挑战。心理学能否适应这个挑战，满足社会发展对心理学的需求是每一位心理学工作者必须面对和思考的问题。在这样的背景下，心理学一方面要加强基础性研究，深入了解人类的心理活动尤其是大脑进行信息加工的机制、特点，从内在的神经活动及外在的行为表现两个层面系统地探索人类心理活动的本质、机制、特征,另一方面要加强心理学的应用研究,探索与应用可以促进人们心理品质健康发展的新理念、新技术、新方法。在这样的背景下,广西师范大学教育学部认知神经科学与应用心理实验室于2014年申报并成功获批广西高校重点实验室,实验室的使命是致力于心理学的基础与应用研究。在基础研究层面,致力于研究大脑进行各种活动的信息加工机制和特点;在应用研究层面,致力于从多个层面展开心理学服务于个体与社会和谐、稳定发展的研究,包括应用实践课题研究、人才培养、社会服务等。

"心理基础与应用丛书"就是体现这样一种价值追求的产物,它不预设固定的规矩框条,而是充分尊重和发挥重点实验室专家、学者们的智慧,鼓励现在及未来的学者们不断地对心理学进行基础研究、应用研究和基础应用研究,不断地解答心理现象及活动之道、心理学原理、技术、方法的应用之道,希望通过学者们的持续努力,不断地丰富各方面的研究,为心理学,尤其是民族地区心理学的发展与服务社会做出积极的贡献。

丛书编委会<br>2017年5月

# 前　言

本书以广西为例，在调研的基础上，构建广西农村中小学积极心理健康教育体系。鉴于广西大部分地区的高中都集中于县城办学，位于农村地区的高中较少，因此，本书的研究对象以广西农村的小学和初中为主。

随着社会经济和教育的不断发展，国家对心理健康教育越来越重视。教育部陆续出台了多份文件，明确了中小学心理健康教育在全面推进素质教育的教育理念中占有重要地位。我国中小学心理健康教育的发展现状呈现明显的地域差异，即东部比西部好，城市比农村好。因此对西部省（自治区、直辖市）的农村中小学心理健康教育进行研究具有更加深刻的意义。广西农村中小学心理健康教育起步较晚，构建切合广西农村中小学学生实际、师资实际、经济实际，融入民族文化特色的积极心理健康教育体系，将促使广西农村中小学心理健康教育跃上一个新台阶，取得新的突破。积极心理健康教育就是一切从"积极"出发，即用积极的视角发现和解读各种现象，用积极的内容和途径培养积极向上的心态，用积极的过程诱发积极的情感体验，用积极的反馈强化积极的效果，用积极的态度塑造积极的人生，从而为构建和谐社会奠定积极的心理基础，营造和谐的精神状态。

《广西农村中小学积极心理健康教育体系构建研究》是全国教育科学"十三五"规划课题研究成果。全书共分为十章，具体为：第一章"广西农村中小学心理健康教育现状及对策"，由余欣欣、杨湛撰写；第二章"广西农村小学生心理健康特点研究"，由王洁滢、余欣欣撰写；第三章"广西农村小学生幸福感特点研究"，由谢唯、余欣欣撰写；第四章"广西农村初中生心理健康特点研究"，由谢一瑢、李山撰写；第五章"广西农村初中生主观幸福感特点研究"，由郭梦丹、李山撰写；第六章"农村中小学积极心理健康教育体系的构建"，由刘锋、杨文清、何倩倩、李名洋、陈秋敏、王利南、余欣欣撰写；第七章"积极心理健康教育在农村小学学科教学中的渗透"，由罗漫、袁波撰写；第八章"积极心理健康教育在农村初中学科教学中的渗透",由张夏莹撰写;第九章"农村中小学学生工作中渗透积极心理健康教育的探索",由谭青林撰写;第十章"少数民族文化在广西农村中小学积极心理健康教育中的渗透",由陈家媚撰写。全书由余欣欣、李山负责统稿。

  本课题在调研过程中得到了广西农村多所中小学的大力支持,在此诚挚致谢。本书在撰写过程中得到了广西教师教育学科教学团队"心理健康教育团队"成员、广西人文社会科学发展研究中心"广西心理健康促进服务团队"成员的大力支持与帮助,在此一并致以诚挚的谢意!感谢课题组成员、家人、友人的大力支持,感谢出版社编辑及其他人员的通力协作。

  在本书的撰写过程中,我们广泛参考了国内外的相关著作,吸收了有关研究成果,虽然我们力图将理论性和实践性融于一体,但限于能力与水平,难免存在疏漏,恳请广大读者批评指正。

余欣欣<br>2021 年 9 月于桂林

# 目　　录

丛书序
前言

## 第一章　广西农村中小学心理健康教育现状及对策 ………………… 1
　第一节　广西农村中小学心理健康教育现状 ………………………… 2
　第二节　促进广西农村中小学心理健康教育发展的对策 …………… 7
　参考文献 ………………………………………………………………… 11

## 第二章　广西农村小学生心理健康特点研究 …………………………… 12
　第一节　广西农村小学生心理健康状况调查 ………………………… 12
　第二节　影响广西农村小学生心理健康状况的人口学因素分析 …… 28
　第三节　促进广西农村小学生心理健康的策略 ……………………… 35
　参考文献 ………………………………………………………………… 40

## 第三章　广西农村小学生幸福感特点研究 ……………………………… 44
　第一节　广西农村小学生幸福感状况调查 …………………………… 45
　第二节　影响广西农村小学生幸福感状况的人口学因素分析 ……… 57
　第三节　促进广西农村小学生幸福感的策略 ………………………… 62
　参考文献 ………………………………………………………………… 69

## 第四章　广西农村初中生心理健康特点研究 …………………………… 71
　第一节　广西农村初中生心理健康状况调查 ………………………… 71
　第二节　影响广西农村初中生心理健康状况的人口学因素分析 …… 82
　第三节　促进广西农村初中生心理健康的策略 ……………………… 89
　参考文献 ………………………………………………………………… 94

## 第五章　广西农村初中生主观幸福感特点研究 ………………………… 96
　第一节　广西农村初中生主观幸福感现状特点调查 ………………… 97
　第二节　影响广西农村初中生主观幸福感的人口学因素分析 ……… 110
　第三节　促进广西农村初中生主观幸福感的策略 …………………… 115

参考文献 …… 122

## 第六章 农村中小学积极心理健康教育体系的构建 …… 124
- 第一节 确立以积极发展为核心的多层次目标 …… 125
- 第二节 创设以学生为中心的多主体教育环境 …… 126
- 第三节 农村中小学积极心理健康教育课程体系的构建 …… 129
- 第四节 农村中小学积极心理健康教育团体辅导活动体系的构建 …… 135
- 第五节 农村中小学积极心理健康教育保障体系的构建 …… 146
- 第六节 农村中小学心理危机干预体系的构建 …… 166
- 参考文献 …… 182

## 第七章 积极心理健康教育在农村小学学科教学中的渗透 …… 185
- 第一节 农村小学积极心理健康教育开展的现状 …… 185
- 第二节 积极心理健康教育在小学学科教学中渗透的必要性和可行性 …… 187
- 第三节 积极心理健康教育在农村小学学科中渗透的原则 …… 190
- 第四节 积极心理健康教育在农村小学低年级各学科渗透的途径与方法 …… 191
- 第五节 积极心理健康教育在农村小学高年级各学科渗透的途径与方法 …… 195
- 第六节 积极心理健康教育在农村小学低年级学科教学中渗透的个案分析 …… 199
- 第七节 积极心理健康教育在农村小学高年级学科教学中渗透的个案分析 …… 203
- 参考文献 …… 205

## 第八章 积极心理健康教育在农村初中学科教学中的渗透 …… 206
- 第一节 农村初中积极心理健康教育开展的现状 …… 206
- 第二节 积极心理健康教育在农村初中学科中渗透的必要性和可行性 …… 209
- 第三节 积极心理健康教育在农村初中学科中渗透的原则 …… 212
- 第四节 积极心理健康教育在农村初中学科中渗透的途径与方法 …… 214
- 第五节 积极心理健康教育在农村初中学科中渗透的个案分析 …… 217
- 参考文献 …… 226

## 第九章 农村中小学学生工作中渗透积极心理健康教育的探索 …… 228
- 第一节 农村中小学当前的学生心理问题现状 …… 228

# 目 录

　　第二节　在农村中小学学生工作中渗透积极心理健康教育的必要性……233
　　第三节　农村中小学学生工作中渗透积极心理健康教育的对策………235
　　参考文献……………………………………………………………………241
**第十章　少数民族文化在广西农村中小学积极心理健康教育中的渗透**……242
　　第一节　少数民族文化在农村中小学积极心理健康
　　　　　　教育中渗透的意义……………………………………………242
　　第二节　少数民族文化融入农村中小学积极心理健康教育的路径……247
　　第三节　少数民族文化在课程中的渗透……………………………………251
　　参考文献……………………………………………………………………254

# 第一章　广西农村中小学心理健康教育现状及对策

随着社会经济和教育的不断发展,国家对心理健康教育越来越重视。近几年,教育部陆续出台了多份文件,明确了中小学心理健康教育在全面推进素质教育的教育理念中占有的重要地位(王宋芳等,2018)。我国中小学心理健康教育发展现状呈现明显的地域差异,即东部比西部好,城市比农村好。所以对西部省(自治区、直辖市)的农村中小学心理健康教育进行研究具有深刻的意义。为贯彻落实教育部《中小学心理健康教育指导纲要(2012年修订)》(以下简称《纲要》)精神,进一步科学指导和规范管理广西壮族自治区中小学心理健康教育工作,全面提高广西壮族自治区中小学心理健康教育发展水平和中小学学生心理健康素质,广西壮族自治区教育厅在2014年研究制定了《广西壮族自治区贯彻落实中小学心理健康教育指导纲要的实施意见》。随着城镇化进程的推进,农村教育面临规模急剧缩小和质量不升反降的双重困局(周兆海,2018)。广西壮族自治区心理健康教育发展水平呈现明显的城乡差距,再加上农村地区对于心理健康问题的重视程度不够,学生大多都是留守儿童,更加需要受到心理健康方面的教育和关爱。因此本书针对广西农村中小学心理健康教育现状进行调查,提出促进广西农村中小学心理健康教育发展的对策。本书的调查于2020年12月至2021年1月在南宁市、柳州市、桂林市、贵港市、崇左市、百色市、玉林市、钦州市、河池市、来宾市、北海市、梧州市和贺州市所属的农村中小学进行。回收2495份问卷,有效问卷2455份,有效率98.4%,其中小学问卷939份、初中问卷1291份、高中问卷169份、同时包含小学和初中的问卷19份、同时包含初中和高中的问卷37份。学校位置位于乡镇的1704份,位于村的问卷751份。

# 第一节  广西农村中小学心理健康教育现状

## （一）心理健康教育受重视程度情况

### 1. 政府重视程度情况

在回收的问卷中，针对"学校所在市、县是否下发专门的关于心理健康教育的文件"的问题，有 86.92%的学校所在地政府下发了专门的关于心理健康教育的文件，有 13.08%的学校所在地政府没有下发相关文件。有 19.43%的学校是经常有上级主管部门下拨心理健康教育专项经费，47.01%的学校是偶尔有，33.56%的学校从没有。对学校的心理健康教育的效果评价中，有 23.59%的学校是经常有评价，59.51%的学校是偶尔有评价，16.90%的学校是从没有评价。有 61.02%的学校定期受到教育督导部门对学校开展心理健康教育的专项督导检查，38.98%的学校没有定期受到检查。

由此可以看出，政府对于学校心理健康教育的重视程度仍然存在一定的提升空间，可以从经费、效果评价、专项督导检查等方面加大对学校心理健康教育的重视程度。

### 2. 学校重视程度情况

学校作为心理健康教育的实施部门，它的重视程度决定着心理健康教育效果的好坏。在本书研究中，学校的重视程度从以下几个方面来分析。

在学校经费投入方面，有 32.54%的学校没有心理健康教育经费投入，投入经费 2000 元以下、2000~4000 元和 4000 元以上的分别占比 38.25%、19.27%和 9.94%。有大约 1/3 的学校对于心理健康教育工作的经费投入没到位。

对于学校心理健康教育工作计划方面，没有计划的占比 20.41%，有学期计划的占比 64.28%，有学年计划的占比 15.31%。在有工作计划的学校中，工作计划的实施情况如下：全面落实的占比 37.44%，部分开展和少量执行的分别占比 35.76%和 19.39%，尚未实施的占比 7.41%。工作计划是学校心理健康教育实施的开端和保障，存在 1/5 的学校没有制订关于心理健康教育的工作计划，这说明广西还需要加强指导农村中小学制订心理健康教育工作计划。从实施情况来看，在制定了心理健康教育工作计划的学校中，有 73.2%的学校全面落实和部分开展心理健康教育工作，说明制定了计划的学校，其心理健康教育工作开展情况良好，但是也还需要加强监督。

## （二）学校心理健康教育工作开展情况

**1. 学校是否成立心理健康教育机构**

在本书调查中，有 57.68%的学校下文成立专门的心理健康教育机构，有 42.32%的学校并无下文成立专门的心理健康教育机构。说明广西农村中小学还有很大一部分学校没有成立专门的心理健康教育机构来负责开展工作。

关于心理健康教育，有 49.65%的学校是由政教处主管，33.69%的学校是由教务处主管，3.30%的学校是由科研处主管，13.36%的学校是由团委、班主任、心理健康教师、其他老师主管负责。这说明心理健康教育工作更多的是被归并到政教和教务工作中，这也可能与学校没有下文成立专门的心理健康教育机构有关。

**2. 心理健康课程现状**

心理健康教育工作很大一部分是通过教学实现的，而教学主要是通过心理健康课程作为媒介。本次调查显示有 84.77%的学校要求学科老师在教学中渗透心理健康教育的内容，15.23%的学校没做要求。这说明心理健康教育思想已经在教师团队中广泛普及，学校老师重视学生们的心理健康问题。

心理健康课程的开设现状如下，有 56.37%的学校开设了心理健康课程，43.63%的学校仍然没有心理健康课程。在开设了心理健康课程的学校中，一周 0.5 节课、1 节课和 2 节课分别占 25.45%、62.14%和 12.41%。运用正规出版的专用教材的占比 65.53%。有 61.51%的学校的心理健康课程正常开展，28.03%的学校偶尔被其他课程占用，10.46%的学校经常被其他课程占用。

从调查数据可以看出广西农村中小学心理健康课程还需要完善，有近一半的学校没有开设心理健康课程，心理健康教育主要是通过其他教学途径渗透。在有心理健康课程的学校里，1/4 的学校是两周一节，课时量还不够充足。针对教材的使用，有 1/3 的学校没有心理健康教育的专用教材，教材是教学的基础，广西农村中小学应尽量规范心理健康课程教材的使用。课程的教学情况中也只有六成的学校是正常开展，其他学校均存在占用心理健康课程的现象。心理健康课应当像其他课程一样有它的专属地位，它是学校开展心理健康教育的重要途径，农村中小学应该在开设课程、提供一定的课时量、使用高品质教材、实施教学等各个方面给予心理健康教育足够的重视。

在开设有心理健康课程的农村中小学中，从开设心理健康课程的年级分布中可以看出小学低年级（一至三年级）开设心理健康课程的课时数量要略低于高年级（四至六年级）。中学初三和高三年级开设心理健康课程的课时数量也要略低于其他低年级。心理健康课程关注的是学生的心理健康问题，这种关注应该是持续的，广西农村中小学心理健康课程年级分布上也应该是均衡的。

**3. 心理健康教育形式**

心理健康教育的形式多种多样。经调查发现，广西农村中小学开展心理健康教育采取的多种形式中，采取主题班会形式的占 63.79%，采取心理健康课程形式的占 46.64%，采取校园文化形式的占 36.33%，采取学科渗透形式的占 31.32%，采取专题讲座形式的占 30.96%。还存在 14.95% 的学校没有采取上述任何形式开展心理健康教育工作。这说明广西多数农村中小学目前已采取多种形式开展心理健康教育，仅有少部分学校还未开展心理健康教育。

课外活动也是丰富学生心理健康教育知识的途径之一，本次调查显示，更多的学校倾向于通过心理素质拓展活动来丰富学生心理知识，占 29.29%。随后是学生社团活动、演讲比赛和校园心理剧，分别占 25.17%、21.55% 和 13.44%。32.63% 的学校没有通过课外活动拓展学生们的心理健康知识。课外活动也是学生学习的途径之一，形式相比于课堂学习更加有趣生动。广西农村中小学应该加强这方面的实践来提高整体的心理健康教育效果。

调查发现，在让学生了解心理健康知识的多种途径中，最常用的是宣传栏，有 50.31% 的学校都采取该方式。其次是教育类影片、校园广播、心理主题手抄报、校园海报、校报、心理漫画和校园网，分别占比 41.26%、33.28%、32.1%、31.0%、13.36%、9.69% 和 9.45%。但也有 20.81% 的学校没有通过以上各种途径让学生们了解心理健康知识。这说明广西大部分农村中小学都有意识通过采取多种形式来宣传心理健康知识，也有少部分学校的心理健康教育意识较淡薄。

面向学生家长开展心理健康教育讲座或培训也是学校心理健康教育的途径之一。本次调查中，有 29.25% 的学校没有开展过面向家长的心理健康教育讲座或培训，有 34.90% 的学校每学期开展一次，有 17.56% 的学校每学期开展两次，有 18.29% 的学校每学期开展三次及以上。有 51.69% 的学校每年有开展心理健康活动周或心理健康活动月的活动，48.31% 的学校没有开展。

心理健康教育作为学校教育的一个重要内容，有多种多样的教育形式，心理健康活动是其中重要的形式，但调查结果还不尽如人意，广西农村中小学应该多组织、策划这类心理健康教育方式，丰富教学内容，让心理健康教育变得更加活泼生动。

从科研课题的角度看待广西农村中小学心理健康教育发展现状，仅有44.56%的学校承担过心理健康教育方面的全校性科研课题。应提倡广西农村中小学大力开展全校性的心理健康方面的科研课题，以科研促进学校有效开展心理健康教育工作。

### （三）心理健康教育设备要素发展情况

心理健康教育是一项依赖设备要素发展的工作，学校有无心理健康中心，心理健康中心设备配备是否完善都可以反映该学校的心理健康教育水平的高低。在本次调查中，66.97%的学校设有心理咨询室，33.03%的学校没有心理咨询室。

在有心理咨询室的学校中，心理咨询室的现状如下，咨询室开放时间在课余的占50.03%，固定时间开放的占39.79%，不开放的占10.18%。在已有心理咨询室的学校中，74.31%的学校心理咨询室有相关规章制度并且已公布，13.23%的咨询室有相关规章制度但还未公布，12.46%的咨询室没有制定相关规章制度。有68.47%的学校的心理咨询室有相关老师值班做咨询，31.53%的学校并未安排老师在咨询室值班。16.16%的咨询室没有咨询记录，37.40%的咨询室有时有咨询记录，46.44%的咨询室有完整的咨询记录。

调查数据显示，广西约2/3的农村中小学有心理咨询室，其中，仅有1/10的学校没有开放心理咨询室，心理咨询室的使用率比较高，大部分的心理咨询室都制定了相关的规章制度。有三成的学校没有老师值班咨询，老师值班是处理应对突发心理危机事件最大的保障，故该方面还须引起重视。对于心理咨询规范化所必要的咨询记录，仍存在过半的学校是没有和有时有的状态。这说明广西农村中小学的心理咨询专业化程度还有待提高。

调查数据表明，49.21%的学校设有心理健康宣传橱窗，18.78%的学校有音乐放松室，18.04%的学校有团体活动室，9.16%的学校有沙盘游戏室，8.23%的学校有宣泄室。心理健康教育硬件设施除了心理咨询室和宣传橱窗外，最受广西农村中小学生喜爱的是音乐放松室和团体活动室，但总体上占比还是很少，拥有这些设施的学校不到1/5。这反映了广西农村中小学心理健康教育工作基础硬件的不足，政府与学校仍需要投入更多的经费来加强硬件设施的建设。

## （四）心理健康教育师资队伍的建设情况

**1. 教师整体水平状况**

心理健康教育工作离不开教师这一实施者，心理健康教师质量的整体水平也直接影响着心理健康教育工作的效果，而教师质量最直接最明显的衡量标准即证书的拥有情况。

本次研究中，学校教师获得国家二级心理咨询师资格证的人数为1名、2名和3名及以上的分别占11.41%、6.47%和8.19%。有73.93%的学校没有教师获得国家二级心理咨询师资格证。获得国家三级心理咨询师资格证的人数为1名、2名和3名及以上的分别占15.44%、6.44%和7.37%。有70.75%的学校没有教师获得国家三级心理咨询师资格证。拥有心理健康教师资格证的老师为1名、2名和3名及以上的分别占19.27%、9.12%和11.81%，有59.80%的学校没有教师获得此证。从数据可以清晰地看出广西农村中小学教师整体的心理健康教育水平还欠佳，超过半数的学校甚至没有教师拥有心理健康教师职业资格证书，可见广西农村中小学心理健康教师资源的匮乏。

学校内负责心理健康教育工作的教师专业背景是心理学专业、教育学专业、其他专业的占比分别为25.25%、40.65%和25.38%，还有8.72%的学校没有专人负责。心理健康老师有编制的学校占比56.17%。

这说明在广西农村中小学有心理学专业背景的教师资源很匮乏，应该通过大力培育或引进有心理学专业背景的人才来提高广西农村中小学心理健康教师团队的水平。心理健康教师的编制情况也有待改善，仅有56.17%的学校心理健康教师是有编制待遇的，编制不足也可能造成心理健康教师的流失和阻碍心理健康教师的引进。

从教师培训方面来看，送学校教师出去参加心理健康教育培训的次数为1～2次、3次和4次及以上的分别占42.73%、20.98%和12.87%，有23.42%的学校没有针对教师的心理健康教育培训。促进教师专业发展也是稳定教师队伍的途径之一。在有培训机会的学校中，每年培训次数1～2次的占多数。调查数据表明，广西应重视对农村中小学教师开展心理健康教育方面的培训，促进教师掌握心理健康教育的知识与技能，从而提高农村中小学心理健康教育的水平。

**2. 专职心理健康教师状况**

专职心理健康教师是学校心理健康教育工作的主力军，本次调查广西农村中小学校专职心理健康教师的情况，数据显示有 67.94% 的学校并没有专职的心理健康教师，有 1 名、2 名和 3 名及以上的分别占 17.23%、7.62% 和 7.21%。在有专职心理健康老师的学校中，专职教师为本科学历的最多，占比 63.07%，专科学历和研究生及以上学历分别为 25.27% 和 11.66%。专职教师工作年限三年以下、三至十年和十年以上的分别占 48.36%、37.94% 和 13.70%。

调查数据显示广西农村中小学心理健康教师资源匮乏，有 67.94% 的学校没有专职的心理健康教师。专职心理健康教师的缺乏极大地影响了广西农村中小学心理健康教育的效果。在有专职心理健康教师的学校中，教师学历更多集中在本科和专科学历，这说明广西农村中小学仍然缺乏高学历的心理健康教育专业人才。有 48.36% 的心理健康教师工作年限在三年以下。缺乏经验丰富的专职心理健康教师是制约广西农村中小学心理健康教育高质量开展的重要因素。

**3. 兼职心理健康教师状况**

由于心理健康教育师资力量的缺乏，很多学校是由其他教师兼职心理健康教师的工作。本次调查中，有 43.75% 的学校无兼职心理健康教师，有 1 名、2 名和 3 名及以上兼职心理健康教师的分别占 32.95%、10.51% 和 12.79%。兼职心理健康教师学历分布上，专科、本科和研究生及以上的分别占 27.41%、66.26% 和 6.33%。兼职心理教师工作年限三年以下、三至十年和十年以上的分别占 43.33%、37.71% 和 18.96%。

兼职心理健康教师大多数是班主任、其他文化课教师或行政教师，即便是这种补偿性措施，也仍然存在将近一半的学校没有兼职心理健康教师，兼职心理健康教师学历和工作年限与专职心理健康教师差别不大。这不仅显示了广西农村中小学心理健康教师团队的人才匮乏，也反映了广西对农村中小学心理健康教师队伍建设的重视程度不够。

# 第二节　促进广西农村中小学心理健康教育发展的对策

## （一）将心理健康教育工作作为重点工程对待

他山之石，可以攻玉。心理健康教育工作是教育体系中一个独立且重要的分支，它关注的是学生的心理健康问题。在现今学生自杀、过度叛逆、厌学、辍学等问题频繁发生的社会背景下，学生的心理健康问题已成为大众关注焦点。广西早在 2014 年就颁布了《广西壮族自治区贯彻落实中小学心理健康教育指导纲要的实施意见》。该文件对中小学心理健康教育做了明确且全面的要求，强调了加强中小学心理健康教育的重要性，点明了目前广西中小学心理健康教育的主要任务，督促建立健全中小学心理健康教育的保障体系。心理健康教育工作不同于其他文化教育部分，如若没有达到应有的效果，带来的后果可能就会是学生的生命安全问题，所以心理健康教育工作应该引起广泛的重视。

  本次调查数据表明，政府和学校对于农村中小学心理健康教育的重视程度还有一定的提升空间，很多政策对于乡镇和村学校普及不到位，学校工作开展不到位。我们认为，可以在政府—学校—社会三者之间建立对学生心理健康教育工作的有效保障。政府作为主导部分，可以重点关注以下几方面。首先，应下发更详细的心理健康教育指导文件，指导广西农村中小学开展心理健康教育工作。其次，应建立有效的心理健康评价系统，及时对广西农村中小学心理健康教育工作进行评估。最后，应建立完善的心理健康教育监督体系，保障广西中小学的心理健康教育工作有效开展。学校作为主体部分，应充分贯彻落实上级领导部门的重要指示，做到全面、有效实施，提高对心理健康问题的警觉性，营造良好的校园心理健康教育氛围，结合学校自身的特点，建立适合学校自身情况的、有效的心理健康工作体系。社会环境对学生心理健康也有很大的影响，生活环境直接影响着孩子们的身心健康，农村中小学大多处于偏僻地区，人们对于心理健康教育问题的重视程度不够，而今中国农村 80%的学校以"留守儿童"为主（李伊华等，2018），留守儿童的心理问题更应该引起重视，故营造一个良好的社会氛围对于农村中小学学生心理建设有很大的帮助。通过政府—学校—社会三者，建立健全心理健康教育体系，将心理健康工作作为重点工程来对待，全社会通力协作，这样才能加快农村中小学心理健康教育的发展。

（二）建立多元化的心理健康课程

  他山之石，可以攻玉。心理健康课程属于素质教育课，它有别于文化课，在学校的课程体系中属于非重点课程，并不受重视（裴健，2013）。本次调查发现很多农村中小学并没有开设心理健康课程。心理健康课程是心理健康教育的重要阵地，农村中小学领导应对心理健康课程给予足够的重视，在教学计划中为心理健康课程安排一定的课时。学科的发展需要学校领导和教师的重视，因此需要建立多元化的心理健康课程体系，提高心理健康课程效果。

很多心理健康教育知识就来自常识内容，很容易被学生接受，在课程设计上不用受缚于传统的教学模式。教学形式上可以既有课堂内的理论知识讲授、活动体验，又有课堂外的实践活动。具体的教学方法上，除了传统的课堂讲授法外，还可以进行具有心理健康教育特色的情景体验法、讨论分析法、心理自述法及游戏活动法等（许秀芬和吴霞飞，2016）。通过多种形式的教学方法提高学生的学习兴趣，让学生在生活中体验学习，在学习中感受生活。

### （三）鼓励农村中小学开展心理健康教育相关课题研究

他山之石，可以攻玉。中小学课题研究是学校教育科研的重要内容。将学校工作课题化，以课题促进学生成长、教师发展、学校进步已成为众多教育者的共识（湛卫清，2020）。科学研究往往是推动整个学科向前发展的重要动力。在中小学的学科教育研究过程中，更多的是针对文化课和教育学的相关课题。本次调查发现，过半的学校并没有开展关于心理健康教育方面的全校性科研课题。因此，应该多鼓励农村中小学根据本校实际情况，开展全校性的心理健康教育课题研究，通过科学的调查研究和实验，构建出一个适合农村中小学心理健康教育的体系，从而加快学校的心理健康教育工作的开展，并进一步推动农村中小学的心理健康教育事业向前发展。积极心理健康教育强调以培养学生积极心理品质为主，农村中小学除了可以通过开展科学研究、开设心理健康课程外，还可以探索如何在校园文化建设、学科教学、学生工作中渗透积极心理健康教育，通过培养学生的积极心理品质，帮助他们发展抵御心理疾病产生的能力。

### （四）政府和学校应投入一定的经费，帮助学校开展心理健康教育硬件建设

他山之石，可以攻玉。调查显示，广西农村中小学心理健康教育发展缓慢的一大原因就是设备要素的不齐全，甚至有很多学校没有开展心理健康教育的设备和场地。心理健康教育不同于其他学科，它是需要依赖一定的场地和仪器设备进行的，心理健康教育功能室按功能定位可分为以下9种：谈心式认知咨询室、教学型心理咨询室、科普式心理活动室、情绪宣泄辅导室、沙盘游戏室、音乐放松室、智能心理测量与训练室、心理素质训练室和素质拓展区（王梓寒，2016）。最基本的是一间谈心式认知咨询室，其基本配置为通用办公桌、椅子或沙发。但广西农村中小学有1/3的学校没有设立心理咨询室，因此，学校心理健康教育工作的开展也受到很大的阻碍。政府和学校应该加强对心理健

康教育工作专项经费的投入，使农村中小学在硬件设施上能够达到开展心理健康教育工作设备要素方面的基本要求。在满足基本要求的前提下，有条件的学校可以丰富心理健康教育功能室的配备，促进学校心理健康教育工作更高质量地开展。

### （五）加强心理健康教育师资队伍的建设

他山之石，可以攻玉。心理健康教育工作的核心在于心理健康教师，教育的效果好不好，教师是第一责任人。本次调查显示，广西农村中小学心理健康教育师资队伍总体上呈现人员少、专业性不高、分配不均匀的特点，很多农村中小学没有心理健康教师。对此我们应该采取"引进＋培养"的策略。大力引进心理学专业人才，通过社招、校招等途径招揽人才就业。心理健康教师缺编制问题一直是一个心理健康教师引进的障碍，很多学校无法拿出编制给心理健康教师。很多心理健康教师因课时量少等原因，相比于其他学科老师薪资待遇偏低。很多学校容易忽视对心理健康教师的培养，心理健康教师外出研习、参加培训的机会较少。上述因素在一定程度上影响了农村中小学心理健康教育师资队伍的建设。政府和学校可以从上述因素着手下工夫，吸引和留住心理健康教育人才。由于心理学专业人才比较欠缺，农村中小学岗位需求又很大，会出现供不应求的现象，所以培养本校兼职心理健康教师也是一个解决师资不足的有效途径。现今因为心理健康教师的缺乏，很多学校采取班主任、其他任课老师或行政老师兼职心理健康教师的方案，这也是一个可以解决心理健康教师短缺的有效方法。对此首先要给予兼职心理健康教师一定的心理健康教育教学知识和技能的培养，提高他们开展心理健康教育工作的专业水平，使其能够胜任心理健康教育工作。然后就是提升学校整体教师的心理健康教育意识和心理健康教育的基本知识和技能，使得在日常学习生活中，学生出现心理问题可以及时发现及时处理。对于兼职心理健康教师，针对工作量的提高也应适当提升一定薪资待遇，这样可以减少兼职教师的职业倦怠，保持他们的工作热情。

除了采取"引进＋培养"的方法，政府还可以在高校内大力培养定向就业的心理学专业人才，这样可以保障每年有一定数量的心理学专业毕业生进入农村中小学开展工作。政府还可建立心理健康教育专家资源库，将广西心理健康教育方面的专家包括高校教师、研究人员、中小学优秀心理健康教师、社会人士等都集中起来，一起分享、讨论提升广西农村中小学心理健康教育工作的方法，还可以定期对农村中小学心理健康教师进行相应的专业技能培训，提升广西农村中小学整体心理健康教育师资队伍质量（田文，2012）。定期对农村中小学心理健康工作进行专项督导检查，给予评价和建议，以评促建。在农村中小学遇到重大心理健康危机事件时，专家资源库也可以以最快的时间集结心理健康专家，及时有效处理问题。

### （六）建立系统的心理健康教育组织体系

他山之石，可以攻玉。青岛市各区市教育体育局重视中小学心理健康教育工作的组织建设和制度建设，成立了由分管局长、教育体育局家庭教育科或基教科相关负责人、区市心理健康教育教研员及学校心理健康教育骨干教师组成的心理健康教育领导小组，建立了从市到区到校的三级组织体系（朱桃英等，2020）。广西农村中小学的心理健康教育现状呈现出师资力量匮乏、设备要素短缺等现象，许多农村中小学甚至没有心理健康教师、没有心理咨询室，致使心理健康教育工作发展缓慢。为解决这一问题，参考青岛市心理健康教育领导小组的创设经验，广西也可以建立市—区（县）—校三级心理健康教育领导小组，将广西的心理健康教育资源充分整合起来，以发展较快的城市中小学心理健康教育带动农村中小学心理健康教育，实现师资力量的极大化利用效益。

除此之外，针对欠发达的地区，还可以采取地理位置较近的同县级学校形成区域性的心理健康教育组织体系。在县级政府的领导下，各学校之间形成合作同盟，将各校之间的心理健康师资力量统合起来，以弥补各校师资力量匮乏的情况，俗话说"十根筷子抱成团"就是这个道理。区域性的心理健康教育组织定期对县级各学校开展心理健康教育工作，以达到全县学校心理健康教育的最低要求。

### 参 考 文 献

李伊华，黄元龙，唐本恒，2018. 农村中小学班主任关注留守儿童心理健康引导教育的研究[G]//十三五规划科研成果汇编（第三卷）：1343-1348.

裴健，2013. 中小学心理健康教育现状的调查研究：以河北省昌黎县为例[D]. 保定：河北大学.

田文，2012. 烟台市中小学心理健康教育的问题及对策研究[D]. 烟台：鲁东大学.

王宋芳，刘致静，乔志宏，2018. 中小学心理健康教育现状及未来发展趋势[J]. 中国教师（5）：18-23.

王梓寒，2016. 广西中小学心理健康教育现状与发展策略研究[D]. 桂林：广西师范大学.

许秀芬，吴霞飞，2016. 师资专业化导向下心理健康教育课程设计教改探索[J]. 钦州学院学报，31（2）：51-54.

湛卫清，2020. 中小学教师课题研究中的几个共性问题[J]. 新教师（4）：5-7.

周兆海，2018. 提供可期待的教育：城镇化背景下农村教育发展指向的省思[J]. 教育理论与实践，38（13）：15-18.

朱桃英，曾凡亮，石亮，2020. 青岛市中小学心理健康教育现状及对策[J]. 青岛职业技术学院学报，30（5）：66-69.

# 第二章　广西农村小学生心理健康特点研究

　　小学阶段的儿童正处于人生的起步阶段，不仅需要学习科学文化知识，而且需要在一个健康和谐的氛围中成长。小学阶段是心理品质培养的最佳时期，儿童将来能否成为一个心智健康的人，很大程度上取决于他们是否能够顺利地处理好这一时期中遇到的各种问题。这一时期的生活经历与环境教育都会对个人发展产生重要的影响，健康的心理不仅关系个人未来生活、学习、工作的幸福度和成就高低，还关乎到社会主义和谐社会的建设。

　　随着经济与科技的迅速发展及社会竞争的日益加剧，人们所面临的各种压力越来越大。这些压力广泛地指向社会各阶层人群，其中在学生身上表现得尤为突出。中小学学生厌学、离家出走及自杀事件屡屡发生，学生的心理问题已引起社会的高度关注。心理健康教育一直是我国素质教育的内在要求，当代少年儿童正处于身心发展的重要时期，他们的心理素质问题受到越来越多的关注。目前，基于种种原因，农村小学生的心理健康教育相对滞后（赵静，2019）。我国农村中小学并不注重开展心理健康教育，学校没有意识到心理健康教育的重要性。很多农村中小学深受应试教育的影响，一味注重学生的文化课知识，忽略学生的心理问题，这样并不利于学生的发展。因此，农村中小学要加强心理健康教育，保证学生有良好的心理状态去学习生活。我们希望社会重视培养小学生积极心理品质，从预防心理问题发生的角度开展各种活动，在满足学校素质教育需要的同时从根源上消除学生未来出现心理问题的可能性。

## 第一节　广西农村小学生心理健康状况调查

　　学生是国家的未来与希望，在快速变革的社会背景下，中小学生面临的学习竞争压力越来越大，中小学生的心理问题不断凸显，心理问题将成为导致儿童和青少年疾病、残疾和死亡的前五位原因之一（Payton et al.，2000）。因此，为了提高中小学生心理健康水平，教育部在 2012 年印发《纲要》，用以指导和规划全国中小学心理健康教育工作。

心理健康是一种情感和社会的幸福感，个人能意识到自己的能力，能对付生活中正常的紧张，能创造性地或卓有成效地工作，能对自己和自己所生活的社会做出贡献（迪尔凯姆，1995）。美国健康与人力服务部（U. S. Department of Health and Human Service）（1999）发表的心理健康报告给心理健康的定义是：心理健康是心理功能的成功性表现，它带来富有成果的活动，完善人际关系，有能力适应环境变化和应对逆境。

在 1946 年召开的第三届国际心理卫生大会上，世界心理卫生联合会对心理健康的定义进行了如下的阐述：心理健康是指在身体、心智及情感上与他人心理不相互矛盾的范畴内，使得个人的心境发展到理想的状况（苏琪，2018）。陈家麟（2002）则立足于个体品格角度对心理健康衡量标准进行定义：能够将个体潜能与外界环境进行良好一致的协调，这种协同性主要表现在智商正常、情绪稳定化、品格独立健全及人际关系良好等方面。张大均（2002）则立足于"主动适应环境，积极谋求发展"这一标准，认为学生在智商正常、人格健康、人际良好的基础之上，能够对生活环境进行积极主动的适应，并且以极为乐观主动的态度来谋求自身的全面发展，不断寻求自我突破才是青少年心理健康的应有表现。

在儿童心理健康的总体状况方面，无论是从国外还是国内情况而言，当前儿童、青少年心理健康问题的出现率均呈上升趋势，总体情况也越来越严重和复杂（张振梅，2017）。据统计发现，在墨西哥每 11 名青少年中，就有 1 名可能患有心理障碍（Benjet et al.，2009）。国外研究表明，小学生的心理健康存在着较多问题（Manassis，2000）。国内研究发现，心理问题的"低龄化"趋势愈加明显（杜柏玲，2016）。

近年来，儿童的心理健康日益受到公众的关注（Zach et al.，2016）。关于小学生心理健康状况的横向研究也愈来愈多。如张微等（2018）发现大多数地区的小学生心理健康状况总体上都是良好的；而卫萍等（2017）却发现某些地区的小学生心理健康状况不容乐观，应当引起社会重视，如田翠等（2017）对广东省梅州市平远县的小学生进行心理健康状况调查，结果发现小学生普遍存在心理健康问题。何静等（2014）发现男、女生心理健康状况不存在明显差异；而宁源等（2013）发现中小学男、女生之间的心理健康状况存在差异，且女生比男生更易出现焦虑情绪。王伟（2018）发现，与独生子女相比，非独生子女由于竞争感和失宠感的原因，容易焦虑；谢平霞（2014）认为独生子女缺乏同龄人沟通，易形成以自我为中心、任性、骄横等不良性格。还有研究发现，随着年级的提高，心理健康状况却在逐渐变差（陈庆文等，2011）；我国农村地区有 3/4 的学生存在不同程度的心理健康问题（Wang et al.，2015）。董玉娟（2016）对合肥市农村小学生心理健康现状进行研究，结果表明小学生心理健康问题总检出率为 2.5%，并且小学生心理健康总体水平年级差异显著。

从文献中大量调查报告可以发现，我国小学生心理健康方面存在较大问题，且有新的发展趋势，具体如下：①学生的身心健康呈"亚健康"状态，心理问题表现出"低龄化"趋势（舒曼和薛敏霞，2019）；②在应试教育的社会大环境影响下，由于学校"教"与"学"压力的客观存在，在学校教学及管理过程中，师生矛盾呈现增长趋势（杨静等，2015；李晓巍和刘艳，2013）；③郝萍等（2016）对 1995~2011 年 17 年间中国四至六年级小学生的心理健康状况变化的分析表明，由于社会就业竞争的加剧，使得小学生的学习焦虑随年代的推进呈现增加的趋势；④周小燕等（2016）对不同的地区进行调查，发现学生心理问题存在地域和文化的差异；⑤农村留守儿童比同龄群体面临更多的心理困境，更容易产生心理问题（张劲松，2016；刘一亚和丁丽娜，2019）。

广西心理健康教育起步晚，学生心理健康问题日益凸显。纵观已有的关于广西农村小学生心理健康状况的研究成果，这些研究的样本数较少，而且都是对特定地区或者某一群体进行调查。因此，为了更全面了解广西农村小学生的心理健康状况，积极有效地提供相应的心理辅导和提高心理健康水平的建设，课题组于 2018 年对广西所属的 47 所小学三至六年级学生心理健康状况进行调查。

本次调查将涉及性别、年级、独生子女与非独生子女、生源地等多维数据。

本次调查从广西所辖的桂林、南宁、梧州、柳州、北海、百色、来宾、玉林、钦州、河池、贺州共 11 座城市，按照行政区域的划分，抽取了 20 所农村小学、17 所县城小学、10 所城市小学。在抽中的学校中选取三至六年级的学生为调查对象，共计 9000 名学生，发放问卷进行调查，有效问卷为 7671 份（有效率为 85.2%），其中，农村小学生为 3898 名。通过自制基本情况调查问卷，收集调查对象的学校、性别、民族、年级、父母的婚姻状况、是否为独生子女、父母文化程度、父母外出务工情况及年限、是否为随迁子女、生源地等多维度信息。采用华东师范大学周步成修订的心理健康诊断测验（mental health test，MHT），MHT 能反映中小学生心理健康的状况，其特点是科学性和实用性强，具有可操作性。该量表在信度和效度方面有较高的可信性（Mochizuki et al., 2014）；总量表的分半信度为 0.91，全量表和分量表的重测信度为 0.67~0.86（黄伟伟，2015）。该量表共 100 个题目，每个题目答"是"得 1 分，答"否"得 0 分，其中包含 8 个内容量表和 1 个效度量表，这 8 个内容量表分别为：学习焦虑（A）、对人焦虑（B）、孤独倾向（C）、自责倾向（D）、过敏倾向（E）、身体症状（F）、恐怖倾向（G）和冲动倾向（H）。效度量表包含第 82 题到第 100 题之间的 10 个偶数号题。若效度量表分大于 7 分，提示调查对象存在社会期望效应，则该测试结果不可信，可将该问卷作废。若单项内容量表分大于 8 分，则调查对象在该内容维度上存在某种倾向，须给予特别辅导；若单项内容量表分小于 3 分，则属于正常。量表总分为 8 个内容量表分相加，依据测试量表的总分可将心理健康水平分为 3 个等级：正常水平范围是总分在 1~55 分；心理欠佳状态是总分在 56~64 分；总分在 65 分及以上，则表示调查对象存在严重心理问题，须给予调查对象特别的心理辅导，总分越高意味着心理健康状况越差。由经过统一培训的调查员发放调查问卷，调查对象自填，经调查员检查合格后统一收回，所有调查对象均签署了知情同意书。使用 SPSS 21.0 软件对收回的数据进行描述统计、独立样本 $t$ 检验、方差分析。

大样本可能导致分析中出现数据差异误判，采用"效应量"指标进行检验。具体来说，用 Cohen's $d$ 对独立样本 $t$ 检验的效应量进行估计，0.2、0.5、0.8 分别对应小、中和大的效应量；在方差分析中则用 $\eta^2$ 进行估计，0.01、0.05 和 0.12 分别对应小、中和大的效应量（梁英豪等，2017）。

**1. 人口学各因素分布情况**

以广西 47 所小学的 9000 名三至六年级学生为调查对象，回收问卷 9000 份，有效问卷 7671 份（85.2%）。城市 2061 份（26.9%），县城 1712 份（22.3%），农村 3898 份（50.8%）。当效度量表分大于 7 分时需要剔除，剔除农村学生问卷为 373 份，因此农村小学生调查有效问卷为 3525 份（有效率 90.4%）。在农村小学生中，男生 1830 名（51.9%），女生 1695 名（48.1%）；独生子女 481 人（13.7%），非独生子女 3008 人（85.3%），缺失信息 36 人（1%）；三年级 857 人（24.3%），四年级 898 人（25.5%），五年级 872 人（24.7%），六年级 898 人（25.5%）；父母婚姻状况正常有 3078 人（87.3%），父母婚姻状况为离异有 239 人（6.8%），父母双方离世或者一方离世有 76 人（2.2%），缺失信息有 132 人（3.7%）；父亲文化程度是小学及以下有 837 人（23.8%），父亲文化程度是初中有 1634 人（46.4%），父亲文化程度是高中/中专有 752 人（21.3%），父亲文化程度是大专及以上有 234 人（6.6%），缺失信息有 68 人（1.9%）；母亲文化程度是小学及以下有 1179 人（33.5%），母亲文化程度是初中有 1468 人（41.6%），母亲文化程度是高中/中专有 613 人（17.4%），母亲文化程度是大专及以上有 201 人（5.7%），缺失信息有 64 人（1.8%）；只有父亲外出务工有 721 人（20.5%），只有母亲外出务工有 292 人（8.3%），父母都外出务工有 895 人（25.4%），父母都未外出务工有 1588 人（45.0%），缺失信息有 29 人（0.8%）；父母单次外出务工持续时长为 1 年以内有 1277 人（36.2%），父母单次外出务工持续时长为 1～3 年有 280 人（8.0%），父母单次外出务工持续时长为 3～5 年\*有 144 人（4.1%），父母单次外出务工持续时长为 5 年及以上有 156 人（4.4%），父母无外出务工有 1499 人（42.5%），缺失信息有 169 人（4.8%）。

**2. 农村小学生心理健康现状**

有 53 名学生的 MHT 量表总分大于或等于 65 分，严重问题检出率为 1.5%；而有 1 项及以上阳性因子数的调查对象人数为 2679 人，占总群体的 76%；调查对象在各内容量表的得分高低顺序为：学习焦虑（8.56±2.71）、过敏倾向（6.05±1.88）、自责倾向（5.90±2.13）、身体症状（5.03±2.64）、对人焦虑（4.55±2.05）、恐怖倾向（3.84±2.52）、孤独倾向（3.07±1.91）、冲动倾向（2.85±2.29）。学习焦虑检出率高达 52.8%，且平均分超过 8 分。总分均值为 39.87 分，远低于 65 分，说明受测小学生总体的心理健康水平处于良好状态，见表 2-1。

表 2-1　农村小学生 MHT 量表总体情况

| | 得分（$\bar{x} \pm s$） | 问题人数/人 | 检出率/% |
| --- | --- | --- | --- |
| 学习焦虑 | 8.56±2.71 | 1862 | 52.8 |
| 对人焦虑 | 4.55±2.05 | 78 | 2.2 |
| 孤独倾向 | 3.07±1.91 | 29 | 0.8 |
| 自责倾向 | 5.90±2.13 | 393 | 11.1 |
| 过敏倾向 | 6.05±1.88 | 284 | 8.1 |
| 身体症状 | 5.03±2.64 | 349 | 9.9 |
| 恐怖倾向 | 3.84±2.52 | 127 | 3.6 |
| 冲动倾向 | 2.85±2.29 | 64 | 1.8 |
| 总分 | 39.87±11.88 | 53 | 1.5 |

注：问题人数指总分大于或等于 65 分，各因子分大于 8 分的人数；$\bar{x}$ 表示均值；$s$ 表示标准差。

---

\*1～3 年、3～5 年，年份界限按"上限不在内"的原则进行处理。

## 3. 农村小学生心理健康状况的人口学因素比较

（1）城乡小学生心理健康状况比较

在量表总分和 8 个内容量表得分上，城乡之间存在极显著差异（$p<0.001$），且农村小学生的平均分都高于城市和县城小学生。多重比较发现，在对人焦虑方面，农村小学生的得分极显著高于城市小学生和县城小学生的得分（$p<0.001$），而城市小学生的得分又极显著高于县城小学生的得分（$p<0.001$）；在自责倾向、过敏倾向方面，农村小学生的得分极显著高于县城小学生和城市小学生的得分（$p<0.001$），而县城小学生的得分又极显著高于城市小学生的得分（$p<0.001$）；在量表总分、学习焦虑、孤独倾向、身体症状、恐怖倾向、冲动倾向方面，农村小学生的得分极显著高于县城、城市小学生的得分（$p<0.001$），见表 2-2。

表 2-2 城乡小学生量表总分及各内容量表得分比较（$\bar{x} \pm s$）

|  | 农村<br>（$n=3898$） | 县城<br>（$n=1712$） | 城市<br>（$n=2061$） | $F$ | $\eta^2$ | 多重比较 |
| --- | --- | --- | --- | --- | --- | --- |
| 学习焦虑 | 8.63±2.71 | 7.93±2.82 | 7.77±3.00 | 75.983*** | 0.019 | 1＞3；1＞2 |
| 对人焦虑 | 4.60±2.06 | 3.93±2.14 | 4.07±2.07 | 81.946*** | 0.021 | 1＞3＞2 |
| 孤独倾向 | 3.09±1.91 | 2.42±1.87 | 2.48±1.99 | 105.954*** | 0.027 | 1＞3；1＞2 |
| 自责倾向 | 5.95±2.13 | 5.59±2.22 | 5.28±2.34 | 64.846*** | 0.017 | 1＞2＞3 |
| 过敏倾向 | 6.11±1.88 | 5.95±1.92 | 5.69±2.05 | 30.339*** | 0.008 | 1＞2＞3 |
| 身体症状 | 5.10±2.65 | 4.45±2.67 | 4.36±2.85 | 65.003*** | 0.017 | 1＞3；1＞2 |
| 恐怖倾向 | 3.91±2.54 | 3.30±2.48 | 3.17±2.51 | 71.779*** | 0.018 | 1＞3；1＞2 |
| 冲动倾向 | 2.91±2.29 | 2.64±2.28 | 2.74±2.40 | 9.452*** | 0.002 | 1＞3；1＞2 |
| 总分 | 40.30±11.94 | 36.20±12.53 | 35.56±13.41 | 123.099*** | 0.031 | 1＞3；1＞2 |

注：在"多重比较"中，1 表示农村，2 表示县城，3 表示城市；***表示 $p<0.001$；$\bar{x}$ 表示均值，$s$ 表示标准差。

（2）不同性别农村小学生心理健康状况比较

在量表总分上，性别之间存在极显著差异（$p<0.001$），女生量表总分极显著高于男生（$p<0.001$），女生的心理健康状况比男生差。在各内容量表分上，除了对人焦虑、孤独倾向、身体症状在性别上不存在显著差异外，冲动倾向存在极显著差异（$p<0.01$），而学习焦虑、自责倾向、过敏倾向、恐怖倾向存在极显著差异（$p<0.001$），且除孤独倾向外，女生在各内容量表平均分上都高于男生，见表 2-3。

表 2-3  不同性别农村小学生心理健康状况比较（$\bar{x} \pm s$）

| | 男（$n=1830$） | 女（$n=1695$） | $t$ | Cohen's $d$ |
|---|---|---|---|---|
| 学习焦虑 | 8.36±2.72 | 8.79±2.69 | −4.694*** | −0.159 |
| 对人焦虑 | 4.53±2.01 | 4.58±2.08 | −0.736 | −0.024 |
| 孤独倾向 | 3.12±1.85 | 3.02±1.97 | 1.513 | 0.052 |
| 自责倾向 | 5.70±2.11 | 6.13±2.13 | −6.083*** | −0.202 |
| 过敏倾向 | 5.94±1.92 | 6.17±1.82 | −3.514*** | −0.123 |
| 身体症状 | 5.00±2.62 | 5.07±2.67 | −0.868 | −0.026 |
| 恐怖倾向 | 3.28±2.36 | 4.46±2.54 | −14.223*** | −0.481 |
| 冲动倾向 | 2.75±2.23 | 2.97±2.34 | −2.912** | −0.096 |
| 总分 | 38.66±11.40 | 41.17±12.25 | −6.300*** | −0.212 |

注：**表示 $p<0.01$，***表示 $p<0.001$；$\bar{x}$ 表示均值，$s$ 表示标准差。

（3）独生与非独生农村小学生心理健康状况比较

在受测群体中非独生子女比例占 85.3%，量表总分以及 8 个内容量表分在独生子女与非独生子女之间都不存在显著差异（$p>0.05$），见表 2-4。

表 2-4  独生与非独生农村小学生心理健康状况比较（$\bar{x} \pm s$）

| | 独生（$n=481$） | 非独生（$n=3008$） | $t$ | Cohen's $d$ |
|---|---|---|---|---|
| 学习焦虑 | 8.62±2.73 | 8.55±2.70 | 0.578 | 0.026 |
| 对人焦虑 | 4.54±1.97 | 4.56±2.05 | −0.235 | −0.010 |
| 孤独倾向 | 3.03±1.82 | 3.08±1.92 | −0.521 | −0.027 |
| 自责倾向 | 5.97±2.19 | 5.89±2.11 | 0.732 | 0.037 |
| 过敏倾向 | 6.06±1.88 | 6.05±1.87 | 0.081 | 0.005 |
| 身体症状 | 5.10±2.60 | 5.02±2.64 | 0.570 | 0.031 |
| 恐怖倾向 | 3.93±2.48 | 3.83±2.52 | 0.829 | 0.040 |
| 冲动倾向 | 2.93±2.31 | 2.85±2.28 | 0.706 | 0.035 |
| 总分 | 40.18±11.93 | 39.84±11.81 | 0.596 | 0.029 |

注：$\bar{x}$ 表示均值，$s$ 表示标准差。

（4）不同年级农村小学生心理健康状况比较

在量表总分、孤独倾向、身体症状方面，不同年级之间不存在显著差异（$p>0.05$），不同年级之间在恐怖倾向方面存在极显著差异（$p<0.001$），而在学习焦虑、对人焦虑、自责倾向、过敏倾向、冲动倾向方面存在极显著差异

（$p<0.01$）。多重比较发现，在学习焦虑、自责倾向、过敏倾向方面，四、五、六年级得分高于三年级（$p<0.01$）；在对人焦虑方面，三年级得分最高（$p<0.01$）；在冲动倾向方面，五、六年级得分高于三年级，而六年级得分也高于四年级（$p<0.01$）；在恐怖倾向方面，三、四年级得分都高于五、六年级（$p<0.001$），见表2-5。

表2-5 不同年级农村小学生量表总分及各内容量表得分比较（$\bar{x} \pm s$）

| | 三年级 ($n=857$) | 四年级 ($n=898$) | 五年级 ($n=872$) | 六年级 ($n=898$) | $F$ | $\eta^2$ | 多重比较 |
|---|---|---|---|---|---|---|---|
| 学习焦虑 | 8.29±2.72 | 8.55±2.60 | 8.65±2.77 | 8.76±2.74 | 4.801** | 0.004 | 4>3；5>3；6>3 |
| 对人焦虑 | 4.77±1.95 | 4.55±2.03 | 4.46±2.10 | 4.43±2.08 | 4.879** | 0.004 | 3>4；3>5；3>6 |
| 孤独倾向 | 3.16±1.82 | 3.06±1.84 | 3.01±1.93 | 3.04±2.04 | 1.026 | 0.001 | |
| 自责倾向 | 5.69±2.14 | 5.94±2.11 | 6.09±2.10 | 5.90±2.15 | 5.191** | 0.004 | 4>3；5>3；6>3 |
| 过敏倾向 | 5.87±1.89 | 6.06±1.81 | 6.11±1.92 | 6.17±1.87 | 4.075** | 0.003 | 4>3；5>3；6>3 |
| 身体症状 | 4.92±2.57 | 5.09±2.59 | 4.95±2.66 | 5.16±2.73 | 1.670 | 0.001 | |
| 恐怖倾向 | 4.00±2.43 | 4.08±2.44 | 3.64±2.57 | 3.66±2.60 | 7.274*** | 0.006 | 3>5；3>6；4>5；4>6 |
| 冲动倾向 | 2.62±2.20 | 2.83±2.33 | 2.89±2.33 | 3.07±2.27 | 5.724** | 0.005 | 5>3；6>3；6>4 |
| 总分 | 39.31±11.46 | 40.15±11.59 | 39.81±12.13 | 40.17±12.30 | 1.001 | 0.001 | |

注：在"多重比较"中，3表示三年级，4表示四年级，5表示五年级，6表示六年级；**表示$p<0.01$，***表示$p<0.001$；$\bar{x}$表示均值，$s$表示标准差。

（5）父母文化程度不同的农村小学生心理健康状况比较

①父亲文化程度不同的农村小学生心理健康状况比较

在量表总分方面，父亲文化程度不同的农村小学生之间存在极显著差异（$p<0.001$）；在对人焦虑、自责倾向方面存在极显著差异（$p<0.001$）；在学习焦虑、孤独倾向方面存在极显著差异（$p<0.01$）；在恐怖倾向方面存在显著差异（$p<0.05$）；在过敏倾向、身体症状、冲动倾向方面不存在显著差异（$p>0.05$）。多重比较发现，在量表总分方面，父亲的文化程度为小学及以下、初中的农村小学生得分极显著高于父亲文化程度为高中/中专、大专及以上的农村小学生得分（$p<0.001$）；在学习焦虑方面，父亲文化程度为小学及以下的农村小学生得分极显著高于父亲文化程度为高中/中专、大专及以上的农村小学生得分，而父亲文化程度为初中的农村小学生得分则极显著高于父亲文化程度为大专及以上的农村小学生得分（$p<0.01$）；在对人焦虑方面，父亲文化程度为小学及以下的农村小学生得分极显著高于父亲文化水平为初中、高中/中专、大专及以上的农村小学生得分（$p<0.001$），而父亲文化程度为初中的农村小学生得分极显著高于父亲文化程度为高中/中专、大专及以上的农村小学生得分（$p<0.001$）；在孤独倾向方面，父亲文化程度为小学及以下、初中的农村小学生得分极显著高于父亲文化程度为高中/中专的农村小学生得分（$p<0.01$）；在自责倾向方面，父亲文化程度为小学及以下的农村小学生得分极显著高于父亲文化程度为高中/中专、大专及以上的农村小学生得分（$p<0.001$），而父亲文化程度为初中的农村小学生得分则显著高于父亲文化程度为高中/中专、大专及以上的农村小学生得分（$p<0.05$），而父亲文化程度为高中/中专的农村小学生得分极显著高于父亲文化程度为大专及以上的农村小学生得分（$p<0.001$）；在恐怖倾向方面，父亲文化程度为小学及以下的农村小学生得分显著高于父亲文化程度为初中、高中/中专、大专及以上的农村小学生得分（$p<0.05$），而父亲文化程度为初中的农村小学生得分则显著高于父亲文化程度为大专及以上的农村小学生（$p<0.05$），见表2-6。

表2-6 父亲文化程度不同的农村小学生量表总分及各内容量表得分比较（$\bar{x}\pm s$）

| | 小学及以下<br>（$n=837$） | 初中<br>（$n=1634$） | 高中/中专<br>（$n=752$） | 大专及以上<br>（$n=234$） | $F$ | $\eta^2$ | 多重比较 |
|---|---|---|---|---|---|---|---|
| 学习焦虑 | 8.77±2.54 | 8.62±2.76 | 8.40±2.76 | 8.06±2.70 | 5.455** | 0.005 | 1>3；1>4；2>4 |
| 对人焦虑 | 4.80±2.01 | 4.58±2.04 | 4.33±2.04 | 4.21±2.05 | 9.253*** | 0.008 | 1>2；1>3；1>4；2>3；2>4 |
| 孤独倾向 | 3.20±1.94 | 3.12±1.95 | 2.86±1.79 | 2.93±1.91 | 5.261** | 0.005 | 1>3；2>3 |
| 自责倾向 | 6.06±2.05 | 5.98±2.09 | 5.77±2.25 | 5.35±2.15 | 8.497*** | 0.007 | 1>3；1>4；2>3；2>4；3>4 |
| 过敏倾向 | 6.10±1.88 | 6.10±1.88 | 6.01±1.80 | 5.77±1.98 | 2.469 | 0.002 | |
| 身体症状 | 5.13±2.56 | 5.10±2.64 | 4.85±2.64 | 4.97±2.97 | 1.942 | 0.002 | |
| 恐怖倾向 | 4.06±2.42 | 3.82±2.56 | 3.74±2.49 | 3.45±2.63 | 4.384* | 0.004 | 1>2；1>3；1>4；2>4 |

续表

| | 小学及以下<br>($n=837$) | 初中<br>($n=1634$) | 高中/中专<br>($n=752$) | 大专及以上<br>($n=234$) | $F$ | $\eta^2$ | 多重比较 |
|---|---|---|---|---|---|---|---|
| 冲动<br>倾向 | 2.85±2.23 | 2.87±2.31 | 2.78±2.30 | 2.95±2.37 | 0.422 | 0.000 | |
| 总分 | 40.95±11.31 | 40.19±11.93 | 38.73±11.85 | 37.69±13.05 | 7.699*** | 0.007 | 1>3；2>3；1>4；<br>2>4 |

注：在"多重比较"中，1表示小学及以下，2表示初中，3表示高中/中专，4表示大专及以上；*表示$p<0.05$，**表示$p<0.01$，***表示$p<0.001$；$\bar{x}$表示均值，$s$表示标准差。

②母亲文化程度不同的农村小学生心理健康状况比较

在量表总分方面，母亲文化程度不同的农村小学生之间存在极显著差异（$p<0.001$）；在学习焦虑、自责倾向、恐怖倾向方面存在极显著差异（$p<0.001$）；在对人焦虑、孤独倾向、过敏倾向、身体症状方面存在显著差异（$p<0.05$）；在冲动倾向方面不存在显著差异（$p>0.05$）。多重比较发现，在量表总分、学习焦虑、对人焦虑方面，母亲文化程度为小学及以下的农村小学生得分极显著高于母亲文化程度为初中、高中/中专、大专及以上的农村小学生得分（$p<0.001$）；在恐怖倾向方面，母亲文化程度为小学及以下的农村小学生得分极显著高于母亲文化程度为初中、高中/中专的农村小学生得分，母亲文化程度为初中的农村小学生得分极显著低于母亲文化程度为大专及以上的农村小学生得分（$p<0.001$）；在孤独倾向、过敏倾向方面，母亲文化程度为小学及以下的农村小学生得分显著高于母亲文化程度为初中、大专及以上的农村小学生得分（$p<0.05$）；在自责倾向方面，母亲文化程度为小学及以下的农村小学生得分极显著高于母亲文化程度为初中、高中/中专、大专及以上的农村小学生得分（$p<0.001$），而母亲文化程度为初中的农村小学生得分极显著高于母亲文化程度为大专及以上的农村小学生得分（$p<0.001$）；在身体症状方面，母亲文化程度为小学及以下的农村小学生得分显著高于母亲文化程度为初中的农村小学生得分（$p<0.05$），见表2-7。

表2-7 母亲文化程度不同的农村小学生量表总分及各内容量表得分比较（$\bar{x}\pm s$）

| | 小学及以下<br>($n=1179$) | 初中<br>($n=1468$) | 高中/中专<br>($n=613$) | 大专及以上<br>($n=201$) | $F$ | $\eta^2$ | 多重比较 |
|---|---|---|---|---|---|---|---|
| 学习<br>焦虑 | 8.82±2.61 | 8.51±2.74 | 8.29±2.82 | 8.18±2.68 | 7.110*** | 0.006 | 1>2；1>3；1>4 |
| 对人<br>焦虑 | 4.68±2.02 | 4.50±2.03 | 4.48±2.09 | 4.35±2.16 | 2.799* | 0.002 | 1>2；1>3；1>4 |

续表

| | 小学及以下<br>($n=1179$) | 初中<br>($n=1468$) | 高中/中专<br>($n=613$) | 大专及以上<br>($n=201$) | $F$ | $\eta^2$ | 多重比较 |
|---|---|---|---|---|---|---|---|
| 孤独倾向 | 3.19±1.94 | 3.02±1.92 | 3.01±1.83 | 2.80±1.89 | 3.464* | 0.003 | 1>2；1>4 |
| 自责倾向 | 6.10±2.11 | 5.87±2.12 | 5.76±2.13 | 5.50±2.24 | 6.861*** | 0.006 | 1>2；1>3；1>4；2>4 |
| 过敏倾向 | 6.17±1.83 | 5.99±1.87 | 6.07±1.90 | 5.78±2.00 | 3.624* | 0.003 | 1>2；1>4 |
| 身体症状 | 5.20±2.60 | 4.91±2.62 | 4.97±2.72 | 4.94±2.81 | 2.661* | 0.002 | 1>2 |
| 恐怖倾向 | 4.09±2.50 | 3.65±2.51 | 3.80±2.48 | 3.80±2.62 | 6.781*** | 0.006 | 1>2；1>3；4>2 |
| 冲动倾向 | 2.86±2.19 | 2.85±2.28 | 2.73±2.39 | 2.97±2.42 | 0.690 | 0.001 | |
| 总分 | 41.10±11.51 | 39.29±11.84 | 39.11±12.12 | 38.30±12.97 | 7.415*** | 0.006 | 1>2；1>3；1>4 |

注：在"多重比较"中，1 表示小学及以下，2 表示初中，3 表示高中/中专，4 表示大专及以上；* 表示 $p<0.05$，*** 表示 $p<0.001$，$\bar{x}$ 表示均值，$s$ 表示标准差。

(6) 父母婚姻状况不同的农村小学生心理健康状况比较

在量表总分、孤独倾向、过敏倾向、身体症状、冲动倾向方面，父母婚姻状况不同的农村小学生之间存在极显著差异（$p<0.001$）；在自责倾向、恐怖倾向方面存在极显著差异（$p<0.01$）；在学习焦虑、对人焦虑方面存在显著差异（$p<0.05$）。多重比较发现，在学习焦虑、对人焦虑方面，父母离异的农村小学生得分显著高于父母婚姻状况为正常的农村小学生（$p<0.05$）；在自责倾向、恐怖倾向方面，父母离异的农村小学生得分极显著高于父母婚姻状况为正常的农村小学生（$p<0.01$）；在量表总分、孤独倾向、过敏倾向、身体症状、冲动倾向方面，父母离异或丧亲的农村小学生得分极显著高于父母婚姻状况为正常的农村小学生得分（$p<0.001$），见表2-8。

表2-8 父母婚姻状况不同的农村小学生量表总分及各内容量表得分比较（$\bar{x}\pm s$）

| | 正常<br>($n=3078$) | 离异<br>($n=239$) | 丧亲（一方或双方）($n=76$) | $F$ | $\eta^2$ | 多重比较 |
|---|---|---|---|---|---|---|
| 学习焦虑 | 8.52±2.72 | 8.94±2.73 | 8.96±2.56 | 3.417* | 0.002 | 2>1 |
| 对人焦虑 | 4.52±2.04 | 4.85±2.12 | 4.70±2.22 | 3.088* | 0.002 | 2>1 |
| 孤独倾向 | 3.00±1.91 | 3.42±1.91 | 3.60±2.10 | 7.769*** | 0.005 | 2>1；3>1 |

续表

| | 正常<br>($n=3078$) | 离异<br>($n=239$) | 丧亲（一方或双方）($n=76$) | $F$ | $\eta^2$ | 多重比较 |
|---|---|---|---|---|---|---|
| 自责倾向 | 5.85±2.14 | 6.29±2.05 | 6.13±1.90 | 5.181** | 0.003 | 2>1 |
| 过敏倾向 | 6.01±1.88 | 6.30±1.81 | 6.74±1.97 | 7.700*** | 0.005 | 2>1；3>1 |
| 身体症状 | 4.94±2.61 | 5.61±2.72 | 5.93±2.70 | 12.121*** | 0.007 | 2>1；3>1 |
| 恐怖倾向 | 3.84±2.53 | 4.43±2.62 | 4.27±2.44 | 6.702** | 0.004 | 2>1 |
| 冲动倾向 | 2.78±2.24 | 3.41±2.59 | 3.39±2.52 | 10.979*** | 0.006 | 2>1；3>1 |
| 总分 | 39.43±11.84 | 43.16±11.95 | 43.71±11.76 | 15.275*** | 0.009 | 2>1；3>1 |

注：在"多重比较"中，1表示正常，2表示离异，3表示丧亲（一方或双方）；*表示$p<0.05$，**表示$p<0.01$，***表示$p<0.001$；$\bar{x}$表示均值，$s$表示标准差。

(7) 父母外出务工情况不同的农村小学生心理健康状况比较

①父母务工搭配情况不同的农村小学生心理健康状况比较

在量表总分、学习焦虑、对人焦虑、恐怖倾向方面，父母务工搭配情况不同的农村小学生之间存在极显著差异（$p<0.001$）；在孤独倾向、自责倾向、身体症状、冲动倾向方面存在极显著差异（$p<0.01$）；在过敏倾向方面不存在显著差异（$p>0.05$）。多重比较发现，在学习焦虑方面，只有父亲外出、只有母亲外出、父母都外出务工的农村小学生得分极显著高于父母都未外出务工的农村小学生得分（$p<0.001$）；在身体症状方面，只有父亲外出、只有母亲外出、父母都外出务工的农村小学生得分极显著高于父母都未外出务工的农村小学生得分（$p<0.01$）；在对人焦虑方面，只有母亲外出务工的农村小学生得分极显著高于只有父亲外出、父母都外出务工的农村小学生得分，而父母都外出务工的农村小学生得分极显著高于父母都未外出务工的农村小学生得分（$p<0.001$）；在冲动倾向方面，只有母亲外出务工的农村小学生得分极显著高于只有父亲外出、父母都未外出务工的农村小学生得分（$p<0.01$），而父母都外出务工的农村小学生得分极显著高于父母都未外出务工的农村小学生得分（$p<0.01$）；在孤独倾向方面，只有母亲外出、父母都外出务工的农村小学生得分极显著高于父母都未外出务工的农村小学生得分（$p<0.01$）；在自责倾向方面，只有母亲外出务工的农村小学生得分极显著高于父母都外出务工的农村小学生得分（$p<0.01$），父母都外出务工的农村小学生得分极显著高于只有父亲外出和父母都未外出务工的农村小学生得分（$p<0.01$）；在恐怖倾向方面，只有母亲外出、父母都外出务工的农村小学生得分极显著高于只有父亲外出、父母都未外出务工的农村小学生得分（$p<0.001$）；在量表总分方面，

只有母亲外出务工的农村小学生得分极显著高于只有父亲外出、父母都外出务工的农村小学生得分（$p<0.001$），只有父亲外出务工、父母都外出务工的农村小学生得分极显著高于父母都未外出务工的农村小学生得分（$p<0.001$），见表2-9。

表2-9　父母务工搭配情况不同的农村小学生量表总分及各内容量表得分比较（$\bar{x}\pm s$）

| | 只有父亲外出 ($n=721$) | 只有母亲外出 ($n=292$) | 父母都外出 ($n=895$) | 父母都未外出 ($n=1588$) | $F$ | $\eta^2$ | 多重比较 |
|---|---|---|---|---|---|---|---|
| 学习焦虑 | 8.78±2.73 | 8.89±2.41 | 8.78±2.59 | 8.27±2.79 | 11.005*** | 0.009 | 1>4；2>4；3>4 |
| 对人焦虑 | 4.57±2.10 | 4.87±1.97 | 4.69±1.99 | 4.40±2.05 | 6.671*** | 0.006 | 2>1；2>3；3>4 |
| 孤独倾向 | 3.12±1.88 | 3.35±1.90 | 3.12±1.92 | 2.96±1.90 | 4.257** | 0.004 | 2>4；3>4 |
| 自责倾向 | 5.93±2.08 | 6.12±2.00 | 6.10±2.03 | 5.79±2.22 | 5.341** | 0.005 | 2>3；3>1；3>4 |
| 过敏倾向 | 6.10±1.90 | 6.19±1.85 | 6.11±1.86 | 5.97±1.89 | 1.979 | 0.002 | |
| 身体症状 | 5.15±2.66 | 5.24±2.67 | 5.19±2.56 | 4.85±2.67 | 4.759** | 0.004 | 1>4；2>4；3>4 |
| 恐怖倾向 | 3.80±2.56 | 4.14±2.36 | 4.11±2.51 | 3.67±2.53 | 7.383*** | 0.006 | 2>1；3>1；2>4；3>4 |
| 冲动倾向 | 2.83±2.28 | 3.15±2.21 | 2.98±2.24 | 2.73±2.31 | 4.080** | 0.003 | 2>1；2>4；3>4 |
| 总分 | 40.19±11.99 | 41.94±11.33 | 41.08±11.35 | 38.64±12.11 | 12.004*** | 0.010 | 2>1；2>3；1>4；3>4 |

注：在"多重比较"中，1表示只有父亲外出，2表示只有母亲外出，3表示父母都外出，4表示父母都未外出；**表示$p<0.01$，***表示$p<0.001$；$\bar{x}$表示均值，$s$表示标准差。

②父母单次外出务工持续时长不同的农村小学生心理健康状况比较

在量表总分、学习焦虑、身体症状、恐怖倾向方面，父母单次外出务工持续时长不同的农村小学生之间存在极显著差异（$p<0.001$）；在对人焦虑、孤独倾向、冲动倾向方面存在极显著差异（$p<0.01$）；在自责倾向方面存在显著差异（$p<0.05$）；在过敏倾向方面不存在显著差异（$p>0.05$）。多重比较发现，在量表总分、学习焦虑、恐怖倾向方面，父母单次外出务工持续时长为1年以内、1~3年、3~5年、5年及以上的农村小学生得分极显著高于父母无外出务工的农村小学生得分（$p<0.001$）；在对人焦虑方面，父母单次外出务工持续时长为1年以内、1~3年、3~5年、5年及以上的农村小学生得分极显著高于父母无外出务工的农村小学生得分（$p<0.01$）；在孤独倾向方面，父母单次外出务工持续时长为1年以内、1~3年、3~5年的农村小学生得分极显著高于父母无外出务工的农村小学生得分（$p<0.01$）；

在自责倾向方面，父母单次外出务工持续时长为 1 年以内、1~3 年的农村小学生得分显著高于父母无外出务工的农村小学生得分（$p<0.05$）。在身体症状方面，父母单次外出务工持续时长为 1 年以内、1~3 年、3~5 年、5 年及以上的农村小学生得分显著高于父母无外出务工的农村小学生得分（$p<0.05$），而父母单次外出务工持续时长为 3~5 年的农村小学生得分显著高于父母单次外出务工持续时长为 1 年以内的农村小学生得分（$p<0.05$），见表 2-10。

表 2-10 父母单次外出务工持续时长不同的农村小学生量表总分及各内容量表得分比较（$\bar{x} \pm s$）

| | 1 年以内 ($n=1277$) | 1~3 年 ($n=280$) | 3~5 年 ($n=144$) | 5 年及以上 ($n=156$) | 无外出 ($n=1499$) | $F$ | $\eta^2$ | 多重比较 |
|---|---|---|---|---|---|---|---|---|
| 学习焦虑 | 8.77±2.66 | 8.83±2.51 | 8.72±2.33 | 8.96±2.82 | 8.21±2.80 | 9.690*** | 0.011 | 1>5；2>5；3>5；4>5 |
| 对人焦虑 | 4.63±2.02 | 4.74±2.02 | 4.77±2.02 | 4.72±2.15 | 4.37±2.05 | 4.491** | 0.005 | 1>5；2>5；3>5；4>5 |
| 孤独倾向 | 3.15±1.91 | 3.23±1.89 | 3.41±2.01 | 3.06±1.87 | 2.94±1.91 | 4.037** | 0.005 | 1>5；2>5；3>5 |
| 自责倾向 | 5.97±2.06 | 6.08±1.97 | 6.01±2.05 | 6.04±2.08 | 5.77±2.23 | 2.467* | 0.003 | 1>5；2>5 |
| 过敏倾向 | 6.12±1.82 | 5.96±2.02 | 6.22±1.86 | 6.13±1.94 | 5.94±1.90 | 2.174 | 0.003 | |
| 身体症状 | 5.13±2.59 | 5.27±2.52 | 5.71±2.92 | 5.31±2.57 | 4.80±2.66 | 6.826*** | 0.008 | 3>1；1>5；2>5；3>5；4>5 |
| 恐怖倾向 | 3.94±2.50 | 4.01±2.41 | 4.28±2.46 | 4.31±2.65 | 3.64±2.54 | 5.603*** | 0.007 | 1>5；2>5；3>5；4>5 |
| 冲动倾向 | 2.95±2.26 | 2.97±2.24 | 3.22±2.35 | 3.01±2.39 | 2.70±2.30 | 3.466** | 0.004 | 1>5；3>5 |
| 总分 | 41.65±11.62 | 41.09±11.18 | 42.33±11.31 | 41.55±12.55 | 38.37±12.14 | 10.406*** | 0.012 | 1>5；2>5；3>5；4>5 |

注：1~3 年、3~5 年，年份界限按"上限不在内"的原则进行处理。
在"多重比较"中，1 表示 1 年以内，2 表示 1~3 年，3 表示 3~5 年，4 表示 5 年及以上，5 表示无外出；*表示 $p<0.05$，**表示 $p<0.01$，***表示 $p<0.001$，$\bar{x}$ 表示均值，$s$ 表示标准差。

### 4. 人口学因素对 MHT 总分和各因子的逐步回归分析

以性别、独生与非独生子女、年级、父亲文化程度、母亲文化程度、父母婚姻状况、父母外出务工搭配情况、父母单次外出务工持续时长为自变量，以 MHT 总分、学习焦虑、对人焦虑、孤独倾向、自责倾向、过敏倾向、身体症状、冲动倾向和恐怖倾向为因变量分别进行逐步回归分析，见表 2-11。在 MHT 总分方面，性别、父母婚姻状况、母亲文化程度、父母单次外出务工持续时长首先进入回归方程，说明这四个变量都对 MHT 总分有直接效应，$R^2$ 值越大，说明该自变量对因变量的预测作用越明显，其中，父母单次外出务工持续时长对 MHT 总分的预测值最大，其次是母亲文化程度，然后是父母婚姻状况、性别。也就是说，对农村小学生的心理健康状况预测作用由大到小的顺序是：父母单次外出务工持续时长＞母亲文化程度＞父母婚姻状况＞性别；在学习焦虑方面，性别、年级、母亲文化程度、父母单次外出务工持续时长首先进入回归方程，说明这四个变量都对学习焦虑有直接效应，其中，年级对学习焦虑的预测值最大，然后是父母单次外出务工持续时长、性别、母亲文化程度；在对人焦虑方面，年级、父亲文化程度首先进入回归方程，说明这两个变量都对对人焦虑有直接效应，其中，年级对对人焦虑的预测值最大，然后是父亲文化程度；在孤独倾向方面，性别、父母婚姻状况、父亲文化程度首先进入回归方程，说明这三个变量都对孤独倾向有直接效应，其中，性别对孤独倾向的预测值最大，然后是父母婚姻状况、父亲文化程度；在自责倾向方面，性别、父母婚姻状况、母亲文化程度首先进入回归方程，说明这三个变量都对自责倾向有直接效应，其中，父母婚姻状况对自责倾向的预测值最大，然后是母亲文化程度、性别；在过敏倾向方面，性别、父母婚姻状况、母亲文化程度首先进入回归方程，说明这三个变量都对过敏倾向有直接效应，其中，母亲文化程度对过敏倾向的预测值最大，然后是父母婚姻状况、性别；在身体症状方面，父母婚姻状况、母亲文化程度首先进入回归方程，说明这两个变量都对身体症状有直接效应，其中，母亲文化程度对身体症状的预测值最大，然后是父母婚姻状况。在冲动倾向方面，性别、年级、父母婚姻状况、父母单次外出务工持续时长首先进入回归方程，说明这四个变量都对冲动倾向有直接效应，其中，父母单次外出务工持续时长对冲动倾向的预测值最大，然后是性别、年级、父母婚姻状况；在恐怖倾向方面，性别、年级、父母婚姻状况、父亲文化程度首先进入回归方程，说明这四个变量都对恐怖倾向有直接效应，其中，父亲文化程度对恐怖倾向的预测值最大，然后是父母婚姻状况、年级、性别。

表 2-11　人口学因素对 MHT 总分和各因子的逐步回归分析

| 因变量 | 自变量 | $R$ | $R^2$ | $\beta$ | $t$ | $p$ |
|---|---|---|---|---|---|---|
| MHT 总分 | 性别 | 0.112 | 0.012 | 0.109 | 6.141 | 0.000 |
|  | 父母婚姻状况 | 0.143 | 0.021 | 0.082 | 4.641 | 0.000 |
|  | 母亲文化程度 | 0.164 | 0.027 | −0.070 | −3.939 | 0.000 |
|  | 父母单次外出务工持续时长 | 0.178 | 0.032 | −0.070 | −3.893 | 0.000 |
| 学习焦虑 | 性别 | 0.122 | 0.015 | 0.082 | 4.460 | 0.000 |
|  | 年级 | 0.154 | 0.024 | 0.054 | 2.896 | 0.004 |
|  | 母亲文化程度 | 0.092 | 0.008 | −0.054 | −2.804 | 0.005 |
|  | 父母单次外出务工持续时长 | 0.144 | 0.021 | −0.068 | −3.640 | 0.000 |
| 对人焦虑 | 年级 | 0.137 | 0.019 | 0.074 | 3.925 | 0.000 |
|  | 父亲文化程度 | 0.112 | 0.012 | −0.079 | −4.269 | 0.000 |
| 孤独倾向 | 性别 | 0.098 | 0.010 | −0.039 | −2.135 | 0.033 |
|  | 父母婚姻状况 | 0.091 | 0.008 | 0.055 | 2.953 | 0.003 |
|  | 父亲文化程度 | 0.071 | 0.005 | −0.062 | −3.257 | 0.001 |
| 自责倾向 | 性别 | 0.097 | 0.009 | 0.091 | 4.959 | 0.000 |
|  | 父母婚姻状况 | 0.133 | 0.018 | 0.039 | 2.091 | 0.037 |
|  | 母亲文化程度 | 0.127 | 0.016 | −0.082 | −4.429 | 0.000 |
| 过敏倾向 | 性别 | 0.093 | 0.009 | 0.055 | 2.979 | 0.003 |
|  | 父母婚姻状况 | 0.107 | 0.011 | 0.051 | 2.764 | 0.006 |
|  | 母亲文化程度 | 0.114 | 0.013 | −0.041 | −2.168 | 0.030 |
| 身体症状 | 父母婚姻状况 | 0.084 | 0.007 | 0.079 | 4.289 | 0.000 |
|  | 母亲文化程度 | 0.104 | 0.011 | −0.039 | −2.025 | 0.043 |
| 冲动倾向 | 性别 | 0.117 | 0.014 | 0.059 | 3.210 | 0.001 |
|  | 年级 | 0.102 | 0.010 | 0.061 | 3.289 | 0.001 |
|  | 父母婚姻状况 | 0.080 | 0.006 | 0.075 | 4.065 | 0.000 |
|  | 父母单次外出务工持续时长 | 0.124 | 0.015 | −0.041 | −2.191 | 0.029 |
| 恐怖倾向 | 性别 | 0.232 | 0.054 | 0.228 | 12.712 | 0.000 |
|  | 年级 | 0.262 | 0.069 | −0.077 | −4.246 | 0.000 |
|  | 父母婚姻状况 | 0.266 | 0.071 | 0.044 | 2.444 | 0.015 |
|  | 父亲文化程度 | 0.270 | 0.073 | −0.045 | −2.417 | 0.016 |

# 第二节　影响广西农村小学生心理健康状况的人口学因素分析

## 一、广西农村小学生心理健康现状分析

本书研究发现，广西农村小学生严重问题检出率为 1.5%，该比率低于国外（16.79%）的调查（Kumar et al.，1993），也低于国内儿童青少年心理异常患病率（5%~30%）（丁文清等，2017）。表明广西大多数农村小学生心理健康总水平是良好的。有 1 项及以上阳性因子数的调查对象人数为 2679，占总群体的 76%，其中，影响广西农村小学生心理健康的首要问题是学习焦虑，检出率为 52.8%，这与蒋彦妮（2016）的调查结果大致相同。学习焦虑是一种较为常见的焦虑情绪，王爱平和车宏声（2005）将其界定为学生由于内心某种矛盾而产生的不安或不愉快的心理反应，它是学生群体中一种特定的紧张状态。现代社会日新月异的变迁使得小学生的生活和学习环境也产生了较大的变化，学习焦虑一直居高不下。首先，教育部门为了减轻学生的学习压力，虽然一直在进行体制改革，但是不少老师和父母仍然把学习成绩作为衡量一个学生好坏的标准。其次是父母过高的期待和学业繁重，使现代小学生承担的心理压力比他们的父辈多。最后是学生自身方面，有学习焦虑的学生对考试怀有恐惧心理，无法安心学习，十分关心考试分数；而当成绩不理想，在极度紧张焦虑的时候，就可能会出现一些身体症状，如会出现呕吐、失眠、小便失禁等明显症状；这些原因就可能导致他们产生自责的倾向，出现自卑，常怀疑自己的能力，常将失败、过失归咎于自己等现象，这时候的他们就特别敏感，常常会因为一些小事而烦恼、焦虑。对于一直备受焦虑影响的小学生，学校与老师应及时发现并且进行专门的心理辅导，改善其心理健康状况。

身体症状的发生率为 9.9%，身体症状是指在极度焦虑状态下，出现手心出汗、紧张口吃、容易发脾气、哭闹、容易疲劳等明显症状，需要为其制定有针对性的特别指导计划。原因可能是人际交往状况不良导致学生变得敏感多疑。自责倾向的发生率为 11.1%。自责倾向的根源是对失去别人的爱的不安。原因可能是父母或老师对学生过分严厉。对人焦虑的发生率为 2.2%，对人焦虑是指过分注意自己的形象，害怕与人交往。

孤独倾向的发生率为 0.8%，孤独是由于个体的社交需要、归属需要得不

到满足。广西农村小学生的孤独倾向在本次调查中得分最低,原因可能是:首先,随着社会的进步,老师的素质普遍较高,在关注学生方面,老师都比较尽责,因此学生在师生交往中能得到满足;其次,小学生在交友方面,和成人不同,没有夹杂着太多的动机,容易交到更多的朋友,交往需要容易得到满足;最后,科技的发展使小学生休闲活动增多,手机、计算机的使用,缩小了小学生之间的距离,满足了他们的交往需要。

## 二、人口学各因素对农村小学生心理健康状况的影响分析

### 1. 城乡因素对农村小学生心理健康状况的影响分析

在量表总分和 8 个内容量表得分上,城乡之间存在极显著差异,城市学生心理健康水平普遍高于乡镇和农村的学生,且农村学生的心理问题最多,这与单松涛(2008)的研究结果一致。首先,农村的经济相对欠发达,以及农村学生父母文化水平相对较低,对学生的心理健康教育不够重视。其次,有研究发现,大多数农村学生的父母忙于生计,与孩子的沟通少或者沟通方式不当,也会影响农村学生的心理健康状况。加上受传统观念的影响,要想出人头地,走出农村,就必须认真学习,因此农村学生的学习压力更大,与城市学生交往时,其自卑心理导致人际交往不顺畅,因而更敏感、更易焦虑。最后,在本次调查的农村学生中,有些是留守儿童。有研究表明,在儿童成长过程中,父母都不在身边会对孩子的孤独感造成很大的影响(Shankar et al., 2016);隔代亲人——祖父、祖母的教育,也使农村的学生焦虑水平高;而长期缺乏父母的陪伴,由其他亲属监护,都会使留守儿童的生活质量低于双亲监护的儿童,继而影响留守儿童的心理健康水平(Carbone et al., 2007)。因此,国家与社会应该多研究农村儿童的心理特性,开设相关的课程来改善他们的心理问题。

### 2. 性别因素对农村小学生心理健康状况的影响分析

在量表总分上,性别之间存在极显著差异,且农村女生的心理健康状况总体上比男生差,这与郝萍等(2016)对 1995~2011 年中国四至六年级小学生心理健康状况变化分析的结果一致,也与韩晓琴和康伟(2004)对陕西小学生心理健康总体水平的调查结果一致。但是有其他学者发现在小学阶段,心理健康状况的总体水平在性别上是不存在显著差异的(董灿华和沈雪芬,2005)。除孤独倾向外,农村女生在各内容量表平均分上都高于男生。农村女生学习焦虑高于男生,可能是受农村父母"养儿防老""重男轻女"

"传宗接代"传统观念及社会角色期待的影响，在农村，男生的家庭地位普遍高于女生，父母与社会对女生的要求更苛刻，学习成绩也成为女生获得父母宠爱的方式之一，因此她们比男生更注重学习成绩。女生的孤独感比男生低，可能是因为小学女生比男生更善于表达，以及社会交往的主动性更强。农村女生在对人焦虑、自责倾向、过敏倾向、身体症状、恐怖倾向、冲动倾向因子分上也高于男生的原因是：首先，这与她们的生理、心理有很大的关系，女生比男生发育早，这使她们更敏感与细腻，加上身体的变化，易使她们产生不安与烦躁的情绪。其次，同伴社会化模型认为，在遇到问题时女性更倾向于内化为心理问题（包括情绪问题），而男性更容易外化为行为问题（边玉芳和郑艳球，1997），这使女生比男生胆小，依赖性更强，更易形成恐惧。最后，农村女生的这些焦虑问题还与家长、教师对男生、女生的性别差异化对待及社会传统的教育观念有关。在社会的传统观念中，对农村女生的成长期待普遍低于农村男生，也导致农村女生的自尊和自信水平偏低，这种传统观念逐渐内化为女生的主观感受，也就形成了自责和敏感等焦虑问题（杜柏玲，2016）。

### 3. 独生子女与非独生子女因素对农村小学生心理健康状况的影响分析

在量表总分和 8 个内容量表得分上，农村独生与非独生子女之间不存在显著差异，但是农村独生子女的心理健康总水平比农村非独生子女低，这与刘会娟和赵章留（2017）的调查大致相同。在刘会娟和赵章留的研究中，独生子女中存在心理问题倾向的比例更高，他们觉得独生子女的家长对唯一孩子的教育所具有的独特性会导致孩子的心理问题。有学者认为，目前，独生子女在身体状况、智力水平方面表现出更大的优势，而在品德个性和行为习惯方面则不如非独生子女（方拴锋等，2010）。儿童心理学认为，对于儿童成长来说，兄弟姐妹是不可或缺的一部分（郑显亮和张杰，2007）。独生子女缺少同胞竞争，而同胞竞争可使儿童产生更强的家庭观念，形成"同情感"和关心他人的人际协调能力，并且能够促进儿童早期情绪的分化；独生子女自幼就是家庭关注的焦点，日常生活中缺乏同龄、同辈人的沟通交往，容易形成自我为中心、任性、骄横等不良性格，有的甚至表现为固执、自以为是、听不进他人的意见、不合群，更有甚者敌视周围的人。

因此，不管是在农村还是城市，父母对独生子女的溺爱，都会使独生子女的心理健康水平低于非独生子女。计划生育政策的实行、"优生优育"使独生子女成为父母生育的一种趋势，特别是在农村，独生子女的父母经济上的优越性、父母的过分宠爱可能会使独生子女养成娇生惯养的毛病。

同时，加速发展的城市化进程除了给农村带来新的发展机遇，也将新的心理问题与社会问题引入农村地区，加剧了农村地区青少年的精神负担与心理困惑（Wang et al., 2014）。因此，关注农村独生子女的心理健康状况也尤为重要。

**4. 年级因素对农村小学生心理健康状况的影响分析**

在量表总分上，年级之间不存在显著差异，这与陈庆文等（2011）的调查结果相同。在学习焦虑、过敏倾向、身体症状、冲动倾向方面，与三、四、五年级相比，六年级学生得分最高。有研究表明，学校中的班级环境对儿童焦虑情绪存在一定的预测作用（Gazelle, 2006）。由此可以推论，六年级学生即将进行小学升初中的考试，学习压力甚重，其生活与学习的方式、环境、难免会使其产生焦虑情绪。在众多的焦虑情绪中，学习焦虑问题会有更为集中和突出的显现，再加上处于青春期即将来临阶段及自我意识的发展，自制力低和情绪容易波动，因此六年级学生的学习焦虑更高。五年级学生的自责倾向得分更高，因为五年级学生处于心理矛盾发展激烈又难于维持平衡的阶段，容易高度自责。在对人焦虑与孤独倾向方面，三年级得分最高，原因是三年级的学生年龄较小，依赖性更强，更易形成焦虑情绪，加上与四、五、六年级相比，三年级学生还在适应学校的学习生活，渴望更多的人际交往，因此三年级学生的孤独感更强。综上分析，面对不同年级的学生，老师应该针对相应的心理问题进行辅导。

**5. 父母文化程度因素对农村小学生心理健康状况的影响分析**

在心理健康总水平上，父亲和母亲受教育水平越高，农村小学生的心理健康水平越高。这是因为父母是孩子的第一任老师，父母的一言一行，都会对孩子的心理健康产生影响，父母的文化水平高，对孩子的要求和期待更恰当，能够积极运用自己的知识去教育孩子，在学业上给予较好的指导。加上父母受教育水平是衡量家庭社会经济地位的重要依据之一，有研究发现，父母受教育水平与小学生心理素质的发展水平之间为显著正相关。父母受教育水平高，可能从三个方面对小学生心理素质发展产生积极影响。首先，父母有更好的职位与职业发展前景、更高的收入，使得家庭有条件为子女提供更丰富和优质的教育资源；其次，父母更加注重陪伴孩子，能够为子女在身心发展，尤其是学业方面遇到的问题提供及时和有力的指导，成为子女心理素质发展的家庭支持系统；最后，父母更加注重对子女的教育，子女也倾向于认同教育的价值并积极投入，付出更多的时间和精力学习，进而对其元认知、抱负、自信心和学习适应等方面产生积极影响（梁英豪等，2017）。

**6. 父母婚姻状况因素对农村小学生心理健康状况的影响分析**

与父母离异或者丧亲的农村小学生相比较，在量表总分及8个内容量表得分方面，父母婚姻正常的农村小学生得分较低，心理健康水平更高。"一对父母胜过一百个校长""家庭是人生第一课堂，父母是人生第一任老师"。社会的发展，使得人类的婚姻观也与古代不同，人们对离婚的接受程度有所提高，女性的独立意识增强，若是婚姻出现问题，女性不再愿意将就，而是选择重新再组建一个家庭或维持单身不结婚，这种情况对于成年女性而言是好的，但是也会带来消极的后果，那就是离异家庭的孩子越来越多，他们没有完整的原生家庭，在心智还没发育完整之前，就受到严重的心灵创伤，若是未能得到父母与社会的关注，会对其心理健康发展造成不良的影响。

对于离异家庭的农村小学生，这意味着亲子关系的异常，而亲子关系的异常会使儿童的心理产生"被遗弃感"，从而变得焦虑、感伤、孤独；有些父母离异后从昔日的爱人变成仇人，而父母之间的仇恨会使孩子变得多疑和敏感，家庭的缺失使他们更加孤僻，注重别人对自己的评论，却又不敢表达内心情感，有些孩子甚至会产生自杀念头，父母不当的教养方式是造成子女心理问题的一个重要因素。对于有的离异家庭的家长而言，他们没有重组家庭，孩子成为他们心灵的唯一慰藉，他们会对孩子赋予极大的期望，一旦孩子的行为表现与自己的期望不相符合，便会出现责备等不良教育行为，这种过度的严教剥夺了儿童的尊严，容易使孩子对自己产生否定感，从而出现自卑、自责等问题。在中国人根深蒂固的家庭观念中，离婚虽然可以理解，但毕竟是不光彩的。小学生思想意识尚不成熟，不能正确地看待父母的离异，也可能导致其他人对离异家庭中孩子的歧视，孩子在同学当中被认为没有爸爸或妈妈，被歧视的孩子会远离同伴，形成孤僻、冷漠的性格。

对于丧亲家庭的孩子而言，若失去的是父母双方，那孩子通常会交由其他监护人抚养，如爷爷奶奶或外公外婆，对孩子监管力度不够，加上本书研究的对象来自农村，与城市相比，农村经济较差，爷爷奶奶或者外公外婆在解决温饱的同时，可能会疏忽对孩子的照顾，容易使孩子在没有安全感的状态下变得焦虑、抑郁，最终形成孤僻、冷漠的性格及扭曲的心理。

## 7. 父母外出务工情况对农村小学生心理健康状况的影响分析

（1）父母外出务工搭配情况对农村小学生心理健康状况的影响分析

在量表总分、学习焦虑、对人焦虑、孤独倾向、自责倾向、身体症状、恐怖倾向、冲动倾向方面，父母外出务工搭配情况不同的农村小学生之间存在极显著差异，且父母都未外出务工的农村小学生的平均分最低，心理健康水平较高。这表明不管父母某一方，还是父母双方都外出务工，不陪伴在儿童身边，均会不利于儿童的心理健康发展。在儿童的成长过程中，父母的作用是无法替代的，父母是促进儿童身心健康成长的第一人。根据埃里克森的心理发展阶段，儿童期是孩子信赖感、依赖感、安全感、勤奋和自尊心形成的重要时期，父母一方或者双方不与儿童一起生活，必然会影响孩子的安全感、信赖感和依赖感及自尊心的形成，进而容易使孩子产生学习焦虑、对人焦虑、冲动倾向甚至身体症状。对于父母双方都外出务工的农村小学生而言，父母外出务工会导致亲子分居，很多小学生被迫与祖辈及其他长辈一起生活，缺乏父母的关爱与沟通交流，因此留守的农村小学生更易孤独、抑郁，自我封闭，不善于与人交往；加上有些监护人由于体力、文化水平等原因，没法给予足够的家庭教育；父母不在身边，农村小学生容易缺乏安全感，有可能导致心理上的各种焦虑。目前我国农村心理健康教育发展缓慢，农村小学生的心理健康状况没能得到学校和社会的足够重视，使农村小学生的心理抵抗能力较差。

值得注意的是，在心理健康状况上，相对于只有父亲外出务工，只有母亲外出务工对农村小学生的心理健康状况影响更大。父母外出对儿童心理健康影响的作用可能取决于母亲，如果母亲不外出，留守儿童就不会出现更多的孤独、焦虑或愤怒。也有可能是受到"男主外，女主内"的思想影响，社会对男性与女性的要求不同，因此也造成了抚养方式的变化，一般认为，父亲的责任是在外面拼搏，负责养家糊口，这也造成父亲在养育孩子方面的缺失，加上父亲的形象在孩子的内心里是严肃的，而母亲是十月怀胎生养孩子的一方，因此，不管在思想上还是身体上，母亲对孩子的照顾及陪伴比父亲多，且孩子也更喜欢依赖母亲，这也导致只有父亲外出务工，但是母亲还在身边照顾自己的情况下，农村小学生的心理问题比只有母亲外出务工的少。

（2）父母单次外出务工持续时长对农村小学生心理健康状况的影响分析

在心理健康总水平上，父母单次外出务工持续时长为1年以内、1～3年、3～5年、5年及以上的农村小学生心理健康总水平都低于父母无外出务工的农村小学生。儿童期是孩子身心迅速发展的时期，儿童开始形成

对身体变化、人际交往等方面的理解与认识，父母外出务工一定程度上造成儿童没有安全感和依托感，面对来自学习、生活和人际交往等各方面的压力更易产生孤独心理和不同程度的身体症状，容易紧张冲动。在极度焦虑的时候，会出现呕吐、失眠、小便失禁等明显症状。随着科技的发展，虽然孩子与父母能够经常通过通话软件进行沟通，但是父母长期在外务工，依然无法及时满足孩子的内心需求，长期的分离也容易使孩子产生分离焦虑。在农村，很多外出务工的父母选择把孩子交由祖辈代养，对于很多老人而言，他们的年龄较大，文化程度较低，思想较传统，无法更好地帮助孩子养成良好的性格。

人的心理发展是既有连续性又有阶段性的过程，是一个逐渐的数量不断积累和在此基础上出现质变的过程，是不可逆的。对于农村小学生而言，低龄阶段的心理问题如果得不到及时的重视与有效的干预，会对其今后一生的身心健康产生负面影响。解决农村父母单次外出务工持续时长对农村小学生心理健康状况的负面影响，最好的办法是让务工的父母亲回归农村或把孩子带离农村到父母务工的地方就近上学，但从当前经济发展对农村的用工需求、农村经济发展水平及城市入学的相关配套措施来看，要在短期内让农村小学生的父母回归农村或把农村小学生带离农村是有相当难度的。

## 三、人口学因素对农村小学生心理健康状况的影响分析

以性别、独生与非独生子女、年级、父亲文化程度、母亲文化程度、父母婚姻状况、父母外出务工搭配情况、父母单次外出务工持续时长为自变量，以 MHT 总分、学习焦虑、对人焦虑、孤独倾向、自责倾向、过敏倾向、身体症状、冲动倾向和恐怖倾向为因变量分别进行逐步回归分析。其中，在 MHT 总分和冲动倾向方面，父母单次外出务工持续时长对 MHT 总分和冲动倾向的预测值最大。父母在孩子的心理成长中占重要地位，父母外出务工导致亲子之间的交流变少，该类小学生的心理问题也比父母没有外出务工的小学生多；在对人焦虑方面，年级对对人焦虑的预测值最大。对人焦虑是指过分注重自己的形象，害怕与人交往，退缩。例如，三年级的学生年龄较小，还在适应学校的学习生活，依赖性强，更易焦虑；在过敏倾向和身体症状方面，母亲文化程度对过敏倾向和身体症状的预测值最大。过敏倾向是指过于敏感，容易为一些小事而烦恼。身体症状是指在极度焦虑的时候，会出现呕吐、失眠、小便失禁等明显症状，而在恐怖倾向方面，父亲文化程度对恐怖倾向的预测值最大。恐怖倾向是指对某些日常事务，如黑暗等，有较严重的恐怖感。父

母是孩子的第一任老师，长期影响着孩子，对于农村父母而言，文化水平越高，经济和家庭环境可能会更好，能够及时发现并且帮助孩子减轻焦虑、恐惧感等心理问题。

## 第三节 促进广西农村小学生心理健康的策略

心理健康问题是一个至关重要的公共卫生问题，影响全世界 10%~20% 的儿童和青少年（Li&Jiang，2018）。广西农村小学生心理问题主要有以下几方面：

广西农村小学生心理健康的首要问题是学习焦虑；农村学生的心理健康水平比城镇学生低；农村女同学的心理健康水平比农村男同学低；农村独生子女的心理健康总水平比农村非独生子女低；六年级学生易产生焦虑情绪，三年级学生易感到孤独；父母离异或者丧亲的农村小学生心理健康水平更低；父母文化程度会影响农村小学生的心理健康水平；父母一方或者双方若是外出务工，都不利于儿童的心理健康发展。

孩子是祖国未来的希望，"少年强则国强"，提高小学生的心理健康水平是每一位社会成员的职责。一般认为，影响儿童身心健康的因素有社会因素、学校因素、家庭因素（薛静等，2016）。因此，应该采取有效的策略来促进广西农村小学生心理健康状况。

### 一、促进农村小学生心理健康的家庭教育策略

青少年心理健康问题得到解决的关键在于家庭，父母作为孩子人生中的第一任导师，在孩子的成长中起着非常重要的作用。

#### （一）改变农村父母对性别观念的认识

在农村，传统思想观念根深蒂固，广西一些农村地区依然不认同男女平等。本次调查中，农村女同学的心理健康状况总体上比农村男同学差。首先，应该改变农村父母的性别观念，不被传统的"养儿防老""女儿是赔钱货""嫁出去的女儿是泼出去的水"等传统文化中的糟粕思想影响。其次，要及时矫正重男轻女的思想，认识到女生在社会中发展的重要性，要明白教育好一个女生，就相当于教育好下一代的道理。最后，父母还应当适当引导女生性别意识与角色认定，同时纠正青春期前期观念上的偏差。

## （二）促进父母对心理健康的正确认识，采取合理的养育方式

家庭是孩子成长和学习过程中的重要场所，家长对于学生的心理教育发挥着重要的作用，家长需要和孩子进行沟通，明确孩子的思想发展动向，通过交流和沟通及时掌握学生的思想内容，积极指导偏激的意识。农村小学生由于经济上的困难和艰难的生活环境，无法安心学习，父母应当极力为孩子创造良好的学习环境，在经济和精神上支持孩子学习。生活的贫困增加了农村小学生的心理压力，父母也必须要掌握一定的专业知识，明白心理健康对孩子的重要性，这样才能够给予孩子专业的指导。

对于孩子而言，健康完整的家庭最有利于他们的心理健康，但是时代在转变，很多父母的婚姻观念也随着改变，父母不再像以往那样，为了孩子的身心健康而选择夫妻双方凑合过日子，而很多不可避免的因素也可能导致一个家庭的破灭，使孩子的家庭结构变成离异家庭，农村父母应明白家庭结构的变化会对孩子产生重大的影响，要采取合理的养育方式帮助孩子从父母离异的痛苦中走出来。

## （三）父母要无差别对待孩子，培养孩子的独立性、自主性

独生子女和非独生子女在刚出生时的心理状况没有任何差异。他们之所以在后来的成长中表现出差异，有可能是父母不同的教育态度和方式导致的。首先，对于农村非独生子女的父母而言，他们应公平地对待每个孩子，防止其产生失落感。其次，对于农村独生子女的父母而言，他们应当培养自己孩子的自信心、包容心，让孩子懂得与他人合作，并且建立良好的竞争关系。最后，不应过多管教孩子，要培养孩子的独立性和自主性，缓解他们的心理问题，使他们能够更好地融入社会。

## （四）父母要及时发现孩子成长不同阶段的问题，区别对待

在孩子成长的不同阶段，父母都应该及时发现该阶段容易诱发的心理问题，并且采取相应的措施，若孩子刚升三年级，父母应当观察孩子是否有焦虑、孤独的症状，帮助孩子适应学校的生活。大量心理学研究表明，人际和谐是决定一个人幸福感的最重要指标，而人际冲突是个体形成内心冲突的主要原因。良好的人际关系，是个体实现目标和应对压力的重要资源（康园园，2016）。因此，帮助孩子交友也是一件很重要的事情。若孩子升六年级，父母应当明白即将面临的小学升初中考试容易导致孩子产生学

习焦虑，父母若是无法帮忙辅导学业，则尽量不要表现出过多的期待，以免造成过多的学习压力。

### （五）父母要明白陪伴对孩子成长的重要性，增强亲子互动

农村经济的发展总体上不如城市，由于经济困难等其他因素，农村的父母不得不选择外出务工。心理学上认为儿童时期是个体心理发展的最重要的时期，并且个体的心理发展是遗传、环境交互作用的结果。父母双方外出务工或一方外出务工另一方无监护能力、不满十六周岁的未成年人称为留守儿童。由于缺少了父母在身边的监督和引导，必然对他们的心理素质的培养和健康发展产生一定的影响，使他们出现多种心理问题。首先，父母应该认识到陪伴在儿童成长中的重要作用，多与孩子进行情感互动，关注儿童的心理健康状况。其次，针对只有父亲外出务工或者只有母亲外出务工对于农村小学生的心理健康影响程度的不同，也要区别对待，在本次调查中，只有母亲外出务工家庭的小学生心理健康水平较低。弗洛伊德在经典精神分析理论中非常强调儿童与父母的关系，认为早期的母爱剥夺有可能造成儿童情绪发展上的创伤性后果（桑标，2003）。故此建议农村的父母若是不能做到双方都留守在孩子身边，则建议在小学生阶段，母亲尽量少外出务工，由父亲外出务工。

## 二、促进广西农村小学生心理健康的学校教育策略

学校是孩子从家庭走向集体、走向社会的开始，学校是社会的一个缩影，在学校中健康成长，能对孩子未来融入社会起到重要作用。加上当前是一个教育创新时代，广西农村小学的心理健康教育发展工作也应该与时俱进，跟上时代前进的脚步。

### （一）促进心理健康知识的普及，加强心理机构建设

广西农村小学生的心理健康水平比城镇小学生低，学习焦虑是影响农村小学生心理健康的首要问题，这与浙江中部地区农村的研究结果一致（董灿华和沈雪芬，2005）。《纲要》明确规定要普及、巩固和深化中小学心理健康教育，加快制度建设、课程建设、心理辅导室建设和师资队伍建设，积极拓展心理健康教育渠道，建立学校、家庭和社区心理健康教育网络和协作机制，全面推进中小学心理健康教育科学发展，在学校普遍建立起规范的心理健康教育服务体系，全面提高全体学生的心理素质。课题组调查显示，广西有

56.37%的学校开设了心理健康课程，43.63%的学校仍然没有心理健康课程。在本次调查中，有66.97%的学校设立有心理咨询室，还有33.03%的学校没有心理咨询室。

因此，学校要积极普及心理健康教育，开设心理健康课程，设立心理咨询室，聘请心理健康教师对学生进行科学的、专业的心理辅导，开设"心灵课堂"，加强同伴之间的沟通和教育。还要建设一支高素质、高水平的心理健康教育师资队伍。营造良好的心理健康教育氛围，切实转变学生的心理健康观念。

（二）增强女性自信心，宣传男女平等

农村女生的心理健康状况总体上比农村男生差，因此要更加关注，采取措施提高农村女生的心理健康水平。首先，农村学校应该从小让女生形成积极的自我认同，增强女生的自信心，正确认识女生在社会发展中的重要性，同时还应加强男女平等教育，把反家暴教育适度引入中小学课堂。其次，平衡小学里男女教师的比例，提高教学质量，完善学生的个性与认知。最后，建议小学建立女生档案，及时发现女生心理问题，加强小学的性教育。

（三）利用第二课堂渗透心理健康教育

小学生的课余生活没有中学生、大学生多，甚至有些农村的学校还会减少体育课，因为有些农村学校的师资力量薄弱，体育老师缺失，以及应试教育导致学校不太重视学生的课余活动，只重视学习成绩。农村小学的老师应该尝试把心理健康教育渗透进学生的休闲娱乐中，为学生组织各种实践活动，锻炼学生的动手能力，扩大学生的视野，提高他们的思想文化素养，如组织一些与心理健康有关的演讲比赛、写作大赛等，不仅能够丰富学生的课余生活，使学生得到锻炼，还能激发学生的积极情绪，使他们积极向上，有助于心理健康的发展。

（四）降低期待，缓解压力和焦虑

在农村小学中，教育的偏差导致农村小学生产生心理问题，作为应试教育占主导的农村小学，学校片面追求升学率，很少关注学生的心理健康状况。学校应该提升教育理念，加强心理健康教育师资力量，促进学校心理健康教育工作的有效开展。针对不同年级的学生采取不同的措施，如三年级的学生还在努力适应小学的学习生活，人际关系也成为三年级学生的烦恼，若是无法交到朋友，容易使他们感到焦虑和孤独，老师应该多关心三年级的学生，缓解他们的心理压力；六年级的学生即将面临小学毕业，考上重点初中成为六年级学生的主要目标，学校和老师灌输重点中学是考上重点大学的踏脚石等观念，这些观念和时间的紧迫性都会使孩子产生学习焦虑，继而引发其他的焦虑情绪，学校和老师应该帮助六年级学生缓解压力，若发现学生出现更严重的心理问题，应该及时进行心理辅导。

### （五）走访家庭，建立个案库

传统的家长教育观念是利用学校课堂教育和教师口头教育，往往使学生在家里的学习过程中缺乏教育想法。对于孩子的教育成果只是通过学生的学习成绩表现出来，心理健康教育缺乏有效的行为指导，这样不利于落实我国的心理健康教育工作。学校和家庭需要加强合作，在教育过程中，学校需要承担主要责任，家长负责弥补学校教育的缺憾，实现家校教育合一。班主任可以到孩子家中家访，了解学生的实际家庭情况。首先，对离异家庭、丧亲家庭的孩子及父母长期外出务工的留守儿童，经过班主任的详细了解与观察，把这类学生中有心理困扰及障碍的学生作为个案跟踪辅导对象，由年级组辅导教师开展一月一次的交流谈心活动并做好记录，在平日的教学中还要积极关注该类学生的情绪，防止其他学生欺负这类学生，导致他们自卑、内向、不敢与其他同学交流。其次，除了注意该类学生的学习成绩外，还应积极走访学生的家庭，通过组建家长微信群、QQ群的方式，加强与其父母的沟通。最后，若是发现该类学生出现严重的心理问题，应该及时进行心理辅导。对父母外出务工的小学生而言，应多走访学生的家庭，与隔代抚养人密切沟通。虽然本次的调查显示，父母都外出务工的农村小学生心理健康水平最低，但是学校除了要对这些小学生进行心理疏导外，还要防患于未然，对父母都没有外出务工的农村小学生也要给予关注。

## 三、促进广西农村小学生心理健康的社会建设策略

小学生的健康成长对社会和国家的持续发展也起着重要作用。社会应关注农村小学生的心理健康教育工作。

### （一）营造两性和谐发展的氛围

从农村不同性别小学生心理健康状况来看，农村女生的心理健康状况总

体上比农村男生差，因此，社会应当更加关注，采取措施提高农村女生的心理健康水平。要积极以文化传播为媒介，借助社会舆论，在农村宣扬和谐的两性发展关系，营造有利于两性和谐发展的氛围；改变小学女生的个体心智模式，从而帮助她们形成一种良好的两性关系思维模式，为小学女生的心理健康发展创造良好的环境。

### （二）关注社会困难群体，营造良好的社会氛围

关注农村离异家庭、丧亲家庭、留守儿童的心理问题。对农村父母离异或者丧亲家庭的小学生而言，面对家庭结构变化，他们会产生各种心理压力，社会在面对这些孩子的时候，应该给予积极的社会支持；社会各部门应该对离异家庭的父（母）或丧亲的孩子提供心理服务；居民委员会、社区设立心理咨询帮助室，减少他们的心理伤害，增强孩子的社会生存与竞争能力；社会义工、志愿者应积极献出爱心；培养父（母）与孩子间良好的亲子关系等。

### （三）关爱留守儿童，完善相关政策

农村小学生父母外出务工的重要原因，是为了改善家庭经济状况。国家在促进农村经济发展的同时，也应制定和完善相关的政策，使外出务工人员在工作的城市也能享受与城镇居民同等的医疗保险待遇及子女受教育等权利，从源头解决农村留守儿童的问题；心理咨询机构应多开展一些免费的诊治活动，或者多去农村宣传心理健康知识。

## 四、结语

综上所述，广西农村小学必须高度关注农村小学生的心理健康水平，重视学生的心理健康教育。家长在重视孩子的学习成绩之余，还要重视孩子的心理健康，加强与学校的合作与联系；学校要根据不同家庭的农村小学生的心理需求，有针对性地采用不用的教育方式，满足学生的心理需求，社会也要多到农村开展一些心理讲座，经过家庭、学校、社会的共同努力，为广西农村小学生的心理健康发展建设和谐的环境。

### 参 考 文 献

边玉芳,郑艳球,1997.杭州市小学生心理健康状况调查报告[J].杭州大学学报（哲学社会科学版），27（4）：138-142.

陈家麟,2002.学校心理健康教育：原理与操作[M].北京：教育科学出版社.

# 第二章 广西农村小学生心理健康特点研究

陈庆文，郭纪昌，黄明令，2011. 小学高年级学生心理健康状况调查[J]. 现代教育科学（2）：55-56.

迪尔凯姆，1995. 社会学方法的准则[M]. 狄玉明，译. 北京：商务印书馆.

丁文清，周苗，宋菲，2017. 中国学龄儿童青少年心理健康状况Meta分析[J]. 宁夏医科大学学报，39（7）：785-791，795.

董灿华，沈雪芬，2005. 浙江中部地区农村部分小学生心理健康状况[J]. 中国学校卫生，26（8）：680-681.

董玉娟. 2016. 农村小学生心理健康现状调查分析及应对策略[J]. 科教导刊（上旬刊）（28）：189-190.

杜柏玲，2016. 甘肃山区农村小学生心理健康状况及其影响因素研究：以陇南市为例[J]. 甘肃高师学报，21（11）：54-58.

方拴锋，经承学，王琳琳，2010. 独生子女与非独生子女心理健康状况分析[J]. 临床合理用药，3（10）：49-50.

韩晓琴，康伟，2004. 陕西省7地（市）中小学生心理健康状况调查研究[J]. 陕西教育学院学报，20（2）：118-122.

郝萍，张大均，苏志强，等，2016. 中国四～六年级小学生1995—2011年心理健康状况变化分析[J]. 中国学校卫生，37（4）：597-601.

何静，张桃，杨秀程，等，2014. 泸州市城郊小学4～6年级学生心理健康状况调查[J]. 医学理论与实践，27（6）：721-723.

黄伟伟，2015. 粤西地区异地务工青年随迁子女心理健康状况调查[J]. 中国健康心理学杂志，23（10）：1567-1570.

蒋彦妮，2016. 小学高年级学生心理健康状况调查研究与分析[J]. 商丘职业技术学院学报，15（5）：112-114.

康园园，2016. 民办园园长心理健康现状、成因与促进策略[J]. 陕西学前师范学院学报，32（7）：121-124.

李晓巍，刘艳，2013. 父教缺失下农村留守儿童的亲子依恋、师生关系与主观幸福感[J]. 中国临床心理学杂志，21（3）：493-496.

梁英豪，张大均，梁迎丽，2017. 3～6年级小学生心理素质发展的现状与特点[J]. 心理学探新，37（4）：345-351.

凌小凤，2007. 广西农村壮族人群心理健康状况调查研究[D]. 南宁：广西医科大学.

廖素菊，1975. 心理卫生与保健[M]. 台北：水牛出版社.

刘会娟，赵章留，2017. 独生子女与非独生子女心理健康状况调查研究[J]. 教育现代化，4（43）：279-281.

刘一亚，丁丽娜，2019. 贫困地区农村留守学生心理健康状况分析及干预对策研究[J]. 中国农村卫生（21）：64-66.

宁源，孔亚，温茂霖，等，2013. 重庆市某4所中小学学生心理健康状况MHT问卷调查分析[J]. 重庆医学，42（22）：2641-2643.

桑标，2003. 当代儿童发展心理学[M]. 上海：上海教育出版社.

单松涛，2008. 大庆市中小学生心理健康状况的调查与思考[J]. 教育探索（10）：130-131.

舒曼，薛敏霞，2019. 经济发达地区农村小学生心理健康状况调查分析：以广东省某农村地区为例[J]. 济宁学院学报，40（2）：77-83.

苏琪，2018. 农村初中生师生关系与心理健康状况的相关性分析：基于陕西省的研究[D]. 西安：陕西师范大学.

田翠，赵顺英，高沐，2017. 农村小学生心理健康状况及其对策研究[J]. 基础教育研究（15）：70-72.

王爱平，车宏生，2005. 学习焦虑、学习态度和投入动机与学业成绩关系的研究：关于《心理统计学》学习经验的调查[J]. 心理发展与教育（1）：55-59，86.

王伟，2018. 小学高年级学生友谊质量、自我概念和心理健康的关系研究[D]. 天津：天津师范大学.

卫萍，许成武，刘燕，等，2017. 中小学生心理健康状况的调查分析与教育策略[J]. 教育研究与实验（2）：

91-96.

谢平霞，2014. 贵州某少数民族地区初中生心理健康状况调查[J]. 中国学校卫生，35（2）：258-260.

薛静，徐继承，王锋，2016. 徐州市农村地区留守儿童与非留守儿童心理健康状况的比较研究[J]. 中国妇幼保健，31（2）：375-377.

杨静，宋爽，项紫霓，等，2015. 流动和留守儿童生活事件和人际关系与利他亲社会行为的关系[J]. 中国心理卫生杂志，29（11）：833-837.

赵静，2019. 农村小学生心理健康教育探析[J]. 公共管理（16）：66-67.

张大均，2002. 加强学校心理健康教育培养学生健全心理素质[J]. 河北师范大学学报（教育科学版），4（1）：17-23.

张劲松，2016. 留守儿童的心理问题和对策[J]. 中国儿童保健杂志，24（9）：897-899.

张微，张宛筑，袁章奎，2018. 贵阳市中小学生心理健康现状[J]. 中国学校卫生，39（8）：1256-1259.

张振梅，2017. 小学高年级学生自我意识与心理健康的关系及其干预研究[D]. 石家庄：河北师范大学.

郑显亮，张杰，2007. 贫困地区农村初中生心理健康状况调查[J]. 中国校医，21（1）：19-20.

周小燕，常剑波，庞宝华，等，2016. 陕北地区农村留守儿童的心理状况调查[J]. 中国健康心理学杂志，24（10）：1553-1557.

Benjet C，Borges G，Medina-Mora M E，et al.，2009. Youth mental health in a populous city of the developing world：Results from the Mexican adolescent mental health survey[J]. Journal of Child Psychology Psychiatry，50（4）：386-395.

Carbone J A，Sawyer M G，Searle A K，et al.，2007. The health-related quality of life of children and adolescent in home-based foster care[J]. Quality of Life Research，16（7）：1157-1166.

Gazelle H，2006. Class climate moderates peer relations and emotional adjustment in children with an early history of anxious solitude：A child × environment model[J]. Developmental Psychology，42（6）：1179-1192.

Kumar R，Mathur A，Singh K B，et a1.，1993. Clinical sequelae of Japanese encephalitis in children[J]. The Indian Journal of Medical Research（97）：9-13.

Li C K，Jiang S，2018. Social exclusion，sense of school belonging and mental health of migrant children in China：A structural equation modeling analysis[J]. Children and Youth Services Review，89：6-12.

Manassis K，2000. Childhood anxiety disorders：Lessons from the literature[J]. The Canadian Journal of Psychiatry，45（8）：724-730.

Mochizuki Y，Tanaka E，Shinohara R，et al.，2014. The influence of caregivers' anxiety and the home environment on child abuse. A study of children attending child-care centers [J]. Japanese Journal of Public Health，61（6）：263-274.

Payton J W，Wardlaw D M，Graczyk P A，et al.，2000. Social and emotional learning：A framework for promoting mental health and reducing risk behavior in children and youth[J]. Journal of School Health，70（5）：179-185.

Shankar F，Bernardi M，Sheth R K，et al.，2016. Selection bias in dynamically measured supermassive black hole samples：its consequences and the quest for the most fundamental relation[J]. Monthly Notices of the Royal Astronomical Society，460：3119-3142.

U.S. Department of Health and Human Service，1999. Mental health：A report of the Surgeon General[R]. Washington，D.C.：U.S. Department of Health and Human Service.

Wang H，Chu Y，He F，et al.，2015. Mental health and dropout behavior：A cross-sectional study of junior high students in northwest rural China[J]. International Journal of Educational Development，41：1-12.

Wang H, Yang C, He F et al., 2014. Dropout and Mental Health in Rural China's Junior High Schools: cross-sectional study of junior high students in northwest rural China[J]. International Journal of Educational Development, 41 (3): 1-12.

Zach A, Meyer N, Hendrowarsito L, et al., 2016. Association of sociodemographic and environmental factors with the mental health status among preschool children-Results from a cross-sectional study in Bavaria, Germany[J]. International Journal of Hygiene and Environmental Health, 219 (4-5): 458-467.

# 第三章　广西农村小学生幸福感特点研究

　　自"以人为本"和"育人为本"的教育思想提出以来，学生的幸福感成为教育领域与心理学领域的研究热点。学生的幸福是家庭幸福、人民幸福的基础和重要组成部分。小学生年龄范围在 6~12 岁，属于人生的童年期，小学阶段作为个体在学业生涯中奠定基础知识和掌握学习能力的阶段，是心理发展的重要阶段。关注学生的幸福感是对教育本质的回归。学校教育的重点，除教授科学文化知识外，还应关注学生的幸福感。小学生在这一时期的幸福感体验，与他们的心理健康水平息息相关，幸福感体验的缺失也易引发学生的学业成绩困扰、使其染上不良习性等。

　　社会经济的飞速发展，使人们的物质生活和需求得以满足，人们开始关注心理层面的需要。国家、社会、学校、家庭为了让学生在和谐的环境下学习科学文化知识、培养健全人格，做出了方方面面的努力。学生的心理健康教育早已成为国家素质教育的内在要求，社会的稳定创造了良好的教育环境，家长们也开始摒弃"棍棒底下出人才"等陈旧教育理念，学习科学教育方式。学生主观幸福感包含着重要的教育价值，它是学生全面发展的必要基础，是学生美德形成的重要基础，对学生创造思维的发展有着无法取代的推进作用（孔企平和姚佩英，2013）。地区间经济发展的不平衡，导致教育事业发展的不平衡。普遍来说，农村地区经济发展不如城市、县城。同样地，农村地区的教育事业与城市、县城的教育事业发展相比更为缓慢。大部分农村地区还是以成绩为导向，注重学生学业成就，忽略心理健康教育。学生存在的心理健康问题得不到妥善处理，致使学生幸福感水平不高。因此，农村地区的教育，也应重视心理健康素质教育，做到关注学生，关注他们的幸福成长。

# 第一节　广西农村小学生幸福感状况调查

　　幸福是一种持续时间较长的心灵满足，也是人类基于自身的满足感和安全感而主观产生的一种愉悦与欣喜的情绪状态。幸福是人类社会的共同追求，因此，近年来学术界也比较关注各类群体的幸福感研究。对不同人群，如医生、军人、教师、老年人的幸福感研究逐年增多（李亚真等，2010；徐媛媛，2016；杨秀木等，2015；于晓琳等，2016）。幸福感对青少年的健康成长和发展具有重要意义，针对研究生、大学生、高职生、中学生的幸福感研究比例也在增长（董文等，2018；冯喜珍等，2016；梁进龙等，2018；周永红，2016）。由于我国幸福感研究起步较晚，很多研究采用国外量表进行测量。为了使我国幸福感的研究更为深入，苗元江（2003）提出了综合幸福感的概念，它是指人们以社会经济、文化背景和价值取向为基础，对自我存在状态的一种主观心理体验，同时，他还编制了适应中国文化背景的测量工具：综合幸福感问卷（multiple happiness questionnaire，MHQ）。

　　近年来，关于小学生的幸福感研究也逐渐增多，但多以流动儿童、留守儿童为主。罗丹（2016）发现流动儿童的性别、年级、歧视知觉、普通话流利程度和朋友个数主要通过影响流动儿童的正性情绪、精力与睡眠、生活状况、负性情绪、社会交往来影响他们的主观幸福感；刘筱等（2017）的研究发现留守经历会对留守儿童的主观幸福感产生很大影响；匡仪等（2016）的研究显示城市留守儿童与农村留守儿童幸福感存在显著差异，不同留守类型影响其主观幸福感。此外，也曾有研究者尝试对某一地区的中小学生幸福感进行常模的建立（孙婷婷等，2010），或者研究儿童主观幸福感的影响因素，如王剑等（2018）的研究表明网络游戏频度对儿童主观幸福感具有预测效应；冯喜珍等（2016）的研究显示留守儿童的心理弹性对其主观幸福感有一定的影响；徐文健和冯廷勇（2017）的研究表明留守年龄是影响留守儿童主观幸福感的重要因素。

　　可以看到，调查小学生群体幸福感现状的研究较少，使学生幸福是教育的主要目的（王宏，2012），小学生作为祖国的花朵，其幸福感现状不应被忽视。广西经济发展的滞后使得心理健康教育发展缓慢，心理健康问题日益凸显，广西农村小学生的幸福感状况也有待调查。因此，为了解广西农村小学生幸福感整体水平，为丰富小学生群体幸福感研究和广西小学生心理健康教育提供参考依据，课题组于 2018 年对广西所属的 47 所小学三至六年级学生幸福感状况进行调查。

本次调查以从广西壮族自治区所辖的南宁、柳州、桂林、河池、防城港、来宾抽取下属的 20 所农村小学三至六年级学生为研究对象，共计 3469 名学生发放问卷进行调查，其中有效问卷为 3230 份，有效率为 93.1%。通过自制基本情况调查问卷，收集调查对象的学校、性别、年级、父母婚姻状况、是否为独生子女、父母文化程度、父母外出务工搭配情况及年限、生源地等多维度信息。采用苗元江于 2003 年编制的综合幸福感问卷，其包含一个幸福指数、两个模块（主观幸福感和心理幸福感）。主观幸福感包括生活满意、正性情感和负性情感三个维度，心理幸福感包括生命活力、利他行为、健康关注、自我价值、友好关系、人格成长六个维度，共 50 个项目。采用 1~7 级评分，分数按各维度分别计分，各维度分数越高，表明生活满意、正性情感、负性情感、生命活力、利他行为、健康关注、自我价值、友好关系、人格成长水平越高。本次研究中，该量表的克龙巴赫 α 系数为 0.906。由经过统一培训的调查员发放调查问卷，调查对象自填，经调查员检查合格后统一收回，所有调查对象均签署了知情同意书。使用 SPSS 21.0 软件对收回的数据进行描述统计、独立样本 $t$ 检验、方差分析。

大样本可能导致分析中出现数据差异误判，采用"效应量"指标进行检验。具体来说，用 Cohen's $d$ 对独立样本 $t$ 检验的效应量进行估计，0.2、0.5、0.8 分别对应小、中和大的效应量；在方差分析中则用 $\eta^2$ 进行估计，0.01、0.05 和 0.12 分别对应小、中和大的效应量（梁英豪等，2017）。

**1. 人口学各因素分布情况**

以广西 47 所小学的 9000 名三至六年级学生为调查对象，回收问卷 9000 份，有效问卷 7507 份（83.4%）。其中城市 2011 份（26.8%），县城 2027 份（27.0%），农村 3469 份（46.2%）。在农村小学生中，男生 1780 名（51.3%），女生 1663 名（47.9%），缺失信息 26 人（0.8%）；独生子女 458 人（13.2%），非独生子女 2992 人（86.2%），缺失信息 19 人（0.6%）；三年级 760 人（21.9%），四年级 824 人（23.8%），五年级 916 人（26.4%），六年级 957 人（27.6%），缺失信息 12 人（0.3%）；父亲文化程度是小学及以下有 845 人（24.3%），父亲文化程度是初中有 1647 人（47.5%），父亲文化程度是高中/中专有 687 人（19.8%），父亲文化程度是大专及以上有 238 人（6.9%），缺失信息有 52 人（1.5%）；母亲文化程度是小学及以下有 1232 人（35.5%），母亲文化程度是初中有 1404 人（40.5%），母亲文化程度是高中/中专有 579 人（16.7%），母亲文化程度是大专及以上有 189 人（5.4%），缺失信息有 65 人（1.9%）；父母婚姻状况正常有 3129 人（90.2%），父母婚姻状况为离异有 231 人（6.6%），父母双方离世或者一方离世有 92 人（2.7%），缺失信息有 17 人（0.5%）；只有父亲外出务工有 776 人（22.4%），只有母亲外出务工有 282 人（8.1%），父母都外出务工有 835 人（24.1%），父母都未外出务工有 1529 人（44.1%），缺失信息有 47 人（1.3%）；父母首次外出务工持续时长为 1 年以内有 1251 人（36.1%），父母单次外出务工持续时长为 1~3 年有 288 人（8.3%），父母单次外出务工持续时长为 3~5 年有 147 人（4.2%），父母单次外出务工持续时长为 5 年及以上有 168 人（4.8%），父母未有外出务工的为 1320 人（38.1%），缺失信息有 295 人（8.5%）。

### 2. 农村小学生幸福感状况

问卷从三个方面调查农村小学生综合幸福感基本情况。通过表 3-1 可以了解各维度的均值和标准差。

表 3-1　农村小学生幸福感总体状况（$\bar{x} \pm s$）

| 维度 | $\bar{x} \pm s$ |
| --- | --- |
| 生活满意 | 4.95±1.03 |
| 正性情感 | 4.55±1.26 |
| 负性情感 | 2.53±1.10 |
| 生命活力 | 5.02±1.11 |
| 利他行为 | 5.57±1.08 |
| 健康关注 | 5.16±1.10 |
| 自我价值 | 4.82±1.10 |
| 友好关系 | 5.33±1.41 |
| 人格成长 | 4.68±0.84 |
| 幸福指数 | 6.48±1.80 |

注：$\bar{x}$ 表示均值，$s$ 表示标准差。

### 3. 农村小学生幸福感状况的人口学因素比较

（1）城乡小学生幸福感状况比较

在量表得分上，城乡之间存在极显著差异（$p<0.001$）。多重比较结果显示，农村小学生与城市、县城小学生存在极显著差异（$p<0.001$）；在生活满意、正性情感、生命活力、健康关注、友好关系、人格成长、幸福指数维度上，城市和县城小学生得分极显著高于农村小学生得分（$p<0.001$），城市小学生和县城小学生间的差异不显著；在负性情感维度上，农村小学生得分极显著高于城市和县城小学生得分（$p<0.001$）；在利他行为、自我价值维度上，城市小学生得分极显著高于县城和农村小学生得分（$p<0.001$），见表 3-2。

表 3-2　城乡小学生幸福感状况比较（$\bar{x} \pm s$）

| 维度 | 城市<br>($n=2011$) | 县城<br>($n=2027$) | 农村<br>($n=3469$) | $F$ | $\eta^2$ | 多重比较 |
|---|---|---|---|---|---|---|
| 生活满意 | 5.25±1.11 | 5.28±1.07 | 4.95±1.03 | 80.57*** | 0.02 | 1＞3；2＞3 |
| 正性情感 | 4.72±1.32 | 4.68±1.35 | 4.55±1.26 | 12.42*** | 0.00 | 1＞3；2＞3 |
| 负性情感 | 2.30±1.06 | 2.30±1.06 | 2.52±1.09 | 35.34*** | 0.01 | 3＞1；3＞2 |
| 生命活力 | 5.35±1.20 | 5.33±1.18 | 5.03±1.11 | 65.93*** | 0.02 | 1＞3；2＞3 |
| 利他行为 | 5.54±1.12 | 5.46±1.07 | 5.16±1.10 | 90.90*** | 0.02 | 1＞2＞3 |
| 健康关注 | 5.88±1.10 | 5.85±1.05 | 5.58±1.08 | 64.01*** | 0.02 | 1＞3；2＞3 |
| 自我价值 | 5.25±1.17 | 5.15±1.18 | 4.83±1.10 | 101.63*** | 0.03 | 1＞2＞3 |
| 友好关系 | 5.72±1.47 | 5.64±1.46 | 5.33±1.41 | 57.51*** | 0.02 | 1＞3；2＞3 |
| 人格成长 | 4.93±0.84 | 4.91±0.88 | 4.69±0.84 | 70.64*** | 0.02 | 1＞3；2＞3 |
| 幸福指数 | 6.90±1.79 | 6.83±1.82 | 6.48±1.80 | 45.02*** | 0.01 | 1＞3；2＞3 |

注：在"多重比较"中，1 表示城市，2 表示县城，3 表示农村；***表示 $p<0.001$；$\bar{x}$ 表示均值，$s$ 表示标准差。

（2）不同性别农村小学生幸福感状况比较

在量表得分上，男生的幸福指数得分显著低于女生得分（$p<0.05$），在正性情感、健康关注维度上，男生的得分极显著低于女生得分（$p<0.001$）；在利他行为维度上，男生的得分极显著低于女生得分（$p<0.01$），见表 3-3。

表 3-3　不同性别农村小学生幸福感状况比较（$\bar{x} \pm s$）

| 维度 | 男生<br>($n=1780$) | 女生<br>($n=1663$) | $t$ | Cohen's $d$ |
|---|---|---|---|---|
| 生活满意 | 4.95±1.03 | 4.93±1.04 | 0.59 | 0.02 |
| 正性情感 | 4.43±1.28 | 4.67±1.23 | −5.67*** | −0.19 |
| 负性情感 | 2.53±1.10 | 2.53±1.11 | −0.30 | 0.00 |
| 生命活力 | 5.04±1.12 | 5.01±1.10 | 0.60 | 0.03 |
| 利他行为 | 5.09±1.11 | 5.23±1.08 | −3.27** | −0.13 |
| 健康关注 | 5.51±1.09 | 5.63±1.07 | −3.66*** | −0.11 |
| 自我价值 | 4.82±1.10 | 4.82±1.09 | 0.18 | 0.00 |
| 友好关系 | 5.33±1.37 | 5.32±1.46 | 0.19 | 0.01 |
| 人格成长 | 4.70±0.83 | 4.67±0.86 | 0.91 | 0.04 |
| 幸福指数 | 6.40±1.81 | 6.55±1.79 | −2.38* | −0.08 |

注：*表示 $p<0.05$，**表示 $p<0.01$，***表示 $p<0.001$；$\bar{x}$ 表示均值，$s$ 表示标准差。

(3）独生与非独生农村小学生幸福感状况比较

在生命活力维度上，独生农村小学生得分显著高于非独生农村小学生得分（$p<0.05$）；在健康关注、人格成长维度上，独生农村小学生得分极显著高于非独生农村小学生得分（$p<0.01$），见表3-4。

表3-4 独生与非独生农村小学生幸福感状况比较（$\bar{x} \pm s$）

| 维度 | 独生<br>($n=458$) | 非独生<br>($n=2992$) | $t$ | Cohen's $d$ |
| --- | --- | --- | --- | --- |
| 生活满意 | 5.02±1.05 | 4.94±1.03 | 1.57 | 0.08 |
| 正性情感 | 4.56±1.30 | 4.54±1.25 | 0.29 | 0.02 |
| 负性情感 | 2.54±1.18 | 2.53±1.09 | 0.23 | 0.01 |
| 生命活力 | 5.16±1.15 | 5.01±1.10 | 2.58* | 0.13 |
| 利他行为 | 5.24±1.02 | 5.15±1.11 | 1.74 | 0.08 |
| 健康关注 | 5.72±0.96 | 5.55±1.10 | 3.44** | 0.16 |
| 自我价值 | 4.87±1.16 | 4.81±1.08 | 1.03 | 0.05 |
| 友好关系 | 5.43±1.37 | 5.31±1.42 | 1.61 | 0.09 |
| 人格成长 | 4.80±0.85 | 4.66±0.84 | 3.17** | 0.17 |
| 幸福指数 | 6.60±1.88 | 6.46±1.79 | 1.56 | 0.08 |

注：*表示$p<0.05$，**表示$p<0.01$；$\bar{x}$表示均值，$s$表示标准差。

（4）不同年级农村小学生幸福感状况比较

不同年级农村小学生在生活满意、正性情感、负性情感、生命活力、幸福指数维度上的得分存在极显著差异（$p<0.001$），在人格成长维度上存在显著差异（$p<0.05$）。多重比较分析发现，在生活满意维度上，六年级农村小学生得分极显著低于三年级、四年级、五年级农村小学生得分（$p<0.001$），三年级、四年级、五年级农村小学生间得分差异不显著；在正性情感维度上，三年级农村小学生得分最高（$p<0.001$）；在负性情感维度上，三年级、四年级农村小学生得分极显著高于五年级、六年级农村小学生得分（$p<0.001$）；在生命活力维度上，六年级农村小学生得分极显著低于三年级、四年级农村小学生得分（$p<0.001$），五年级农村小学生得分极显著低于三年级农村小学生得分（$p<0.001$）；在人格成长维度上，五年级农村小学生得分显著高于六年级农村小学生得分（$p<0.05$）；在幸福指数上，六年级农村小学生得分最低（$p<0.001$），见表3-5。

表 3-5　不同年级农村小学生幸福感状况比较（$\bar{x} \pm s$）

| 维度 | 三年级<br>($n=760$) | 四年级<br>($n=824$) | 五年级<br>($n=916$) | 六年级<br>($n=957$) | $F$ | $\eta^2$ | 多重比较 |
| --- | --- | --- | --- | --- | --- | --- | --- |
| 生活满意 | 5.01±0.99 | 5.03±1.04 | 4.97±1.04 | 4.81±1.06 | 8.77*** | 0.01 | 1＞4；2＞4；3＞4 |
| 正性情感 | 4.85±1.25 | 4.63±1.20 | 4.45±1.25 | 4.33±1.27 | 28.21*** | 0.02 | 1＞2＞3＞4 |
| 负性情感 | 2.69±1.13 | 2.66±1.08 | 2.44±1.10 | 2.38±1.08 | 17.30*** | 0.01 | 1＞3＞4；2＞3＞4 |
| 生命活力 | 5.15±1.04 | 5.08±1.11 | 5.01±1.11 | 4.90±1.14 | 8.00*** | 0.01 | 1＞4；2＞4；1＞3 |
| 利他行为 | 5.24±1.07 | 5.19±1.08 | 5.13±1.17 | 5.11±1.06 | 2.46 | 0.00 | |
| 健康关注 | 5.55±1.07 | 5.57±1.08 | 5.20±1.09 | 5.57±1.09 | 0.34 | 0.00 | |
| 自我价值 | 4.81±1.09 | 4.81±1.08 | 4.87±1.11 | 4.80±1.08 | 0.89 | 0.00 | |
| 友好关系 | 5.31±1.36 | 5.31±1.37 | 5.37±1.44 | 5.31±1.45 | 0.44 | 0.00 | |
| 人格成长 | 4.70±0.86 | 4.74±0.86 | 4.68±0.86 | 4.61±0.79 | 3.78* | 0.00 | 3＞4 |
| 幸福指数 | 6.80±2.05 | 6.54±1.81 | 6.44±1.71 | 6.20±1.62 | 15.91*** | 0.01 | 1＞3＞4；2＞4 |

注：在"多重比较"中，1 表示三年级，2 表示四年级，3 表示五年级，4 表示六年级；*表示 $p<0.05$，***表示 $p<0.001$；$\bar{x}$ 表示均值，$s$ 表示标准差。

（5）父母文化程度不同的农村小学生幸福感状况比较

①父亲文化程度不同的农村小学生幸福感状况比较

父亲文化程度不同的农村小学生在综合幸福感问卷中的幸福指数及各维度的得分存在极显著的差异（$p<0.001$）。多重比较分析发现，在生活满意维度上，父亲文化程度为小学及以下的农村小学生得分极显著低于父亲文化程度为初中、高中/中专、大专及以上的农村小学生得分（$p<0.001$）；在正性情感维度上，父亲文化程度为大专及以上、高中/中专的农村小学生得分极显著高于父亲文化程度为初中、小学及以下的农村小学生得分（$p<0.001$）；在负性情感维度上，父亲文化程度为小学及以下的农村小学生得分极显著高于父亲文化程度为初中、高中/中专、大专及以上的农村小学生得分（$p<0.001$）；在生命活力、利他行为、自我价值、人格成长维度上，父亲文化程度为小学及以下的农村小学生得分极显著低于父亲文化程度为初中、高中/中专、大专及以上的农村小学生得分（$p<0.001$），父亲文化程度为高中/中专的农村小学生得分极显著高于父亲文化程度为初中的农村小学生得分（$p<0.001$）；在健康关注、友好关系、幸福指数维度上，父亲文化程度为小学及以下农村小学生得分极显著低于父亲文化程度为初中、高中/中专、大专及以上的农村小学生得分（$p<0.001$），见表 3-6。

表 3-6 父亲文化程度不同的农村小学生幸福感状况比较（$\bar{x} \pm s$）

| 维度 | 小学及以下<br>（$n=845$） | 初中<br>（$n=1647$） | 高中/中专<br>（$n=687$） | 大专及以上<br>（$n=238$） | $F$ | $\eta^2$ | 多重比较 |
|---|---|---|---|---|---|---|---|
| 生活满意 | 4.77±1.08 | 4.97±1.00 | 5.09±1.00 | 5.01±1.13 | 13.76*** | 0.01 | 3>2>1；4>2>1 |
| 正性情感 | 4.44±1.26 | 4.50±1.22 | 4.71±1.32 | 4.78±1.28 | 9.44*** | 0.01 | 4>2；4>1；3>2；3>1 |
| 负性情感 | 2.72±1.14 | 2.46±1.08 | 2.49±1.10 | 2.52±1.14 | 10.72*** | 0.01 | 1>2；1>3；1>4 |
| 生命活力 | 4.80±1.08 | 5.05±1.08 | 5.22±1.12 | 5.19±1.20 | 20.53*** | 0.02 | 3>2>1；4>1 |
| 利他行为 | 5.01±1.11 | 5.17±1.06 | 5.31±1.10 | 5.28±1.19 | 11.59*** | 0.01 | 3>2>1；4>1 |
| 健康关注 | 5.39±1.13 | 5.61±1.06 | 5.69±1.05 | 5.63±1.11 | 10.60*** | 0.01 | 2>1；3>1；4>1 |
| 自我价值 | 4.66±1.07 | 4.84±1.08 | 4.94±1.13 | 4.91±1.15 | 9.37*** | 0.01 | 3>2>1；4>1 |
| 友好关系 | 5.16±1.46 | 5.34±1.39 | 5.44±1.40 | 5.39±1.46 | 5.44*** | 0.01 | 2>1；3>1；4>1 |
| 人格成长 | 4.54±0.87 | 4.69±0.81 | 4.79±0.85 | 4.77±0.84 | 13.10*** | 0.01 | 3>2>1；4>1 |
| 幸福指数 | 6.34±1.81 | 6.40±1.74 | 6.73±1.86 | 6.65±1.96 | 7.95*** | 0.01 | 2>1；3>1；4>1 |

注：在"多重比较"中，1表示小学及以下，2表示初中，3表示高中/中专，4表示大专及以上；\*\*\*表示 $p<0.001$；$\bar{x}$ 表示均值，$s$ 表示标准差。

②母亲文化程度不同的农村小学生幸福感状况比较

母亲文化程度不同的农村小学生在综合幸福感问卷中的幸福感指数及各维度的得分存在极显著的差异（$p<0.001$）。多重比较分析发现，在生活满意维度上，母亲文化程度为小学及以下的农村小学生得分极显著低于母亲文化程度为初中、高中/中专、大专及以上的农村小学生得分（$p<0.001$），母亲文化程度为高中/中专的农村小学生得分极显著高于母亲文化程度为初中的农村小学生得分（$p<0.001$）；在正性情感、生命活力、利他行为、健康关注、自我价值、友好关系、人格成长维度上，母亲文化程度为小学及以下的农村小学生得分最低（$p<0.001$）；在负性情感维度上，母亲文化程度为小学及以下的农村小学生得分极显著高于母亲文化程度为初中、高中/中专的农村小学生得分（$p<0.001$），母亲文化程度为大专及以上的农村小学生得分极显著高于母亲文化程度初中的农村小学生得分（$p<0.001$）；在幸福指数维度上，母亲文化程度为高中/中专的农村小学生的得分极显著高于母亲文化程度为小学及以下、初中的农村小学生得分（$p<0.001$），见表3-7。

**表 3-7　母亲文化程度不同的农村小学生幸福感状况比较（$\bar{x} \pm s$）**

| 维度 | 小学及以下<br>($n=1232$) | 初中<br>($n=1404$) | 高中/中专<br>($n=579$) | 大专及以上<br>($n=189$) | $F$ | $\eta^2$ | 多重比较 |
|---|---|---|---|---|---|---|---|
| 生活满意 | 4.81±1.06 | 4.98±1.02 | 5.12±0.96 | 5.00±1.10 | 13.28*** | 0.01 | 3＞2；3＞1；4＞1 |
| 正性情感 | 4.44±1.25 | 4.57±1.24 | 4.68±1.31 | 4.68±1.26 | 6.38*** | 0.01 | 2＞1；3＞1；4＞1 |
| 负性情感 | 2.64±1.08 | 2.45±1.10 | 2.48±1.11 | 2.66±1.16 | 7.96*** | 0.01 | 1＞2；1＞3；4＞2 |
| 生命活力 | 4.84±1.09 | 5.11±1.10 | 5.20±1.11 | 5.22±1.12 | 20.30*** | 0.02 | 2＞1；3＞1；4＞1 |
| 利他行为 | 5.06±1.10 | 5.20±1.07 | 5.27±1.12 | 5.32±1.10 | 9.40*** | 0.01 | 2＞1；3＞1；4＞1 |
| 健康关注 | 5.45±1.10 | 5.61±1.07 | 5.70±1.10 | 5.72±1.04 | 7.83*** | 0.01 | 2＞1；3＞1；4＞1 |
| 自我价值 | 4.70±1.09 | 4.88±1.06 | 4.93±1.17 | 4.93±1.17 | 8.48*** | 0.01 | 2＞1；3＞1；4＞1 |
| 友好关系 | 5.15±1.44 | 5.38±1.39 | 5.50±1.10 | 5.50±1.40 | 10.69*** | 0.01 | 2＞1；3＞1；4＞1 |
| 人格成长 | 4.59±0.85 | 4.72±0.83 | 4.77±0.85 | 4.77±0.76 | 9.07*** | 0.01 | 2＞1；3＞1；4＞1 |
| 幸福指数 | 6.31±1.75 | 6.48±1.76 | 6.76±1.90 | 6.72±2.03 | 9.36*** | 0.01 | 3＞2；3＞1 |

注：在"多重比较"中，1表示小学及以下，2表示初中，3表示高中/中专，4表示大专及以上；***表示 $p<0.001$；$\bar{x}$ 表示均值，$s$ 表示标准差。

（6）父母婚姻状况不同的农村小学生幸福感状况比较

父母婚姻状况不同的农村小学生在生活满意、幸福指数维度上的得分存在极显著差异（$p<0.001$），在正性情感、负性情感、生命活力、利他行为维度上，父母婚姻状况不同的农村小学生得分存在极显著差异（$p<0.01$），在自我价值维度上，父母婚姻状况不同的农村小学生得分存在显著差异（$p<0.05$）。多重比较结果表明，在生活满意维度上，父母婚姻状况为正常的农村小学生得分极显著高于父母婚姻状况为离异、丧亲的农村小学生得分（$p<0.001$）；在正性情感维度上，父母婚姻状况为正常的农村小学生得分极显著高于父母婚姻状况为离异、丧亲的农村小学生得分（$p<0.01$）；在负性情感维度上，父母婚姻状况为离异和丧亲的小学生的得分极显著高于父母婚姻状况为正常的小学生的得分（$p<0.01$）；在生命活力、利他行为维度上，父母婚姻状况为正常与离异的农村小学生得分极显著高于丧亲的农村小学生得分（$p<0.01$）；在自我价值维度上，父母婚姻状况正常的农村小学生得分显著高于父母婚姻状况为离异的农村小学生得分（$p<0.05$）；在幸福指数上，父母婚姻状况为正常与丧亲的农村小学生得分极显著高于父母婚姻状况为离异的农村小学生的得分（$p<0.001$），见表3-8。

表 3-8　父母婚姻状况不同的农村小学生幸福感状况比较（$\bar{x}\pm s$）

| 维度 | 正常<br>($n=3129$) | 离异<br>($n=231$) | 丧亲（一方或<br>双方）（$n=92$） | $F$ | $\eta^2$ | 多重比较 |
| --- | --- | --- | --- | --- | --- | --- |
| 生活满意 | 4.98±1.03 | 4.65±1.07 | 4.44±0.97 | 22.96*** | 0.01 | 1>2；1>3 |
| 正性情感 | 4.57±1.26 | 4.38±1.26 | 4.26±1.13 | 4.90** | 0.00 | 1>2；1>3 |
| 负性情感 | 2.51±1.10 | 2.70±1.13 | 2.74±1.08 | 4.72** | 0.00 | 2>1；3>1 |
| 生命活力 | 5.05±1.11 | 4.92±1.08 | 4.65±0.70 | 6.97** | 0.00 | 1>3；2>3 |
| 利他行为 | 5.18±1.10 | 5.09±1.02 | 4.69±1.02 | 9.30** | 0.00 | 1>3；2>3 |
| 健康关注 | 5.59±1.08 | 5.52±1.03 | 5.33±1.20 | 2.76 | 0.01 | |
| 自我价值 | 4.84±1.09 | 4.68±1.11 | 4.63±1.05 | 3.63* | 0.00 | 1>2 |
| 友好关系 | 5.35±1.40 | 5.19±1.42 | 4.93±1.74 | 4.94 | 0.00 | |
| 人格成长 | 4.68±0.84 | 4.58±0.84 | 4.62±0.81 | 1.85 | 0.00 | |
| 幸福指数 | 6.55±1.78 | 5.95±1.91 | 6.48±1.80 | 31.52*** | 0.02 | 1>2；3>2 |

注：在"多重比较"中，1表示正常，2表示离异，3表示丧亲（一方或双方）；*表示$p<0.05$，**表示$p<0.01$，***表示$p<0.001$；$\bar{x}$表示均值，$s$表示标准差。

（7）父母外出务工情况不同的农村小学生幸福感状况比较

①父母务工搭配情况不同的农村小学生幸福感状况比较

在生活满意、生命活力、利他行为、健康关注、自我价值、人格成长维度上，父母务工搭配情况不同的农村小学生的得分存在极显著差异（$p<0.001$），在负性情感、友好关系维度上，父母务工搭配情况不同的农村小学生的得分存在极显著差异（$p<0.01$）。多重比较结果表明，在生活满意、利他行为、健康关注、自我价值维度上，父母都未外出务工的农村小学生得分极显著高于只有父亲外出、只有母亲外出、父母都外出的农村小学生得分（$p<0.001$），只有父亲外出的农村小学生、只有母亲外出的农村小学生和父母都外出的农村小学生得分间差异不显著；在负性情感维度上，父母都未外出的农村小学生得分极显著低于只有父亲外出、只有母亲外出、父母都外出的农村小学生得分（$p<0.01$），只有父亲外出的农村小学生、只有母亲外出的农村小学生和父母都外出的农村小学生得分间差异不显著；在生命活力维度上，父母都未外出的农村小学生得分极显著高于只有母亲外出、父母都外出的农村小学生得分（$p<0.001$），只有母亲外出的农村小学生与父母都外出的农村小学生得分差异不显著；在友好关系维度上，父母都未外出的农村小学生得分极显著高于只有父亲外出、只有母亲外出、父母都外出的农村小学生得分（$p<0.01$），只有父亲外出的农村小学生与只有母亲外出的农村小学生得分差异不显著；在人格成长维度上，父母都未外出的农村小学生得分极显著高于只有父亲外出、父母都外出的农村小学生得分（$p<0.001$），只有父亲外出的农村小学生与父母都外出的农村小学生得分差异不显著，见表3-9。

表 3-9　父母务工搭配情况不同的农村小学生幸福感状况比较（$\bar{x} \pm s$）

| 维度 | 只有父亲外出（$n=776$） | 只有母亲外出（$n=282$） | 父母都外出（$n=835$） | 父母都未外出（$n=1529$） | $F$ | $\eta^2$ | 多重比较 |
| --- | --- | --- | --- | --- | --- | --- | --- |
| 生活满意 | 4.86±1.04 | 4.80±1.07 | 4.82±1.01 | 5.09±1.03 | 17.80*** | 0.02 | 4>1；4>2；4>3 |
| 正性情感 | 4.56±1.30 | 4.55±1.20 | 4.50±1.22 | 4.57±1.27 | 0.48 | 0.00 | |
| 负性情感 | 2.58±1.08 | 2.64±1.09 | 2.59±1.10 | 2.45±1.12 | 4.61** | 0.00 | 1>4；2>4；3>4 |
| 生命活力 | 5.01±1.16 | 4.85±1.16 | 4.93±1.09 | 5.13±1.07 | 9.03*** | 0.01 | 4>2；4>3 |
| 利他行为 | 5.12±1.11 | 5.01±1.13 | 5.07±1.09 | 5.26±1.07 | 10.88*** | 0.01 | 4>1；4>2；4>3 |
| 健康关注 | 5.46±1.15 | 5.42±1.16 | 5.52±1.07 | 5.69±1.02 | 8.51*** | 0.01 | 4>1；4>2；4>3 |
| 自我价值 | 4.77±1.11 | 4.68±1.12 | 4.74±1.09 | 4.92±1.07 | 8.10*** | 0.01 | 4>1；4>2；4>3 |
| 友好关系 | 5.20±1.48 | 5.18±1.43 | 5.32±1.40 | 5.41±1.37 | 4.92** | 0.01 | 4>1；4>2 |
| 人格成长 | 4.62±0.87 | 4.64±0.92 | 4.64±0.81 | 4.74±0.82 | 5.17*** | 0.00 | 4>1；4>3 |
| 幸福指数 | 6.41±1.84 | 6.32±1.69 | 6.46±1.76 | 6.57±1.82 | 2.48 | 0.00 | |

注：在"多重比较"中，1 表示只有父亲外出，2 表示只有母亲外出，3 表示父母都外出，4 表示父母都未外出；**表示 $p<0.01$，***表示 $p<0.001$；$\bar{x}$ 表示均值，$s$ 表示标准差。

②父母单次外出务工持续时长不同的农村小学生幸福感状况比较

在生活满意、负性情感、利他行为维度上，父母单次外出务工持续时长不同的农村小学生得分存在极显著差异（$p<0.001$），在生命活力、健康关注、自我价值维度上，父母单次外出务工持续时长不同的农村小学生得分存在极显著差异（$p<0.01$）。多重比较结果表明，在生活满意、利他行为维度上，父母无外出的农村小学生得分极显著高于父母外出 1 年以内、1～3 年的农村小学生得分（$p<0.001$），父母外出 1 年以内的农村小学生、父母外出 1～3 年的农村小学生及父母外出 3～5 年的农村小学生三者得分没有显著差异；在负性情感维度上，父母外出 1～3 年的农村小学生得分最高（$p<0.01$）；在生命活力、健康关注、自我价值维度上，父母无外出的农村小学生得分极显著高于父母外出 1 年以内的农村小学生得分（$p<0.01$），见表 3-10。

表 3-10　父母单次外出务工持续时长不同的农村小学生幸福感状况比较（$\bar{x} \pm s$）

| 维度 | 1 年以内（$n=1251$） | 1～3 年（$n=288$） | 3～5 年（$n=147$） | 5 年及以上（$n=168$） | 无外出（$n=1320$） | $F$ | $\eta^2$ | 多重比较 |
| --- | --- | --- | --- | --- | --- | --- | --- | --- |
| 生活满意 | 4.87±1.03 | 4.80±1.04 | 4.75±1.08 | 4.79±1.06 | 5.06±1.03 | 9.70*** | 0.01 | 5>1；5>2；5>3；5>4 |
| 正性情感 | 4.55±1.26 | 4.48±1.23 | 4.59±1.25 | 4.50±1.23 | 4.54±1.26 | 0.28 | 0.00 | |

续表

| 维度 | 1年以内 ($n=1251$) | 1~3年 ($n=288$) | 3~5年 ($n=147$) | 5年及以上 ($n=168$) | 无外出 ($n=1320$) | $F$ | $\eta^2$ | 多重比较 |
|---|---|---|---|---|---|---|---|---|
| 负性情感 | 2.56±1.08 | 2.77±1.15 | 2.50±1.06 | 2.54±1.12 | 2.44±1.10 | 5.60*** | 0.01 | 2>1>5；2>3；2>4 |
| 生命活力 | 4.96±1.14 | 4.94±1.14 | 4.94±1.10 | 5.06±1.05 | 5.09±1.05 | 3.02** | 0.00 | 5>1 |
| 利他行为 | 5.09±1.16 | 5.08±1.10 | 5.15±1.06 | 5.10±1.00 | 5.25±1.07 | 4.43*** | 0.01 | 5>1；5>2 |
| 健康关注 | 5.50±1.12 | 5.47±1.09 | 5.46±1.11 | 5.55±1.02 | 5.66±1.02 | 5.01** | 0.01 | 5>1 |
| 自我价值 | 4.73±1.12 | 4.78±1.06 | 4.88±1.11 | 4.88±1.04 | 4.91±1.06 | 4.83** | 0.01 | 5>1 |
| 友好关系 | 5.27±1.43 | 5.15±1.49 | 5.43±1.41 | 5.43±1.38 | 5.35±1.39 | 2.00 | 0.00 | |
| 人格成长 | 4.64±0.84 | 4.60±0.90 | 4.70±0.91 | 4.67±0.82 | 4.72±0.82 | 2.06 | 0.00 | |
| 幸福指数 | 6.45±1.77 | 6.36±1.80 | 6.32±1.91 | 6.50±1.76 | 6.52±1.80 | 0.81 | 0.00 | |

注：1~3年、3~5年，年份界限按"上限不在内"的原则进行处理。

在"多重比较"中，1表示1年以内，2表示1~3年，3表示3~5年，4表示5年及以上，5表示无外出；**表示$p<0.01$，***表示$p<0.001$；$\bar{x}$表示均值，$s$表示标准差。

### 4. 人口学因素对MHQ总分和各因子的逐步回归分析

以性别、独生与非独生子女、年级、父亲文化程度、母亲文化程度、父母婚姻状况、父母外出务工搭配情况、父母单次外出务工持续时长为自变量，以综合幸福感、心理幸福感、主观幸福感、幸福指数为因变量分别进行逐步回归分析，见表3-11。在综合幸福感方面，母亲文化程度、年级、父母婚姻状况、父母外出务工搭配情况、独生子女与非独生子女、父亲文化程度、性别首先进入回归方程，它们可以解释综合幸福感分数变异的5%，说明这七个变量都对综合幸福感总分有直接效应，$R^2$值越大，说明该自变量对因变量的预测作用越明显，其中，性别对综合幸福感总分的预测值最大，对农村小学生的综合幸福感状况预测作用由大到小的顺序是：性别>父亲文化程度>独生子女与非独生子女>父母外出务工搭配情况>父母婚姻状况>年级>母亲文化程度。在心理幸福感方面，母亲文化程度、父母单次外出务工持续时长、父母婚姻状况、父亲文化程度、独生子女与非独生子女首先进入回归方程，它们可以解释心理幸福感分数变异的3%，说明这五个变量都对心理幸福感有直接效应，其中，独生子女与非独生子女对心理幸福感的预测值最大，其次是父亲文化程度，然后是父母婚姻状况、父母单次外出务工持续时长、母亲文化程度。在主观幸福感方面，年级、父母婚姻状况、母亲文化程度、性别首先进入回归方程，它们可以解释主观幸福感分数变异的6%，说明这四个变量都对主观幸福感有直接效应。其中，性别对主观幸福感的预测值最大，然后是母亲文化程度、父母婚姻状况、年级。在幸福指数方面，父母婚姻状况、年级、母亲文化程度、独生子女与非独生子女、性别首先进入回归方程，它们可以解释幸福指数分数变异的 4%，说明这五个变量都对幸福指数有直接效应，其中，性别对幸福指数的预测值最大，其次是独生子女与非独生子女，然后是母亲文化程度、年级、父母婚姻状况。

表 3-11　人口学因素对 MHQ 总分和各因子的逐步回归分析

| 因变量 | 自变量 | $R$ | $R^2$ | $\beta$ | $t$ | $p$ |
| --- | --- | --- | --- | --- | --- | --- |
| 综合幸福感 | 母亲文化程度 | 0.139 | 0.019 | 0.079 | 3.567 | 0.000 |
|  | 年级 | 0.177 | 0.031 | −0.111 | −6.026 | 0.000 |
|  | 父母婚姻状况 | 0.203 | 0.041 | −0.099 | −5.442 | 0.000 |
|  | 父母外出务工搭配情况 | 0.210 | 0.044 | 0.055 | 3.070 | 0.002 |
|  | 独生子女与非独生子女 | 0.215 | 0.046 | −0.049 | −2.691 | 0.007 |
|  | 父亲文化程度 | 0.219 | 0.048 | 0.054 | 2.443 | 0.015 |
|  | 性别 | 0.223 | 0.050 | 0.042 | 2.312 | 0.021 |
| 心理幸福感 | 母亲文化程度 | 0.130 | 0.017 | 0.084 | 3.775 | 0.000 |
|  | 父母单次外出务工持续时长 | 0.147 | 0.021 | 0.065 | 3.551 | 0.000 |
|  | 父母婚姻状况 | 0.158 | 0.025 | −0.062 | −3.366 | 0.001 |
|  | 父亲文化程度 | 0.167 | 0.028 | 0.064 | 2.906 | 0.004 |
|  | 独生子女与非独生子女 | 0.172 | 0.030 | −0.044 | −2.400 | 0.016 |
| 主观幸福感 | 年级 | 0.204 | 0.042 | −0.194 | −10.640 | 0.000 |
|  | 父母婚姻状况 | 0.216 | 0.046 | −0.077 | −4.338 | 0.000 |
|  | 母亲文化程度 | 0.233 | 0.054 | 0.057 | 3.047 | 0.002 |
|  | 性别 | 0.237 | 0.056 | 0.044 | 2.473 | 0.013 |
| 幸福指数 | 父母婚姻状况 | 0.134 | 0.018 | −0.141 | −7.774 | 0.000 |
|  | 年级 | 0.185 | 0.034 | −0.109 | −5.888 | 0.000 |
|  | 母亲文化程度 | 0.200 | 0.040 | 0.076 | 4.076 | 0.000 |
|  | 独生子女与非独生子女 | 0.203 | 0.041 | −0.041 | −2.222 | 0.000 |
|  | 性别 | 0.207 | 0.043 | 0.037 | 2.071 | 0.038 |

## 第二节 影响广西农村小学生幸福感状况的人口学因素分析

### 一、广西农村小学生幸福感现状分析

本书从主观幸福感、心理幸福感、幸福指数三个方面对广西农村小学生综合幸福感状况进行调查。结果显示，广西农村小学生的幸福感程度在中等以上水平。可以看出，广西农村小学生幸福感具有友好关系得分高、负性情感得分低的特征。友好关系得分高体现了现阶段的农村小学生能够与身边的同学、朋友、同伴形成一个温暖的、安全的、真诚的、持久的人际关系，有较高的幸福感体验。已有研究显示，友谊质量是青少年主观幸福感的重要相关因素，同伴关系交往状况越好，其幸福感越强（柴唤友等，2016）。负性情感得分低，很可能是由于农村小学生对于目前的生活、学习满意度较高，在生活中遇到的负性事件较少，从而没有太多的消极情绪体验。

### 二、人口学各因素对农村小学生幸福感状况的影响分析

#### 1. 城乡因素对农村小学生幸福感状况的影响分析

城市小学生和县城小学生的幸福感显著高于农村小学生，这与胡燕红（2016）的研究一致。这可能与经济发展条件相关，由于城市和县城地区经济条件发展状况优于农村，在资源分配方面，城市和县城的小学生占有的资源要多于农村小学生。在城市化方面，城市和县城地区的小学生接受更多的先进技术和产品，使得城市和县城地区小学生对学校活动产生强烈的兴趣，儿童幸福感与学校投入显著相关，积极主动出行可以提升儿童幸福感，城市和县城地区小学生周末出行较为方便，出行选择较多。在教育水平方面，城市和县城地区的小学生拥有较好的教育资源，就读学校教育水平较高，相比之下，农村属于欠发达地区，教育发展相对迟缓，学校教育水平相对较低。在父母教养方式方面，城市和县城地区的父母受教育程度较高，更加注重家庭关怀和亲子沟通，从而影响着小学生形成良好的自尊，养成富有爱心、乐于助人的品质，也使他们在同伴交往中能够建立起良好的人际关系，这也可能是导致城市和县城地区小学生幸福感高于农村小学生的原因之一。除此之外，

农村小学生中留守儿童较多，徐文健和冯廷勇（2017）的研究表明留守年龄是影响留守儿童主观幸福感的重要因素。为获取经济收入并保障孩子的学习生活，父母在孩子年龄很小的时候就选择进城务工，过早的留守导致农村小学生幸福感低于城市和县城地区的小学生。当然，城市地区同样存在留守儿童，但有研究表明，城市留守儿童幸福感高于农村留守儿童（匡仪等，2016）。因此，从整体上来看，城市地区的小学生幸福感高于农村地区。

**2. 性别因素对农村小学生幸福感状况的影响分析**

近年来关于学生群体的幸福感研究增多，但不同性别上的差异还没有达成一致。李宗国等（2016）的研究发现，男生的幸福感显著高于女生。李凌娜和周丽华（2018）研究发现，主观幸福感在不同性别上不存在差异。造成不同研究结果差异的原因可能有：采用研究工具不一致，研究对象不同。在本书研究中，女生幸福指数得分高于男生，这与刘雪珍和李晓兰（2012）的研究一致。很可能是因为女生情感比较细腻，对于情感的体验较男生来说更为深刻。从社会角色的角度来说，在学业上社会对男生的期望一般比女生高，因此男生承受的压力比女生大，使得男生正向情感的体验较女生少。除此之外，小学阶段的女孩子更倾向于做一个好学生，在生活中希望通过帮助他人的方式获得来自家长、老师、同伴的好感，这种好感从另一个角度上对她们来说是一种认可，这种认可给女生带来积极的情感体验。获得来自他人的认可越多，对周围环境的满意度就会提高，从而容易获得幸福感。男生则比较调皮，在老师、家长的眼中属于"严加看管"的对象，管束给男生带来的束缚感使得他们更容易体验到消极的情绪体验。另外，小学阶段男生会更多地关注游戏、同伴关系等方面。有些游戏充满刺激性，容易造成较大的情绪波动，当男生在游戏过程中体验不佳时，容易引起愤怒、焦躁等情绪。同伴之间的摩擦碰撞是必不可少的，男生和女生处理摩擦的方式也存在差异。女生更多会选择对话的方式进行解决，而男生容易选择较为消极的应对方式，使得原本紧张的同伴关系进一步恶化，从而对周围的人际关系产生负面情绪，同时也影响其对生活的满意度。

**3. 独生子女与非独生子女因素对农村小学生幸福感状况的影响分析**

在幸福指数上，独生与非独生农村小学生之间的差异不显著，这与卢珂（2016）的研究一致。但在生命活力、健康关注、人格成长三个维度上，独生的农村小学生得分显著高于非独生的农村小学生，这可能是由于独生的农村小学生有足够的机会得到家长的关爱与照顾。因为是家中独子，父母必会对其更加珍惜爱护，家长会为其成长发展提供充足的物质保障与精神支持。对于非独生的农村小学生而言，家长照顾孩子的精力会因孩子的个数而分散，加上人口数量带来的经济压力，在一定程度上影响了家庭经济水平。也有研究者发现，非独生子女主观生活质量的情感体验高于独生子女（刘雪珍和李晓兰，2012），因为非独生子女可以从兄弟姐妹中获得除来自父母外的关爱与情感支持。

**4. 年级因素对农村小学生幸福感状况的影响分析**

三年级的小学生幸福指数要比四年级、五年级、六年级的小学生高，这与张冲和孟万金（2018）的研究结果一致。首先，对即将进行升学考试的高年级小学生来说，升学压力相对于低年级的小学生来说较大，从而影响幸福感体验。其次，根据美国心理学家马斯洛的需要层次理论，人的各种需要间存在层次高低之分、顺序先后之别，当满足低层次需要之后，才会产生高层次的需求（杨丽媛，2010）。马斯洛认为，人的基本需要得到满足的实际状况给人本身带来的满足感就是幸福感。对三年级的小学生来说，他们的需要处于较低层次且易于满足，从而更容易产生幸福感；而随着年龄的增长，需要的层次逐渐变高，不再那么容易满足和实现，因此幸福感水平有所下降。同时，随着留守儿童的年级升高，父母单次外出务工持续时长也逐年增加，长时间、远距离的状态，使得亲子间面对面的沟通频率降低，留守儿童直观感受到父母的关爱减少，也会影响高年级学生的幸福感（牛祥宇，2020）。

**5. 父母文化程度因素对农村小学生幸福感状况的影响分析**

父母受教育程度较高的农村小学生幸福感要比父母受教育程度较低的农村小学生高。有研究表明父亲的低学历是造成小学生综合幸福感降低的主要原因（葛明荣，2015）。由于父亲文化程度较低，所掌握的育儿观念和教养方式不够科学，在教养观念与态度上，文化程度为小学及以下、初中、高中或中专的父亲认为，孩子教育问题的主要承担者为母亲，自己则通过努力工作改善家庭经济条件的方式去满足孩子的需求。在教育方法的选择上，他们更倾向于选择消极的方式去处理小学生的成长问题，父亲教养方式中的拒绝否认因子和严厉因子与学生主观幸福感呈负相关（杨燕和刘帅，2015）。母亲文化程度为大专及以上的小学生主观幸福感、心理幸福感和幸福指数都偏高。唐颖等（2017）的研究显示，母亲的教养方式对儿童非故意伤害的发生有影响，对儿童心理健康的发展也有影响。文化程度为小学及以下的母亲，可能意识不到在日常生活的教养中所流露的负性情感、过度保护、偏爱等对小学生带来的消极影响，使得母亲文化程度为小学及以下的小学生幸福感水平不高。葛明荣（2015）的研究表明，学历不同的父亲会对孩子采取不同的教养方式，不同的教养方式会影响孩子的幸福感。总而言之，父母文化程度的高低会影响家庭教养方式的选择，家庭教养方式则直接影响孩子的幸福感（刘米娜，2013）。因此，父母应通过多种渠道学习、掌握科学的教养观念和育儿方法，营造一个积极健康、温馨的家庭环境，以提高孩子的幸福感体验。

**6. 父母婚姻状况因素对农村小学生幸福感状况的影响分析**

父母婚姻状况为正常的农村小学生幸福指数最高，父母婚姻状况为丧亲的农村小学生次之，父母婚姻状况为离异的农村小学生幸福指数最低，这与孙婷婷等（2010）的研究结果一致。父母婚姻状况的不同类型，会使家庭结构发生变化。家庭对子女的心理发展、人格形成及心理健康有着重要的影响作用，家庭结构和环境是影响儿童、青少年主观幸福感的重要因素（齐琳等，2008）。父母婚姻状况为离异的农村小学生家庭结构可能是单亲家庭，也可能是重组家庭。段文姬等（2013）的研究表明，父母婚姻状况与小学生的幸福指数呈显著的正相关，父母婚姻状况正常的小学生的幸福指数高于父母婚姻状况为离异的小学生的幸福指数。家庭环境中成员间的亲密度是预测生活满意度的重要指标（李品品，2014），父母婚姻状况正常的农村小学生家庭结构完整，孩子可以体会到来自父母的积极关怀与照顾，在成长过程中各方面的需求和愿望容易得到满足。家庭教养方式影响农村小学生的幸福感。父母婚姻状况为正常的农村小学生负性情感得分最低，可能是因为完整的家庭能够给孩子一个温暖的家庭氛围，在这种氛围下生活的孩子体验到的正性情感就会更多一些，负性情感会更少。但离异或丧亲家庭，由于家庭的不完整，孩子体验到的负性情感会更多一些。

**7. 父母外出务工情况对农村小学生幸福感状况的影响分析**

（1）父母外出务工搭配情况对农村小学生幸福感状况的影响分析

父母外出务工搭配情况不同的农村小学生幸福指数差异不显著，这与前人研究一致（尹观海等，2018）。只有母亲外出务工的农村小学生幸福指数得分最低，在生活满意、利他行为、健康关注、自我价值维度上，父母都未外出务工的农村小学生得分均显著高于只有父亲外出务工、只有母亲外出务工、父亲母亲双方均外出务工的农村小学生得分。生命活力维度上，父母都未外出的农村小学生得分极显著高于只有母亲外出、父母都外出的农村小学生得分。在友好关系维度上，父母都未外出务工的农村小学生得分极显著高于只有父亲外出和只有母亲外出农村小学生的得分。在人格成长维度上，父母都未外出务工的农村小学生得分极显著高于只有父亲外出、父母都外出的农村小学生的得分。父母外出务工，留在家中的农村小学生成为留守儿童，留守经历在儿童成长过程中留下的影响是不可轻视的，有留守经历的大学生主观幸福感得分显著低于无留守经历的大学生（周春燕等，2014）。根据父母外出务工的情况不同，留守儿童类型也不同。已有研究发现，只有母亲外出务工的留守儿童幸福感显著低于只有父亲外出务工、父母双方都外出务工的留守儿童（刘筱等，2017）。这很可能因为母亲单独外出务工后，孩子失去了主要的照顾者和依恋对象。一般来说，父亲监管较母亲监管更严厉，因而儿童感受的温暖情感较少。只有父亲外出务工的农村小学生，则主要由母亲监管，与父亲的交流、联系较少，父亲在儿童的日常生活学习上不能及时地给予关爱，父爱缺失在一定程度上影响农村留守儿童的心理健康，降低其主观幸福感（赵小燕等，2018）。

（2）父母单次外出务工持续时长对农村小学生幸福感状况的影响分析

在生活满意维度上，父母无外出务工的农村小学生得分显著高于父母单次外出务工持续时长为1年以内、1~3年、3~5年、5年及以上的农村小学生的得分；在生命活力、健康关注、自我价值维度上，父母无外出务工的农村小学生得分显著高于父母单次外出务工持续时长为1年以内的农村小学生的得分；在利他行为维度上，父母无外出务工的农村小学生得分显著高于父母单次外出务工持续时长为1年以内、1~3年的农村小学生的得分。在负性情感维度上，父母单次外出务工持续时长为1~3年的农村小学生得分显著高于父母单次外出务工持续时长为1年以内、3~5年、5年及以上和父母无外出务工的农村小学生的得分。小学阶段作为儿童成长的初始阶段，对于自我认识、人际交往逐渐形成认识，父母在身边的悉心照料与日常教导影响着他们认识的发展与变化，同样，这份无微不至、及时给予的关爱也使得儿童对自我、生活、周围环境产生积极的认识与期望。尽管互联网的迅速发展，使得手机聊天软件让外出务工的父母与留守家中的儿童联系更为方便，但对于留守儿童来说，父母不在家中相当于失去了一份心理依托与安全感，隔代监管人无法替代父母在儿童成长中所扮演的角色。父母单次外出务工持续时长为1~3年的农村小学生可能在体会与父母分离的痛苦后，与父母分离期间还未适应父母不在身边的分离焦虑，同时也要面对学校生活中的新挑战，过程中体会到的抑郁、焦虑、妒忌等情绪无法得到适当的发泄。对于父母单次外出务工持续时长为3~5年、5年及以上的农村小学生来说，他们可能从父母外出务工后带来的生活物质上的改善意识到父母外出务工是为了能够给他们创造更好的生活条件与学习机会，从而对未来抱有美好的期待。

### 三、人口学因素对农村小学生幸福感状况的影响分析

以性别、独生与非独生子女、年级、父亲文化程度、母亲文化程度、父母婚姻状况、父母外出务工搭配情况、父母单次外出务工持续时长为自变量，以综合幸福感总分及各模块为因变量分别进行逐步回归分析。其中，在综合幸福感总分、主观幸福感和幸福指数方面，性别对综合幸福感、主观幸福感和幸福指数的预测值最大。中国传统文化糟粕——重男轻女思想，尽管随着时代的发展有所削弱，但在经济欠发达地区，老一辈的人依旧存在这样的观念。父母对男生的成长寄予厚望，很多时候对于男生的要求可能会过于严苛，在这种严肃、要求高的家庭环境下，男生所要承受的期望压力比女生大，体会到的正性情感相对较少，对生活的满意度也相对下降。在心理幸福感方面，独生子女与非独生子女对心理幸福感的预测值最大。父母将关爱毫无保留地倾注在独生子女身上，为他们的健康成长竭尽所能地提供丰富的精神支持和充裕的物质条件，独生子女的需求越能得到满足，当下体验到的幸福感就越高。同时，独生子女不用像非独生子女一样因父母的"不公平对待"而产生焦虑与负面情绪。

## 第三节 促进广西农村小学生幸福感的策略

广西农村小学生综合幸福感状况存在以下几个问题：农村地区小学生幸福感比城镇地区低；农村男生的幸福感比农村女生低；农村非独生子女小学生综合幸福感水平比农村独生子女综合幸福感水平低；六年级的农村小学生幸福感水平最低；父母文化程度会直接影响农村小学生幸福感水平高低；父母婚姻状况为离异的农村小学生幸福感水平最低；父母一方或双方均外出务工的情况影响农村小学生幸福感水平。

幸福感对小学生的健康成长与发展有着重要意义，让孩子幸福快乐地成长，是社会各界义不容辞的责任与义务。因此，为提高农村小学生幸福感，可以从以下三个方面入手。

### 一、提高农村小学生幸福感的家庭策略

家庭是小学生的第一所"学校"，是一切教育的起点和基础。小学生具有

很强的可塑性，家庭教养方式对小学生有着深远的影响。父母的社会价值观、行为方式、态度等会影响孩子。为使小孩养成良好的个性品质，家长们应做到以下几点。

## （一）学习科学的教育理念，采取合理的教养方式

教养方式的选择对一个小孩的成长来说有着举足轻重的影响，不同的教养方式区别在于教育理念不同。传统的中国式教养理念固然有其值得发扬与继承的地方，但也存在糟粕之处，而农村地区的父母因文化程度不高易受到糟粕思想的影响。持有掌控理念的父母要求小孩无条件地听话、懂事，一味命令式教育，严重扼杀孩子的自尊心、自信心、坚持性和创造性；有着物质至上理念的父母将物质刺激作为促进孩子学习的杀手锏，如考试考满分奖励一部平板电脑，会让孩子认为学习是为了父母学的，是为了获得物质而学的，没有真正激发学习的内在动力；持有棍棒教育理念的父母奉行"不打不成材"的"至理名言"，实则忽视与孩子的沟通，更容易让孩子形成逆反心理。可见，消极的养育方式不利于孩子的人格成长与心理健康，孩子幸福感也无从提起。

首先，父母要提高自身的素质。家长是孩子的第一任教师，家长的良好素养、健全的心理和人格，对引导孩子积极进取是一种无形的力量。所以家长要严格要求自己，加强自身的思想道德修养。在人人一部智能手机的时代，家长可以通过网络课程、网络电台等媒介学习科学的教养理念，通过不断地学习充实自己，提高自身素养，并认识孩子心理成长规律特点。父母为孩子起到良好的表率作用，对孩子起到潜移默化的影响，为孩子幸福感的建立打下良好基础。其次，家长要先学会聆听，成熟的父母都会先了解孩子的感受。在此基础上，积极、主动地与孩子进行有效的沟通交流，了解孩子的想法与需求，当孩子产生不良思想或者做出不端行为时，应予以足够重视，并及时进行干预，通过言语沟通的方式去引导孩子，确保其健康成长，加强其幸福感的确立。最后，在日常生活中，家长要看到孩子的优点，多采用表扬、赞美的方式，增强孩子自信心与自尊心，鼓励儿童做力所能及的事，培养孩子的自主性和独立性。这样不仅能培养孩子的健康品性，还能让他明白自己的生活与自己的努力有极大的关系，把自己取得的成绩看作是努力的结果而不是物质奖励的驱动，从而激发学习动力，提高生活和学业上的幸福感。

## （二）无差别对待孩子，构建和谐的家庭氛围

首先，家长要做到男孩、女孩一视同仁。"重男轻女"这一传统糟粕思想

对农村地区的家庭依旧有着很大的影响力，这使得男孩从一出生开始就被寄予厚望，同时承受了来自父母的焦虑与压力，也使得女孩从一出生就遭受来自家庭的性别歧视与不公平的对待。家长应改变这种性别观念，认识到性别平等。在这次调查中，虽然女孩的幸福感水平略高于男孩，但其整体幸福感水平不是很高，很有可能持有"望女成凤，以便工作、嫁人后更好地扶持娘家"这一思想的父母在学习生活中给女孩带来了不少压力。所以，家长除了要看到女性对社会、家庭的重要作用外，还应形成正确的价值观念，引导女孩健康成长，而不是将不切实际的希望寄托于女孩身上。其次，非独生子女家庭中，家长应教导孩子们长幼有序，不因出生顺序等其他原因而厚此薄彼。公平对待自己的每一个子女，让他们体验到无差别的温暖与关爱，这不但有利于良好亲子关系的建立，还有利于兄弟姐妹间深厚情感的建立。最后，对于独生子女的家庭，家长应抛弃"溺爱"的教养方式。父母要清楚地认识到溺爱的本质是过度阻碍孩子成长，会令孩子既依赖父母又恨父母。所以，家长要让孩子学会果断和思考，培养孩子的独立性，发展完整独立的人格。

要构建和谐的家庭氛围，很大程度上需要家长的努力。家庭作为孩子成长过程中的主要生活场所，只有在家庭中体验到了充足、温暖的幸福感，提高了心理素质，才能发展健康的人格，在面向社会、面向学校生活时，才会以更积极的态度处理遇到的成长难题。

（三）父母相伴成就快乐童年

城市经济飞速发展，让农村地区的家长们看到了更多的工作机会和提高家人生活质量的渠道，于是他们将孩子留在农村由老人或亲戚代为照顾，自己去城市为孩子争取更好的物质条件。但他们往往忽略了一个事实，孩子的成长过程中，特别是婴幼儿阶段和小学阶段，需要父母的陪伴。对于留在家中的孩子来说，寄养容易让他们体验到被抛弃的感觉，这样的孩子极易缺乏安全感。缺乏安全感的孩子在学习生活中形成小心翼翼的性格，也会形成外在评价系统，他们会认为需要通过好成绩好表现才会引起在外地务工的父母关注，引起隔代抚养者的关心。因此，父母们要认识到陪伴孩子成长的重要性，以良好的亲子互动形式陪伴孩子成长。同时，父母要进化爱的方式，从以前关注物质提升的方式中脱离出来，更多地考虑孩子的人格成长与心理需求。

如果家庭经济问题必须依靠父母外出务工才可以得到改善，建议母亲留在家中照顾儿童至小学阶段结束。因为只有母亲外出务工的留守儿童幸福感显著低于只有父亲外出务工的留守儿童。母亲最好亲自带孩子到三岁——这是一个广为人知的概念。这是因为孩子在良好的养育环境下成长至三岁时，才能形成两个概念：客体稳定性与情感稳定性。所以，在三岁前，母亲要尽可能亲自带孩子，不能与孩子有长时间分离，并与孩子有良好的情感互动，这样才能形成所谓的安全感。

最后，在陪伴孩子成长中要注意，父母不要给孩子制造压力。现在的父母给孩子制造的学业压力要大于老师。最有可能的情况是，父母将自己的焦虑转嫁给孩子。农村地区的父母从小接触的生活环境、接受的教育程度让他们产生跟不上社会步伐的担心，但自己又缺乏成长空间，于是将这些成长的压力全放到了孩子身上，加上现代社会充满了机会、新鲜与刺激，可对于父母来说相当于缺乏了保障，这严重加深了父母的焦虑。所以，父母们要给孩子空间，让孩子学会自我成长，陪伴成长不意味着孩子一切举动都要管束，不意味着限定孩子未来发展的道路。

## 二、提高农村小学生幸福感的学校策略

学校作为小学生成长经历中第二个重要场所，在家庭和社会间起着桥梁的作用。学校为使小学生健康快乐地成长，顺利走向社会，应做到以下几点。

### （一）加强心理健康教育师资队伍建设

根据《纲要》要求，中小学必须加强心理健康教师队伍建设，每所学校至少配备一名专职或兼职心理健康教师，并逐步增大专职人员配比。心理健康教师是学校心理健康教育的骨干和中坚力量，是学校心理健康教育的关键因素。但据调查发现，广西中小学心理健康教育师资欠缺，素质仍有待提高。在师资配备方面，几乎近半的中小学没有配备心理健康教师，从而限制了学校心理健康教育的正常开展。学校即使配备了心理健康教师，心理健康教师的素质和水平也是有限的，六成以上的学生只能受到水平不高的心理健康教师所开展的心理教育（蔡伟林等，2014）。

因此，农村地区中小学重视心理健康教育应以建设专业心理健康教育师资队伍为第一步。心理健康教育作为一种科学性和专业性极强的教育活动，心理健康教师要掌握扎实的心理学知识和熟练的心理辅导技能，还要拥有健康的人格特质和热情的教育态度。学校要设立心理健康教育专职教师岗位，引进专业的心理健康教育师资，主管学校心理健康教育事务，其薪资待遇应与其他学科一致，有相应的编制和职称评定系统。学校要加强对心理健康教师的培训，以提高专职、兼职心理健康教师的基本理论、专业知识和操作技能水平。

## （二）注重培养学生积极心理品质，丰富课程形式

积极心理学认为，幸福感是心理健康的重要指标，而个体与生俱来的积极心理品质和人格美德如创造力、希望、勇敢、友善、宽容、感恩、幽默等有助于个体获得幸福感。已有调查发现，拥有积极心理品质越多的中小学生体验到的主观幸福感越高（叶发钦等，2013）。低年级的小学生幸福感水平要高于高年级的小学生。高年级的小学生，学习任务和人际关系开始发生变化，特别是六年级的小学生，第二性征开始发育也会给他们心理和生理带来巨大影响，从而产生的各种心理和行为问题就更多。因此，小学阶段的心理健康教育要注重培养学生的积极心理品质，以培养学生积极心理品质为主导方向，心理健康教育的内容应从学生不同阶段的身心发展特点出发，循序渐进。小学低年级应培养学生礼貌友好的交往品质，乐于与老师、同学交往，在谦让、友善的交往中感受友情，为良好的人际关系打下基础；小学中年级应培养学生开朗、合群、自立的健康人格，教他们学会正确恰当地表达情绪；小学高年级应培养学生分析问题和解决问题的能力，开展初步的青春期教育，引导学生健康地与异性交往，扩大人际交往范围，掌握调节情绪的技能，正确面对负面情绪。

心理健康教育的途径除了学校开设的心理健康课程外，还应有多种形式的心理健康教育活动，如团体辅导、心理训练、角色扮演、心理情景剧等。丰富课程形式，避免心理健康教育课学科化倾向，避免将其作为心理学知识的普及和心理学理论的学习。以学生为本、活动为主，通过学生参与、体验的形式达到心理健康的目的。少数民族地区的学校可以设计符合少数民族学生的特色心理健康课程，将少数民族文化融入心理健康课程中，使课程对于小学生来说更"接地气"。通过各种形式的活动，增加学生的成功体验，引导他们发现自身优点，在活动中学会积极应对的策略。

## （三）注重校园文化建设，营造健康校园氛围

学校作为学生的主要生活学习场所，校园氛围是否健康和谐，也影响着学生幸福感体验的高低。学校应加强心理健康教育的宣传，利用宣传栏、班级板报、校园广播、校报校刊等途径宣传和介绍心理健康小知识。如近年来频频发生校园欺凌事件，这些事件的背后很可能是由于学校在应对校园欺凌方面的知识普及不够，导致事件发生后学生不知道该如何应对。加强心理健康教育的宣传不仅有利于心理健康知识的传播，还有利于营造一个健康的校

园氛围。学校还可以通过让学生参与校园环境建设，达到提高学生校园生活幸福感的目的。如苏北某小学打造了数字化物联网校园环境，学生走进数字农植园体验现代化种植的乐趣，走进雨水回收生态池放养小鱼、小龟（周海燕，2017）。学校要确保教师的心理健康，发挥教师期望的积极作用，在教学中要将学科教学和学生心理认知发展规律相结合，在班级管理中做到民主、公平、公正。教师要注重和学生建立平等、和谐的师生关系。

健康和谐的校园氛围可以给学生带来安全感和归属感，同时还利于提高学校心理健康教育的效果。

### （四）积极进行家校沟通，充分利用校外资源，共促学生快乐成长

调查发现，父母文化程度高的小学生幸福感水平要比父母文化程度较低的小学生高。由于早年农村地区教育的普及程度不高，导致很多小学生父母文化程度不高。父母文化程度不高，则学校要负担起相应的责任。学校可以通过"家长教育"的方式，向家长们传输先进的科学知识、理念，提高家长自身素质、素养。学校要帮助家长树立正确的教育观念，了解和掌握孩子成长的心理规律和特点，采用健康、积极的教育方法，加强亲子沟通。学校还应积极进行"家校沟通"，沟通内容包括孩子在学校的表现和为家长提供促进孩子发展的指导性意见，共同解决孩子在发展过程中出现的心理问题。

学校还应充分利用校外资源展开心理健康教育。学校要积极与事业单位、社会团体、公共文化机构等联系合作，组织开展各种有益于小学生身心健康的文体娱乐活动和心理素质拓展活动。如以夏令营的方式开展小学生"情商"训练，通过户外素质拓展的活动，促进小学生对自我的认识与了解，发现自身优势。

## 三、提高农村小学生幸福感的社会策略

学生是国家的未来和希望，是中国伟大复兴事业的接班人与建设者，学生的幸福与社会幸福程度相关。因此，社会有必要为提高农村小学生幸福感而做出努力。

### （一）构建和谐、稳定的社会

农村地区生产模式多以农耕为主，发展速度较为缓慢。进城务工的人员比例在不断上升，导致农村劳动力流失，农民收入不高，不利于农村经济的

发展。广西部分农村地区存在着基础设施不完善的情况，在偏远山区的农村交通、网络信号不完善，不利于当地农民与外界的沟通交流。这些问题会削弱农村地区人民的幸福感，也不利于当地社会的稳定与和谐。因此，政府与社会各界应通过多方面的努力，稳定社会，促进当地经济的发展。首先，可以利用多种渠道增加农民收入，如政府鼓励农民回乡创业，大力发展农村经济，加快农业现代化建设。其次，加快农村基础设施建设，为提高村民幸福感提供物质基础，加大农村环境保护力度，建设绿色乡村，改善村民居住环境。再次，政府和社会各界要共同努力维护社会治安。部分农村留守儿童与老人较多，他们的自我保护能力较弱，防范意识不强，对此，地方公安应予以重视，根据农村实际情况制定防范计划。最后，发展农村教育事业，加大对农村教育的财政支持，为农村教育基础设施提供物质基础，为农村教育提供优质师资，尽可能地让农村地区的儿童接受良好、公平的教育。

政府应制定因地制宜的经济政策，让出走的中青年劳动力留在农村，促进农村经济发展，和谐、稳定的社会，将为小学生的健康发展、快乐成长提供安全、可靠的环境。

### （二）关注弱势群体，加强社区心理服务

农村地区应设立相关部门负责提供心理服务。定期开展心理问题普查，根据结果对存在问题或问题严重的家庭提供心理辅导与心理帮助。开展心理健康知识科普活动，促使村民关注心理健康，提高其幸福感水平。在儿童、青少年方面，要特别关注农村留守儿童、单亲家庭儿童、贫困家庭儿童的心理健康。当这些儿童出现心理问题时，要进行多方面努力，与学校老师合作，和家长进行沟通，共同引导儿童积极面对困难，正确恰当地解决其心理问题。

## 四、结语

小学生是祖国未来的栋梁，保证小学生幸福感的提高可促进其对学习兴趣的提升，对生活的热爱。家长要尊重孩子的需求，给予孩子空间，培养孩子的独立性和自主性；学校要建立良好的心理健康教育师资队伍，打造和谐校园文化环境，提升小学生幸福感；政府与社会各界共同维护社会稳定，开展心理健康相关的公益活动，促进物质文明与精神文明的共同发展，为小学生成长提供安全、可靠的环境。只有家庭、学校、社会三者共同努力，才能为小学生的幸福成长保驾护航。

# 第三章　广西农村小学生幸福感特点研究

## 参 考 文 献

蔡伟林, 叶发钦, 李燕燕, 2014. 广西中小学心理健康教育现状调查[J]. 广西教育学院学报（3）：183-186.

蔡笑岳, 罗列, 何伯锋, 2012. 我国西南少数民族心理研究的基本状况[J]. 心理科学进展, 20（8）：1145-1151.

柴唤友, 孙晓军, 牛更枫, 等, 2016. 亲子关系, 友谊质量对主观幸福感的影响：间接效应模型及性别差异[J]. 中国临床心理学杂志, 24（3）：531-534.

董文, 李志勇, 李相南, 等, 2018. 大学生无聊倾向与幸福感的关系：网络依赖的中介作用[J]. 中国临床心理学杂志, 26（5）：1034-1037.

段文婕, 牛骅, 2013. 重庆中小学生性格优势与幸福感的关系研究[J]. 乐山师范学院学报, 28（2）：115-119.

段颖娜, 姚新华, 2020. 家庭教养方式差异对小学生幸福感的影响[J]. 教育观察, 9（19）：68-69.

冯喜珍, 张璐, 邵红红, 2016. 初中留守儿童心理弹性与主观幸福感的关系[J]. 中国儿童保健杂志, 24（6）：573-575.

葛明荣, 2015. 父亲职业与学历对中小学生幸福感的影响：以山东省某市为例[J]. 教育研究, 36（8）：133-138, 159.

胡燕红, 2016. 初中生家庭功能与主观幸福感关系：心理一致感的中介作用[J]. 中国健康心理学杂志, 24（4）：544-547.

孔企平, 姚佩英, 2013. 学生的主观幸福感具有重要教育价值：近年来"Well-Being"理论研究述评[J]. 全球教育展望, 42（11）：39-45.

匡仪, 吕飒飒, 刘枫, 等, 2016. 农村留守儿童与城市儿童主观幸福感之比较[J]. 中国健康心理学杂志, 24（6）：919-922.

李凌娜, 周丽华, 2018. 六年级小学生应对方式与主观幸福感的关系[J]. 中小学心理健康教育（16）：13-16.

李品品, 2014. 家庭环境、人格因素对农村留守儿童主观幸福感的影响[J]. 中国健康心理学杂志, 22（2）：239-241.

李亚真, 潘贤权, 连榕, 2010. 新手—熟手—专家型教师主观幸福感与教学动机的研究[J]. 心理科学, 33（3）：705-707, 704.

李宗国, 张鹤, 焦燕, 2016. 青少年家庭教养方式、应对方式对主观幸福感的影响[J]. 中国健康心理学杂志, 24（6）：840-844.

梁进龙, 崔新玲, 左晨毅, 等, 2018. 高职学生社会支持对主观幸福感的影响：自我效能感和心理韧性的中介作用[J]. 现代预防医学, 45（13）：2383-2386.

梁英豪, 张大均, 梁迎丽, 2017. 3～6年级小学生心理素质发展的现状与特点[J]. 心理学探新, 37（4）：345-351.

刘米娜, 2013. 家庭教养方式、自尊与青少年幸福感研究[J]. 南京理工大学学报（社会科学版）, 26（3）：72-79.

刘筱, 周春燕, 黄海, 等, 2017. 不同类型留守儿童生活满意度及主观幸福感的差异比较[J]. 中国健康心理学杂志, 25（12）：1889-1893.

刘雪珍, 李晓兰, 2012. 毛南族地区小学生主观生活质量调查[J]. 广西民族大学学报（自然科学版）, 18（4）：96-99.

卢珂, 2016. 独生子女幸福吗：基于北京市中小学调查数据的实证研究[J]. 教育导刊（7）：32-36.

罗丹, 2016. 长沙市流动儿童主观幸福感相关因素分析[J]. 中国公共卫生管理, 32（5）：593-596, 599.

苗元江, 2003. 心理学视野中的幸福：幸福感理论与测评研究[D]. 南京：南京师范大学.

牛祥宇, 2020. 留守初中生亲子亲合、情绪调节自我效能感与主观幸福感的关系研究[D].哈尔滨：哈尔滨师范大学.

齐琳,陈英和,李艳玲,等,2008.离异家庭儿童的主观幸福感及其影响因素[J].心理研究,1(2):62-65.

孙婷婷,张涵,郭淑英,2010.辽宁省中小学生主观幸福感的常模及其影响因素研究[J].中国校医,24(5):335-337.

唐颖,郝志红,胡瑞杰,等,2017.太原市母亲教养方式对学龄儿童伤害倾向的影响[J].中国学校卫生,38(4):526-529.

王宏,2012.让幸福成为教育的终极追求:南阳市城区学校学生主观幸福感研究[J].江汉大学学报(社会科学版),29(1):92-95.

王剑,傅华,宋迪文,等,2018.儿童青少年静态行为与主观幸福感的相关性[J].中国学校卫生,39(10):1495-1498,1501.

徐文健,冯廷勇,2017.留守年龄对留守儿童主观幸福感的影响:人格的中介作用[J].西南大学学报(社会科学版),43(3):95-102.

徐媛媛,2016.幸福感提升训练促进军校医学新生心里健康的作用和潜在机制探讨[D].重庆:中国人民解放军陆军军医大学.

杨丽媛,2010.教育与幸福的关系:需要层次理论视角的解析[J].中国教育技术装备(12):27-28.

杨秀木,齐玉龙,申正付,等,2015.乡村医生心理资本、组织认同、工作绩效和主观幸福感的关系[J].中国临床心理学杂志,23(2):350-353.

杨燕,刘帅,2015.父亲教养方式、幸福感及心理弹性的关系研究[J].天津师范大学学报(基础教育版),16(3):28-32.

叶发钦,李燕燕,蔡伟林,2013.广西中小学生积极心理品质调查研究报告[J].广西教育学院学报(4):177-181.

尹观海,欧阳承德,陈新,等,2018.留守儿童的主观幸福感及其影响因素研究[J].江西广播电视大学学报,20(4):56-61.

于晓琳,陈有国,曲孝原,等,2016.影响老年人主观幸福感的相关因素[J].中国心理卫生杂志,30(6):427-434.

张冲,孟万金,2018.中小学生综合幸福感发展现状和教育建议[J].中国特殊教育(9):72-79.

赵小燕,邱云,张芸,等,2018.父爱缺失对农村留守儿童心理健康及主观幸福感的影响[J].中国健康教育,34(11):1009-1011,1026.

周春燕,黄海,刘陈陵,等,2014.留守经历对大学生主观幸福感的影响:父母情感温暖的作用[J].中国临床心理学杂志,22(5):893-896.

周海燕,2017.小学生学习生活幸福感的现状调查与对策分析[J].基础教育研究(4):4-6.

周永红,2016.童年创伤经历与研究生主观幸福感的关系:应对方式的中介作用[J].中国临床心理学杂志,24(3):509-513.

# 第四章  广西农村初中生心理健康特点研究

初中时期是人生发展的关键期。由于进入青春期,这个阶段的孩子身体发育迅速,内心渴望成熟,但是思想和心理的成长速度往往赶不上身体的发育速度,这种身心发展速度的不平衡致使他们更容易出现情绪波动,更容易面临一系列的心理危机(宋军,2009)。初中生在走向成熟的过程中,需要正确地处理和化解成长路上的心理危机,若是在这个阶段,学校、家庭或者是初中生个人处理不当,会影响初中生的心理健康。许多研究表明,由于社会的快速发展,竞争的不断加剧及学校和家庭教育中的一些失误,学生心理健康问题愈加严重突出(赵淑文,1995;陈世平,1995)。

在越来越趋于多元化的今天,中小学生的心理健康问题日益凸显。尤其在农村地区,因为长期以来受应试教育模式的影响,学校教育中更重视学生的知识教育及成绩分数而容易忽视学生的心理健康教育及人格品质的完善,总体来说,农村初中生的心理健康教育未得到足够的重视,存在学生心理健康教育师资缺乏、心理保健意识淡薄、心理教育的观念存在偏差等问题(李晓华,2011)。相对于城市初中生来说,农村初中生这一群体更少被研究,因此研究是什么因素在影响农村初中生的心理健康,以及如何改善和提高农村初中生心理健康水平,具有重要的现实意义。

## 第一节  广西农村初中生心理健康状况调查

初中阶段是个体成长与发展的关键期,既是个体生理和心理飞速发展、成熟的关键阶段,也是个体心理发展极具敏感性和不稳定性的阶段。近年来,随着社会经济的增长,竞争日益激烈,越来越多的研究表明初中生的心理健康状况令人担忧,存在不同程度心理困扰的学生比例在逐年上升。可以说,中小学生尤其是初中生的心理健康问题已经引起了全社会的广泛关注,加强心理健康教育工作，促进青少年学生的身心健康发展已经成为共识。

在青少年心理健康教育群体中，有一个特殊的群体，他们就是农村初中生，他们居住的地区往往远离城市，交通相对不便，自然环境也较为恶劣，由于地域特点和条件的限制，农村地区通常经济发展类型单一，人均收入相对较低，当地居民思想观念较为保守，文化水平不高，文化生活相对匮乏。同时，由于经济社会转型发展的影响，农村适龄劳动人口外流趋势增强，留守儿童、流动儿童的数量增加，致使很多地区的农村都呈现出明显的"空心化"特点。区域内农村学校教育也往往面临师资力量较为薄弱、教育资源比较缺乏、教育质量不高等困境（李飞，2017）。

本书对从广西壮族自治区所辖的南宁、柳州、桂林、河池、防城港、来宾抽取下属的 15 所农村初中七至九年级 3978 名学生进行问卷调查，有效问卷 3564 份，有效率为 89.6%。通过自制基本情况调查问卷，收集调查对象的学校、性别、年级、父母婚姻状况、是否为独生子女、父母文化程度、父母外出务工搭配情况及年限、生源地等多维度信息。采用王极盛等（1997）编制的中学生心理健康量表调查初中生的心理健康特点，该问卷包含强迫、偏执、敌对、人际敏感、抑郁、焦虑、学习压力感、适应性不良、情绪波动性、心理不平衡性共 10 个维度 60 个项目，采用李克特 5 点计分。所有项目均正向计分。量表分数越高表明个体的心理健康水平越低。本书研究中，该量表的克龙巴赫 $\alpha$ 系数为 0.953。由经过统一培训的调查员发放调查问卷，调查对象自填，经调查员检查合格后统一回收，所有调查对象均签署了知情同意书。使用 SPSS 21.0 软件对回收的数据进行描述统计、独立样本 $t$ 检验、方差分析。

大样本可能导致分析中出现数据差异误判，采用"效应量"指标进行检验。具体来说，用 Cohen's $d$ 对独立样本 $t$ 检验的效应量进行估计，0.2、0.5、0.8 分别对应小、中和大的效应量；在方差分析中则用 $\eta^2$ 进行估计，0.01、0.05 和 0.12 分别对应小、中和大的效应量。

**1. 人口学各因素分布情况**

以广西壮族自治区 15 所农村初中的 3978 名七至九年级学生为调查对象，获得农村初中生调查有效问卷为 3564 份。男生 1622 名（45.5%），女生 1942 名（54.5%）；独生子女 376 人（10.5%），非独生子女 3185 人（89.4%），缺失信息 3 人（0.1%）；七年级 1135 人（31.9%），八年级 1252 人（35.1%），九年级 1177 人（33.0%）；父母婚姻状况正常 3230 人（90.6%），父母婚姻状况为离异 281 人（7.9%），父母双方离世或者一方离世 53 人（1.5%）；父亲文化程度是小学及以下 1481 人（41.5%），父亲文化程度是初中 1791 人（50.3%），父亲文化程度是高中/中专及以上 286 人（8.0%），缺失信息 6 人（0.2%）；母亲文化程度是小学及以下 2119 人（59.4%），母亲文化程度是初中 1276 人（35.8%），母亲文化程度是高中/中专及以上 166 人（4.7%），缺失信息 3 人（0.1%）；只有父亲外出务工 636 人（17.8%），只有母亲外出务工 344 人（9.7%），父母都外出务工 1305 人（36.6%），父母都未外出务工 1277 人（35.8%），缺失信息 2 人（0.1%）；父母单次外出务工持续时长为 1 年以内 1475 人（41.4%），父母单次外出务工持续时长为 1～3 年 387 人（10.9%），父母单次外出务工持续时长为 3～5 年 162 人（4.5%），父母单次外出务工持续时长为 5 年及以上 319 人（9.0%），父母未有外出务工年限有 910 人（25.5%），缺失信息 311 人（8.7%）。

**2. 农村初中生心理健康现状**

为了明确农村初中生心理健康的整体情况，首先根据"中学生心理健康量表"的计分标准，因子得分 2.00 分以下表示心理健康状况良好，在 2.00～2.99 分表示具有轻度心理健康问题，在 3.00～3.99 分表示具有中度心理健康问题，在 4.00～4.99 分表示具有重度心理健康问题，5.00 分及以上表示具有非常严重的心理健康问题，心理健康的总体水平同样按照上述标准进行判断。对农村初中生的心理健康的检出率进行分析，得到的结果如表 4-1 所示。可以从表 4-1 看出，各个因子上都有一部分的农村初中生被检出存在心理问题。轻度心理健康问题的检出率在 33.8%～57.2%，中度心理健康问题的检出率在 8.8%～20.9%，重度心理健康问题的检出率在 1.0%～5.1%，极重度心理健康问题的检出率在 0～0.4%。其中，心理不平衡的检出率最低，强迫的检出率最高，综合心理健康总平均分检出结果来看，有 6 成（因为心理健康总平均分划分为正常的只有33.8%，所以轻度以上的就有66.2%）以上的农村初中生存在轻度以上的心理健康问题，见表 4-1。

表 4-1　农村初中生不同程度心理症状检出人数和检出率（$n=3564$）

| 程度 | 强迫 | 偏执 | 敌对 | 人际关系紧张 | 抑郁 | 焦虑 | 学习压力 | 适应不良 | 情绪不平衡 | 心理不平衡 | 心理健康总平均分 |
|---|---|---|---|---|---|---|---|---|---|---|---|
| 正常 | 733 (20.6) | 1215 (34.1) | 1754 (49.2) | 966 (27.1) | 1252 (35.1) | 954 (26.8) | 1041 (29.2) | 1332 (37.4) | 824 (23.1) | 2009 (56.4) | 1206 (33.8) |
| 轻度 | 2040 (57.2) | 1710 (48.0) | 1286 (36.1) | 1823 (51.2) | 1613 (45.3) | 1673 (46.9) | 1614 (45.3) | 1694 (47.5) | 1903 (53.4) | 1204 (33.8) | 1945 (54.6) |

续表

| 程度 | 人数/人（检出率/%） | | | | | | | | | | |
|---|---|---|---|---|---|---|---|---|---|---|---|
| | 强迫 | 偏执 | 敌对 | 人际关系紧张 | 抑郁 | 焦虑 | 学习压力 | 适应不良 | 情绪不平衡 | 心理不平衡 | 心理健康总平均分 |
| 中度 | 744 (20.9) | 547 (15.3) | 440 (12.3) | 697 (19.6) | 578 (16.2) | 744 (20.9) | 728 (20.4) | 476 (13.4) | 744 (20.9) | 315 (8.8) | 400 (11.2) |
| 重度 | 46 (1.3) | 85 (2.4) | 83 (2.3) | 76 (2.1) | 114 (3.2) | 180 (5.1) | 165 (4.6) | 61 (1.7) | 91 (2.6) | 34 (1.0) | 13 (0.4) |
| 极重度 | 1 (0) | 7 (0.2) | 1 (0) | 2 (0.1) | 7 (0.2) | 13 (0.4) | 16 (0.4) | 1 (0) | 2 (0.1) | 2 (0.1) | 0 (0) |

### 3. 农村初中生心理健康状况的人口学因素比较

（1）不同性别农村初中生心理健康状况比较

在量表总分上，性别之间不存在显著差异（$p<0.05$）。在各内容量表分上，不同性别在抑郁和心理不平衡上的得分存在极显著差异（$p<0.001$），在焦虑上的得分存在极显著差异（$p<0.01$）。强迫、偏执、敌对、人际关系紧张、学习压力、适应不良、情绪不平衡在性别上不存在显著差异，见表4-2。

表4-2 不同性别农村初中生心理健康状况比较（$\bar{x}\pm s$）

| 因子 | 男（$n=1622$） | 女（$n=1942$） | $t$ | Cohen's $d$ |
|---|---|---|---|---|
| 强迫 | 2.44±0.62 | 2.45±0.61 | −0.523 | −0.018 |
| 偏执 | 2.31±0.71 | 2.26±0.70 | 2.461 | 0.083 |
| 敌对 | 2.09±0.78 | 2.04±0.76 | 2.106 | 0.071 |
| 人际关系紧张 | 2.33±0.69 | 2.41±0.70 | −3.484 | −0.117 |
| 抑郁 | 2.19±0.72 | 2.37±0.78 | −7.341*** | −0.247 |
| 焦虑 | 2.37±0.76 | 2.53±0.82 | −5.995** | −0.202 |
| 学习压力 | 2.44±0.81 | 2.40±0.79 | 1.456 | 0.049 |
| 适应不良 | 2.26±0.70 | 2.18±0.67 | 3.370 | 0.113 |
| 情绪不平衡 | 2.45±0.69 | 2.44±0.68 | 0.221 | 0.007 |
| 心理不平衡 | 1.97±0.73 | 1.89±0.65 | 3.571*** | 0.120 |
| 总分 | 137.14±33.83 | 137.85±33.39 | −0.626 | −0.021 |

注：**表示$p<0.01$，***表示$p<0.001$，$\bar{x}$表示均值，$s$表示标准差。

（2）独生与非独生农村初中生心理健康状况比较

在受测群体中非独生子女比例为89.4%，在量表总分及各个维度得分上，独生与非独生群体之间不存在显著差异，见表4-3。

表 4-3 独生与非独生农村初中生心理健康状况比较（$\bar{x} \pm s$）

| 因子 | 独生<br>($n=376$) | 非独生<br>($n=3185$) | $t$ | Cohen's $d$ |
| --- | --- | --- | --- | --- |
| 强迫 | 2.47±0.63 | 2.44±0.61 | 0.719 | 0.039 |
| 偏执 | 2.31±0.79 | 2.28±0.70 | 0.537 | 0.032 |
| 敌对 | 2.12±0.84 | 2.06±0.76 | 1.402 | 0.083 |
| 人际关系紧张 | 2.40±0.76 | 2.37±0.68 | 0.675 | 0.040 |
| 抑郁 | 2.25±0.79 | 2.29±0.75 | −1.048 | −0.057 |
| 焦虑 | 2.44±0.85 | 2.46±0.79 | −0.289 | −0.016 |
| 学习压力 | 2.41±0.84 | 2.42±0.79 | −0.247 | −0.013 |
| 适应不良 | 2.28±0.70 | 2.21±0.69 | 1.789 | 0.098 |
| 情绪不平衡 | 2.45±0.70 | 2.44±0.69 | 0.110 | 0.015 |
| 心理不平衡 | 1.92±0.72 | 1.93±0.68 | −0.239 | −0.013 |
| 总分 | 138.27±36.39 | 137.47±33.24 | 0.439 | 0.024 |

注：$\bar{x}$ 表示均值，$s$ 表示标准差。

（3）不同年级农村初中生心理健康状况比较

在量表总分、偏执、敌对、人际关系紧张、抑郁方面，年级之间不存在显著差异（$p>0.05$），在学习压力方面不同年级之间存在极显著差异（$p<0.001$），而在强迫、焦虑、心理不平衡方面存在极显著差异（$p<0.01$）。在适应不良和情绪不平衡方面，不同年级之间存在显著差异（$p<0.05$）。多重比较发现，在强迫和心理不平衡方面，九年级的得分均极显著低于七年级和八年级得分（$p<0.01$）；在焦虑方面，七年级的得分极显著低于八年级和九年级得分（$p<0.01$）；在学习压力方面，七年级的得分极显著小于八年级和九年级得分（$p<0.001$）；在情绪不平衡方面，七年级的得分显著小于八年级和九年级得分（$p<0.05$）；在适应不良方面，八年级的得分显著高于九年级得分（$p<0.05$），见表4-4。

表 4-4 不同年级农村初中生心理健康状况比较（$\bar{x} \pm s$）

| 因子 | 七年级<br>($n=1135$) | 八年级<br>($n=1252$) | 九年级<br>($n=1177$) | $F$ | $\eta^2$ | 多重比较 |
| --- | --- | --- | --- | --- | --- | --- |
| 强迫 | 2.49±0.62 | 2.45±0.61 | 2.40±0.61 | 6.200** | 0.003 | 1>3；2>3 |
| 偏执 | 2.32±0.72 | 2.29±0.71 | 2.25±0.70 | 2.902 | 0.002 | |
| 敌对 | 2.08±0.78 | 2.08±0.79 | 2.03±0.75 | 1.511 | 0.001 | |
| 人际关系紧张 | 2.38±0.70 | 2.39±0.70 | 2.36±0.68 | 0.521 | 0.000 | |

续表

| 因子 | 七年级<br>($n=1135$) | 八年级<br>($n=1252$) | 九年级<br>($n=1177$) | $F$ | $\eta^2$ | 多重比较 |
| --- | --- | --- | --- | --- | --- | --- |
| 抑郁 | 2.26±0.75 | 2.32±0.77 | 2.28±0.75 | 2.385 | 0.001 | |
| 焦虑 | 2.39±0.77 | 2.50±0.82 | 2.47±0.81 | 5.940** | 0.003 | 2>1；3>1 |
| 学习压力 | 2.33±0.79 | 2.48±0.81 | 2.44±0.78 | 12.380*** | 0.007 | 2>1；3>1 |
| 适应不良 | 2.21±0.69 | 2.25±0.71 | 2.18±0.67 | 3.002* | 0.002 | 2>3 |
| 情绪不平衡 | 2.40±0.69 | 2.47±0.68 | 2.46±0.69 | 4.464* | 0.003 | 2>1；3>1 |
| 心理不平衡 | 1.94±0.71 | 1.96±0.70 | 1.87±0.66 | 5.928** | 0.003 | 1>3；2>3 |
| 总分 | 136.74±33.16 | 139.24±34.08 | 137.53±33.59 | 2.507 | 0.001 | |

注：在"多重比较"中，1 表示七年级，2 表示八年级，3 表示九年级；*表示 $p<0.05$，**表示 $p<0.01$，***表示 $p<0.001$；$\bar{x}$ 表示均值，$s$ 表示标准差。

（4）父母文化程度不同的农村初中生心理健康状况比较

①父亲文化程度不同的农村初中生心理健康状况比较

在量表总分、强迫、偏执、敌对、学习压力、适应不良、情绪不平衡和心理不平衡方面，父亲文化程度不同的农村初中生之间得分不存在显著差异（$p>0.05$）；在抑郁方面，父亲文化程度不同的农村初中生得分存在极显著差异（$p<0.01$）；在人际关系紧张和焦虑方面，父亲文化程度不同的农村初中生得分存在显著差异（$p<0.05$）。多重比较发现，在抑郁方面，父亲的文化程度为小学及以下的农村初中生的得分极显著高于父亲文化程度为初中的农村初中生的得分（$p<0.01$）；在人际关系紧张和焦虑方面，父亲的文化程度为小学及以下的农村初中生的得分显著高于父亲文化程度为初中的农村初中生的得分（$p<0.05$），见表 4-5。

表 4-5　父亲文化程度不同的农村初中生心理健康状况比较（$\bar{x}\pm s$）

| 因子 | 小学及以下<br>($n=1481$) | 初中<br>($n=1791$) | 高中/中专及以上<br>($n=286$) | $F$ | $\eta^2$ | 多重比较 |
| --- | --- | --- | --- | --- | --- | --- |
| 强迫 | 2.46±0.62 | 2.34±0.62 | 2.42±0.59 | 1.015 | 0.001 | |
| 偏执 | 2.30±0.71 | 2.28±0.71 | 2.30±0.69 | 0.206 | 0.000 | |
| 敌对 | 2.04±0.74 | 2.07±0.80 | 2.10±0.77 | 1.036 | 0.001 | |
| 人际关系紧张 | 2.41±0.69 | 2.35±0.69 | 2.34±0.68 | 3.197* | 0.002 | 1>2 |
| 抑郁 | 2.34±0.76 | 2.25±0.76 | 2.26±0.71 | 5.209** | 0.003 | 1>2 |
| 焦虑 | 2.50±0.79 | 2.43±0.80 | 2.43±0.83 | 3.219* | 0.002 | 1>2 |
| 学习压力 | 2.41±0.77 | 2.43±0.81 | 2.41±0.85 | 0.442 | 0.000 | |
| 适应不良 | 2.20±0.69 | 2.22±0.68 | 2.27±0.74 | 1.478 | 0.001 | |

# 第四章 广西农村初中生心理健康特点研究

续表

| 因子 | 小学及以下<br>($n=1481$) | 初中<br>($n=1791$) | 高中或中专及以上<br>($n=286$) | F | $\eta^2$ | 多重比较 |
|---|---|---|---|---|---|---|
| 情绪不平衡 | 2.46±0.68 | 2.43±0.69 | 2.44±0.68 | 0.475 | 0.000 | |
| 心理不平衡 | 1.92±0.70 | 1.93±0.68 | 1.94±0.69 | 0.082 | 0.000 | |
| 总分 | 138.17±33.29 | 137.04±33.83 | 137.37±33.64 | 0.460 | 0.000 | |

注：在"多重比较"中，1表示小学及以下，2表示初中；*表示$p<0.05$，**表示$p<0.01$；$\bar{x}$表示均值，$s$表示标准差。

②母亲文化程度不同的农村初中生心理健康状况比较

在量表总分、强迫、偏执、人际关系紧张、抑郁、焦虑、学习压力、情绪不平衡方面，母亲文化程度不同的农村初中生得分不存在显著差异（$p>0.05$）；在敌对方面，母亲文化程度不同的农村初中生得分存在极显著差异（$p<0.01$）；在适应不良和心理不平衡方面，母亲文化程度不同的农村初中生得分存在显著差异（$p<0.05$）。多重比较发现，在敌对方面，母亲文化程度为小学及以下的农村初中生的得分极显著低于母亲文化程度为初中和母亲文化程度为高中或中专及以上的农村初中生的得分（$p<0.01$）；在适应不良方面，母亲文化程度为初中的农村初中生的得分显著高于母亲文化程度为小学及以下的农村初中生的得分（$p<0.05$）；在心理不平衡方面，母亲文化程度为高中或中专及以上的农村初中生的得分显著高于母亲文化程度为小学及以下和母亲文化程度为初中的农村初中生得分（$p<0.05$），见表4-6。

表4-6 母亲文化程度不同的农村初中生心理健康状况比较（$\bar{x}\pm s$）

| 因子 | 小学及以下<br>($n=2119$) | 初中<br>($n=1276$) | 高中/中专及以上<br>($n=166$) | F | $\eta^2$ | 多重比较 |
|---|---|---|---|---|---|---|
| 强迫 | 2.44±0.61 | 2.45±0.62 | 2.52±0.64 | 1.390 | 0.001 | |
| 偏执 | 2.27±0.69 | 2.30±0.73 | 2.39±0.73 | 2.548 | 0.001 | |
| 敌对 | 2.03±0.74 | 2.10±0.81 | 2.19±0.86 | 6.146** | 0.003 | 2>1; 3>1 |
| 人际关系紧张 | 2.38±0.67 | 2.37±0.72 | 2.48±0.74 | 1.835 | 0.001 | |
| 抑郁 | 2.29±0.75 | 2.27±0.77 | 2.35±0.74 | 0.787 | 0.000 | |
| 焦虑 | 2.46±0.78 | 2.44±0.82 | 2.47±0.85 | 0.425 | 0.000 | |
| 学习压力 | 2.41±0.77 | 2.44±0.84 | 2.48±0.86 | 1.009 | 0.000 | |
| 适应不良 | 2.19±0.68 | 2.25±0.69 | 2.30±0.77 | 4.046* | 0.002 | 2>1 |
| 情绪不平衡 | 2.46±0.68 | 2.44±0.68 | 2.45±0.70 | 0.169 | 0.000 | |
| 心理不平衡 | 1.91±0.68 | 1.94±0.69 | 2.05±0.81 | 3.795* | 0.002 | 3>1; 3>2 |
| 总分 | 136.90±32.79 | 138.02±34.51 | 142.04±36.30 | 2.009 | 0.001 | |

注：在"多重比较"中，1表示小学及以下，2表示初中，3表示高中/中专及以上；*表示$p<0.05$，**表示$p<0.01$；$\bar{x}$表示均值，$s$表示标准差。

### （5）父母婚姻状况不同的农村初中生心理健康状况比较

在强迫和学习压力方面，父母婚姻状况不同的农村初中生得分不存在显著差异（$p>0.05$）；在偏执、敌对、人际关系紧张、抑郁、适应不良和量表总分方面，父母婚姻状况不同的农村初中生得分存在极显著差异（$p<0.001$）；在情绪不平衡方面，父母婚姻状况不同的农村初中生得分存在极显著差异（$p<0.01$）；在焦虑和心理不平衡方面，父母婚姻状况不同的农村初中生得分存在显著差异（$p<0.05$）。多重比较发现，在偏执、敌对、人际关系紧张、抑郁、适应不良和量表总分方面，父母离异的农村初中生的得分极显著高于父母婚姻状况正常的农村初中生得分（$p<0.001$）；在人际关系紧张方面，父母离异的农村初中生的得分极显著高于丧亲（一方或双方）的农村初中生得分（$p<0.001$）；在情绪不平衡方面，父母离异的农村初中生的得分极显著高于父母婚姻状况正常的农村初中生得分（$p<0.01$）；在焦虑和心理不平衡方面，父母离异的农村初中生的得分显著高于父母婚姻状况正常的农村初中生（$p<0.05$），见表 4-7。

表 4-7 父母婚姻状况不同的农村初中生心理健康状况比较（$\bar{x} \pm s$）

| 因子 | 正常<br>（$n=3230$） | 离异<br>（$n=281$） | 丧亲（一方或双方）<br>（$n=53$） | $F$ | $\eta^2$ | 多重比较 |
| --- | --- | --- | --- | --- | --- | --- |
| 强迫 | 2.44±0.61 | 2.50±0.62 | 2.52±0.62 | 1.433 | 0.000 | |
| 偏执 | 2.27±0.70 | 2.44±0.78 | 2.33±0.86 | 7.651[***] | 0.004 | 2>1 |
| 敌对 | 2.05±0.76 | 2.25±0.85 | 2.14±0.82 | 9.123[***] | 0.005 | 2>1 |
| 人际关系紧张 | 2.36±0.68 | 2.54±0.76 | 2.31±0.77 | 8.291[***] | 0.005 | 2>1；2>3 |
| 抑郁 | 2.27±0.75 | 2.48±0.79 | 2.30±0.86 | 10.366[***] | 0.006 | 2>1 |
| 焦虑 | 2.44±0.79 | 2.56±0.82 | 2.60±0.97 | 3.775[*] | 0.002 | 2>1 |
| 学习压力 | 2.41±0.79 | 2.50±0.83 | 2.44±0.80 | 1.430 | 0.001 | |
| 适应不良 | 2.20±0.69 | 2.37±0.69 | 2.33±0.79 | 8.204[***] | 0.005 | 2>1 |
| 情绪不平衡 | 2.43±0.68 | 2.55±0.68 | 2.58±0.79 | 4.574[**] | 0.003 | 2>1 |
| 心理不平衡 | 1.92±0.68 | 2.03±0.73 | 1.99±0.91 | 3.619[*] | 0.002 | 2>1 |
| 总分 | 136.80±33.29 | 145.23±34.5 | 141.20±41.42 | 8.494[***] | 0.005 | 2>1 |

注：在"多重比较"中，1 表示正常，2 表示离异，3 表示丧亲（一方或者双方）；*表示 $p<0.05$，**表示 $p<0.01$，***表示 $p<0.001$；$\bar{x}$ 表示均值，$s$ 表示标准差。

(6) 父母外出务工情况不同的农村初中生心理健康状况比较

①父母外出务工搭配情况不同的农村初中生心理健康状况比较

在量表总分、强迫、偏执、敌对、人际关系紧张、抑郁、焦虑、学习压力、适应不良、心理不平衡方面，父母外出务工搭配情况不同的农村初中生得分不存在显著差异（$p>0.05$）；在情绪不平衡方面，父母外出务工搭配情况不同的农村初中生得分存在极显著差异（$p<0.01$）。多重比较发现，在情绪不平衡方面，父母都未外出的农村初中生的得分极显著低于只有父亲外出务工和父母都外出务工的农村初中生得分（$p<0.01$），见表4-8。

表4-8 父母外出务工搭配情况不同的农村初中生心理健康状况比较（$\bar{x}\pm s$）

| 因子 | 只有父亲外出（n=636） | 只有母亲外出（n=344） | 父母都外出（n=1305） | 父母都未外出（n=1277） | F | $\eta^2$ | 多重比较 |
|---|---|---|---|---|---|---|---|
| 强迫 | 2.46±0.61 | 2.40±0.64 | 2.46±0.61 | 2.44±0.61 | 1.171 | 0.001 | |
| 偏执 | 2.32±0.75 | 2.31±0.71 | 2.29±0.71 | 2.26±0.69 | 1.217 | 0.001 | |
| 敌对 | 2.13±0.80 | 2.08±0.80 | 2.05±0.76 | 2.04±0.76 | 2.081 | 0.002 | |
| 人际关系紧张 | 2.40±0.71 | 2.36±0.72 | 2.39±0.70 | 2.35±0.68 | 1.326 | 0.001 | |
| 抑郁 | 2.34±0.79 | 2.27±0.77 | 2.30±0.76 | 2.25±0.73 | 2.289 | 0.002 | |
| 焦虑 | 2.48±0.82 | 2.44±0.81 | 2.49±0.81 | 2.41±0.78 | 2.341 | 0.002 | |
| 学习压力 | 2.45±0.81 | 2.43±0.76 | 2.43±0.80 | 2.40±0.81 | 0.747 | 0.001 | |
| 适应不良 | 2.25±0.72 | 2.21±0.71 | 2.24±0.69 | 2.18±0.66 | 2.424 | | |
| 情绪不平衡 | 2.46±0.70 | 2.43±0.65 | 2.49±0.71 | 2.40±0.69 | 3.933** | 0.003 | 1>4；3>4 |
| 心理不平衡 | 1.93±0.69 | 1.94±0.68 | 1.93±0.71 | 1.91±0.67 | 0.350 | 0.000 | |
| 总分 | 139.47±34.80 | 137.18±34.11 | 138.34±33.80 | 135.81±32.84 | 2.086 | 0.002 | |

注：在"多重比较"中，1只有表示父亲外出，3表示父母都外出，4表示父母都未外出；**表示$p<0.01$；$\bar{x}$表示均值，$s$表示标准差。

②父母单次外出务工持续时长不同的农村初中生心理健康状况比较

在强迫、偏执、敌对、学习压力、适应不良、情绪不平衡和心理不平衡方面，父母单次外出务工持续时长不同的农村初中生得分不存在显著差异（$p>0.05$）；在抑郁方面，父母单次外出务工持续时长不同的农村初中生得分存在极显著差异（$p<0.001$）；在人际关系紧张和焦虑方面，父母单次外出务工持续时长不同的农村初中生得分存在极显著差异（$p<0.01$）；在量表总分方面，父母单次外出务工持续时长不同的农村初中生得分存在显著差异（$p<0.05$）。多重比较发现，在抑郁方面，父母单次外出务工持续时长为1~3年的农村初中生的得分极显著高于父母单次外出务工持续时长为1年以内和父母

无外出务工的农村初中生得分（$p<0.001$），父母单次外出务工持续时长为5年及以上的农村初中生的得分极显著高于父母单次外出务工持续时长为1年以内和父母无外出务工的农村初中生得分（$p<0.001$）；在人际关系紧张和焦虑方面，父母单次外出务工持续时长为5年及以上的农村初中生的得分极显著高于父母单次外出务工持续时长为1年以内和父母无外出务工的农村初中生得分（$p<0.01$）；另外在焦虑方面，父母单次外出务工持续时长为5年及以上的农村初中生的得分极显著高于父母单次外出务工持续时长为1~3年的农村初中生得分（$p<0.01$）；在量表总分方面，父母单次外出务工持续时长为5年及以上的农村初中生的得分显著高于父母单次外出务工持续时长为1年以内和父母无外出务工的农村初中生得分（$p<0.05$），见表4-9。

表4-9 父母单次外出务工持续时长不同的农村初中生心理健康状况比较（$\bar{x} \pm s$）

| 因子 | 1年以内<br>($n=1475$) | 1~3年<br>($n=387$) | 3~5年<br>($n=162$) | 5年及以上<br>($n=319$) | 无外出<br>($n=910$) | $F$ | $\eta^2$ | 多重比较 |
|---|---|---|---|---|---|---|---|---|
| 强迫 | 2.45±0.61 | 2.44±0.63 | 2.48±0.62 | 2.48±0.65 | 2.45±0.61 | 0.267 | 0.000 | |
| 偏执 | 2.28±0.70 | 2.31±0.74 | 2.35±0.73 | 2.38±0.78 | 2.28±0.70 | 1.781 | 0.002 | |
| 敌对 | 2.06±0.78 | 2.09±0.77 | 2.16±0.84 | 2.11±0.77 | 2.04±0.75 | 1.176 | 0.001 | |
| 人际关系紧张 | 2.36±0.68 | 2.41±0.72 | 2.46±0.76 | 2.50±0.76 | 2.35±0.70 | 4.301** | 0.005 | 4>1；4>5 |
| 抑郁 | 2.27±0.76 | 2.35±0.75 | 2.34±0.74 | 2.43±0.82 | 2.24±0.73 | 4.957*** | 0.006 | 2>1；2>5；<br>4>1；4>5 |
| 焦虑 | 2.45±0.80 | 2.47±0.78 | 2.52±0.79 | 2.59±0.90 | 2.40±0.78 | 3.484** | 0.004 | 4>1；4>2；<br>4>5 |
| 学习压力 | 2.43±0.80 | 2.40±0.79 | 2.37±0.75 | 2.51±0.82 | 2.40±0.82 | 1.433 | 0.002 | |
| 适应不良 | 2.20±0.69 | 2.28±0.72 | 2.23±0.70 | 2.31±0.73 | 2.23±0.67 | 2.205 | 0.003 | |
| 情绪不平衡 | 2.45±0.68 | 2.47±0.69 | 2.47±0.73 | 2.56±0.75 | 2.43±0.68 | 2.295 | 0.003 | |
| 心理不平衡 | 1.91±0.69 | 2.00±0.71 | 1.94±0.70 | 1.95±0.74 | 1.92±0.67 | 1.204 | 0.001 | |
| 总分 | 137.19±33.53 | 139.26±33.37 | 139.88±33.43 | 142.93±36.25 | 136.38±33.22 | 2.708* | 0.003 | 4>1；4>5 |

注：1~3年、3~5年，年份界限按"上限不在内"的原则进行处理。
在"多重比较"中，1表示1年以内，2表示1~3年，4表示5年及以上，5表示无外出；*表示$p<0.05$，**表示$p<0.01$，***表示$p<0.001$；$\bar{x}$表示均值，$s$表示标准差。

### 4. 人口学因素对农村初中生MHT总分和量表各因子的逐步回归分析

以性别、独生与非独生子女、年级、父亲文化程度、母亲文化程度、父母婚姻状况、父母外出务工搭配情况、父母单次外出务工持续时长为自变量，以 MHT 总分及各因子为因变量分别进行逐步回归分析，见表 4-10。在强迫方面，有年级一个变量进入了回归方程，说明这个变量对强迫有直接预测效应，$R^2$ 值越大，说明该自变量对因变量的预测作用越明显。在偏执方面，有父母婚姻状况和性别两个变量进入回归方程，这两个变量对偏执有直接预测效应，并且性别比父母婚姻状况对偏执的预测作用更大。在敌对方面，有父母婚姻状况、母亲文化程度和性别三个变量进入了回归方程，说明这三个变量对敌对有直接预测效应，其中，三个变量对敌对的预测作用大小分别是性别＞母亲文化程度＞父母婚姻状况。在人际关系紧张方面，有性别、父母婚姻状况和父亲文化程度三个变量进入了回归方程，说明这三个变量对人际关系紧张有直接预测效应，其中，三个变量对人际关系紧张的预测作用大小分别是父亲文化程度＞父母婚姻状况＞性别。在抑郁方面，有性别、父母婚姻状况、父亲文化程度和父母外出务工搭配情况四个变量进入了回归方程，说明这四个变量对抑郁有直接预测效应，其中，四个变量对抑郁的预测作用大小分别是父母外出务工搭配情况＞父亲文化程度＞父母婚姻状况＞性别。在焦虑方面，有性别、父母婚姻状况、父亲文化程度和年级四个变量进入了回归方程，说明这四个变量对焦虑有直接预测效应，其中，四个变量对焦虑的预测作用大小分别是年级＞父亲文化程度＞父母婚姻状况＞性别。在学习压力方面，只有年级一个变量进入了回归方程。在适应不良方面，有父母婚姻状况和性别两个变量进入了回归方程，这两个变量对适应不良有直接预测效应，性别比父母婚姻状况对适应不良的预测作用大。在情绪不平衡方面，有父母婚姻状况和年级两个变量进入了回归方程，说明这两个变量对情绪不平衡有直接预测效应，年级比父母婚姻状况对适情绪不平衡的预测作用大。在心理不平衡方面，有性别、父母婚姻状况和年级三个变量进入了回归方程，说明这三个变量对心理不平衡有直接预测效应，其中，三个变量对心理不平衡的预测作用大小分别是年级＞父母婚姻状况＞性别。在 MHT 总分方面，只有父母婚姻状况进入回归方程，说明这个变量对 MHT 总分有直接预测效应。

表 4-10　人口学因素对农村初中生 MHT 总分和量表各因子的逐步回归分析

| 因变量 | 自变量 | $R$ | $R^2$ | $\beta$ | $t$ | $p$ |
| --- | --- | --- | --- | --- | --- | --- |
| 强迫 | 年级 | 0.083 | 0.007 | −0.057 | −3.278 | 0.001 |
| 偏执 | 父母婚姻状况 | 0.057 | 0.003 | 0.059 | 3.346 | 0.001 |
|  | 性别 | 0.069 | 0.005 | −0.040 | −2.265 | 0.024 |

续表

| 因变量 | 自变量 | R | R² | β | t | p |
| --- | --- | --- | --- | --- | --- | --- |
| 敌对 | 父母婚姻状况 | 0.067 | 0.005 | 0.066 | 3.783 | 0.000 |
| | 母亲文化程度 | 0.083 | 0.007 | 0.048 | 2.722 | 0.007 |
| | 性别 | 0.090 | 0.008 | −0.035 | −2.012 | 0.044 |
| 人际关系紧张 | 性别 | 0.056 | 0.003 | 0.054 | 3.057 | 0.002 |
| | 父母婚姻状况 | 0.069 | 0.005 | 0.039 | 2.249 | 0.025 |
| | 父亲文化程度 | 0.079 | 0.006 | −0.039 | −2.240 | 0.025 |
| 抑郁 | 性别 | 0.119 | 0.014 | 0.117 | 6.737 | 0.000 |
| | 父母婚姻状况 | 0.133 | 0.018 | 0.054 | 3.096 | 0.002 |
| | 父亲文化程度 | 0.141 | 0.020 | −0.046 | −2.661 | 0.008 |
| | 父母外出务工搭配情况 | 0.146 | 0.021 | −0.037 | −2.103 | 0.036 |
| 焦虑 | 性别 | 0.099 | 0.010 | 0.095 | 5.458 | 0.000 |
| | 父母婚姻状况 | 0.110 | 0.012 | 0.046 | 2.653 | 0.008 |
| | 父亲文化程度 | 0.118 | 0.014 | −0.044 | −2.550 | 0.011 |
| | 年级 | 0.126 | 0.016 | 0.043 | 2.443 | 0.015 |
| 学习压力 | 年级 | 0.066 | 0.004 | 0.066 | 3.751 | 0.000 |
| 适应不良 | 父母婚姻状况 | 0.066 | 0.004 | 0.068 | 3.900 | 0.000 |
| | 性别 | 0.085 | 0.007 | −0.054 | −3.065 | 0.002 |
| 情绪不平衡 | 父母婚姻状况 | 0.052 | 0.003 | 0.053 | 3.025 | 0.003 |
| | 年级 | 0.066 | 0.004 | 0.040 | 2.300 | 0.021 |
| 心理不平衡 | 性别 | 0.059 | 0.003 | −0.060 | −3.402 | 0.001 |
| | 父母婚姻状况 | 0.074 | 0.005 | 0.044 | 2.529 | 0.011 |
| | 年级 | 0.082 | 0.007 | −0.036 | −2.035 | 0.042 |
| MHT 总分 | 父母婚姻状况 | 0.064 | 0.004 | 0.064 | 3.661 | 0.000 |

## 第二节  影响广西农村初中生心理健康状况的人口学因素分析

### 一、广西农村初中生心理健康现状

本书研究发现，受测群体中的农村初中生的心理症状中，以强迫、人际关系紧张、焦虑、学习压力和情绪不平衡等较为常见,其中,以强迫、学习压力、情绪不平衡和焦虑最为突出,在本书研究中,以上四项因子的得分大于 3 的检出率超过了 20%。贺成成等(2019)对农村初中贫困生的心理健康调查结果显示,以学习压力、焦虑、人际关系紧张和情绪不平衡、抑郁等较为常见,本书研究的调查结果与贺成成等(2019)的调查结果相似。

强迫的检出率为 79.4%,强迫症状主要指那些明知没有必要,但又无法摆脱的无意义的思想、冲动和行为,一般长期的思想紧张、焦虑不安和意外的精神打击等容易引发强迫症状。

焦虑的检出率是 73.2%。焦虑是指对刺激性事件无力应对的一种痛苦反应,通常由紧张、忧虑、烦恼、恐惧和焦急等众多感受交织在一起形成的复杂情绪状态。同时,农村地区的心理健康教育水平落后于城市,农村学生有更大的概率遭遇生活困难等负性生活事件,因此他们更容易感受焦虑等情绪(贺成成等,2019)。

人际关系紧张的检出率是 72.9%。主要是指某些人际关系上不自在、对他人的言行举止过度的反应,不能很好地处理与他人的关系。人际关系紧张主要与青春期的特殊性有关,这一阶段的孩子自我意识高涨,过度关注自我,过于在乎自己在他人心中的形象,并且由于还处于形成"自我同一性"的阶段,还没有形成完整的自我观念,导致在人际交往中容易情绪波动(夏光州,2015)。

学习压力的检出率是 70.8%。学习压力是中学生普遍存在的最突出的心理问题之一(贺成成等,2019),原因是从小学升入初中,学习科目变多,任务变重(许雅琦,2015),相比较而言,农村学生的学习条件更加艰苦,教学条件较差,学生的学业基础也更为薄弱,因此他们更容易产生学习压力。

## 二、性别对农村初中生心理健康状况的影响

本书研究结果显示,在量表总分上,性别之间不存在显著差异。这与许雅琦(2015)的调查结果一致。其中,在抑郁和焦虑上,女生的平均分显著高于男生,这与刘秀勤等(2011)的研究结果相似,提示农村初中女生比男生更容易产生情绪等方面的心理症状,可能与女生更容易将不好的事情归因于个人原因有关,也可能与农村初中女生的传统心理地位有关,她们的自我价值感更容易受到"重男轻女"观念的影响,更倾向于压抑自己的情感,在乎他人的评价和看法,也可能与农村女生得到的父母的重视和支持比男生少有

关。另外，初中女生的身体和心理发育比男生早，所以女生的情感体验更丰富，也更容易产生负面情绪（刘秀勤等，2011）。不过也有研究结果显示，除了强迫外，男生的心理健康因子均显著高于女生，说明农村初中男生的心理问题倾向比农村初中女生更突出（李飞，2017）。

本书研究结果表明，农村初中男生的心理不平衡的分数极显著高于女生，这与李飞（2017）的调查结果一致。虽然处于青春期的男女生都表现为自我意识高涨、个性发展不平衡，但男生的反应和表现会更加突出和强烈，方式也更加简单直接。这就导致他们体验到更多的"限制和约束"，另外，进入青春期的男生更不愿意向父母吐露自己的心声，而农村父母也更容易受"重男轻女"和"望子成龙"等传统观念的影响，往往对男孩抱有更高的期望，导致男生体验到更大的压力，从而导致心理不平衡（李飞，2017）。

### 三、独生与非独生状况对农村初中生心理健康状况的影响

本书研究结果显示，独生和非独生的农村初中生在心理健康的各项维度上均不存在显著差异，这一研究结果与李飞（2017）、张成联（2014）、陶国泰等（1999）的研究结果一致。李飞（2017）认为，产生这一结果的原因可能是，随着社会的进步和发展，独生子女现象已经非常普遍，人们对独生子女现象的认识更加理性，家长们在独生子女的教育方面也趋向更加合理。对于非独生子女来说，他们所接受的教养方式逐渐与独生子女一致，没有太多实质性的差别，这与整个社会的教育理念的进步是息息相关的。张成联（2014）认为，随着经济社会的发展，当下非独生子女所享受的物质条件与独生子女享受的物质条件差异越来越小，甚至几乎没有差异，同时，非独生子女由于得到了兄弟姐妹的陪伴，心理上的孤独感更少，幸福感更多，弥补了物质条件上相对不如独生子女的差异。

### 四、年级对农村初中生心理健康状况的影响

本书研究结果显示，在量表总分上，年级之间不存在显著差异，这与许雅琦（2015）的调查结果不一致，在学习压力、强迫、焦虑、心理不平衡、适应不良、情绪不平衡方面，不同年级之间存在显著差异，这与王艺凝（2018）的研究结果基本一致，在焦虑、学习压力和情绪不平衡方面，七年级的得分均显著低于八年级和九年级，在应试教育体制的影响下，初中生面临的升学压力会随着中考的临近越来越大，对于刚上初中的七年级新生来说，他们所

面对的升学压力和学习压力远没有八年级和九年级大，所以在心境上更从容，心情也更不容易受到学习压力的影响（王艺凝，2018）。农村初中由于师资力量薄弱，导致优秀生源少，学校和老师往往对九年级的学生给予更高的希望和压力，希望他们可以在中考中取得名次，为学校争光，这导致九年级的学习压力和焦虑感更重（赵建章，2014）。

在强迫和心理不平衡方面，九年级的得分均显著低于七年级和八年级。由于九年级已经度过了初中阶段的适应期，对于作业和考试等常见学业任务已经有了比较长时间的适应和充分的认知，形成了一定的心理抗压能力，所以在心理上较为接纳，而七年级的新生刚从小学进入初中不久，而初中的课业难度和作业量相较于小学来说，有一个比较大的提升，所以这些骤增的压力容易让七年级的新生感到心理失衡，而初中更加严格的纪律管理制度使得七年级的学生更容易产生强迫思维（赵建章，2014）。八年级处于初中"承上启下"的阶段，面临的压力比七年级大，所以也更容易产生心理不平衡和强迫等心理症状。

## 五、父母文化程度对农村初中生心理健康状况的影响

本书研究结果显示，在量表总分、强迫、偏执、敌对、学习压力、适应不良、情绪不平衡和心理不平衡方面，父亲文化程度不同的农村初中生之间不存在显著差异；在抑郁、人际关系紧张和焦虑方面，父亲文化程度不同的农村初中生之间存在显著差异，在这三个方面，父亲文化程度为小学及以下的农村初中生的得分显著高于父亲文化程度为初中的农村初中生。在量表总分、强迫、偏执、人际关系紧张、抑郁、焦虑、学习压力、情绪不平衡方面，母亲文化程度不同的农村初中生之间不存在显著差异；在敌对、适应不良和心理不平衡方面，母亲文化程度不同的农村初中生之间存在显著差异。在敌对方面，母亲文化程度为小学及以下的农村初中生的得分极显著低于母亲文化程度为初中和母亲文化程度为高中或中专及以上的农村初中生的得分；在适应不良方面，母亲文化程度为初中的农村初中生的得分显著高于母亲文化程度为小学及以下的农村初中生得分；在心理不平衡方面，母亲文化程度为高中或中专及以上的农村初中生的得分显著高于母亲文化程度为小学及以下和母亲文化程度为初中的农村初中生的得分。

邢涛（2019）的研究显示，文化程度越高的父亲，越容易接触到先进的教育理念，教养方式更加民主、科学和开放，在这样的教育方式下，子女与

父亲的亲子关系也更加融洽，子女往往更愿意和父亲沟通，保持良性的情感交流，在这样的教育方式和亲子关系下，孩子的更容易形成健全和稳定的人格特质。文化程度较低的父母更容易采用严厉惩罚等伤害性的教育方式来教育孩子，在这样的教育方式下，孩子更容易缺乏安全感，更容易产生人际关系敏感和焦虑。

文化程度为小学及以下的农村母亲，由于可以为社会创造价值的能力有限，更有可能成为家庭主妇，从而有时间更多陪伴孩子。文化程度更高的母亲，则更有可能外出务工或者工作，缺乏对孩子的陪伴和鼓励，导致孩子容易产生不安全感，更容易敌对和适应不良。

## 六、父母婚姻状况对农村初中生心理健康状况的影响

本书研究结果显示，在量表总分、偏执、敌对、人际关系紧张、抑郁、适应不良、情绪不平衡、焦虑、心理不平衡方面，父母婚姻状况不同的农村初中生之间存在显著差异。在量表总分、偏执、敌对、人际关系紧张、抑郁、适应不良、情绪不平衡、焦虑和心理不平衡方面，父母离异的农村初中生的得分显著地高于父母婚姻正常的农村初中生；在人际关系紧张方面，父母离异的农村初中生的得分极显著高于丧亲（一方或双方）的农村初中生。

此研究结果与鲍丽俊和范佳丽（2010）的研究结果类似，他们的研究结果显示，单亲家庭学生的心理问题因子的得分高于核心家庭。高晶晶（2013）的研究结果显示单亲家庭的初中生心理健康水平最差，且与核心家庭、主干家庭有着显著的区别。家庭结构对初中生的影响主要体现在社会支持上，健全的家庭结构通常可以为初中生提供强有力的社会支持，经历离异之痛的家长更容易将全部的希望寄托在孩子身上，让已经经受家庭破碎痛苦的孩子还要经受更大的心理压力，从而使孩子比其他家庭的孩子有更严重的心理症状（高晶晶，2013）。单亲家庭的孩子由于缺失其中一方家长的关爱和培养，容易形成不健康的人格和不良性格，由于社会的宽容度和个人修养未达到相当的水平，因此单亲家庭的孩子容易遭受来自生活和学习环境中的偏见和歧视，导致心理问题更为突出（张成联，2014）。

## 七、父母外出务工搭配情况对农村初中生心理健康状况的影响

本书研究结果显示，在量表总分、强迫、偏执、敌对、人际关系紧张、抑郁、焦虑、学习压力、适应不良、心理不平衡方面，父母外出务工搭配情

况不同的农村初中生之间不存在显著差异；在情绪不平衡方面，父母外出务工搭配情况不同的农村初中生之间存在极显著差异，并且在情绪不平衡方面，父母都未外出的农村初中生的得分极显著低于只有父亲外出和父母都外出的农村初中生的得分。

本书研究结果与李淑清（2018）的研究结果不太一致，但与李飞（2017）的研究结果一致。李淑清（2018）的研究结果表明，农村留守初中生和非留守初中生心理健康的各个因子和总平均分之间均存在显著差异，均表现为农村留守初中生的得分显著高于非留守农村初中生。不同留守类型初中生在"人际关系敏感"、"焦虑"和"情绪不稳定"这三个因子上的得分存在显著差异。李飞（2017）的研究结果显示，在情绪不平衡维度，留守环境下的初中生显著高于正常家庭的学生。农村留守儿童群体由于缺乏亲人的陪伴，更容易产生情绪问题。但是本书研究显示，大部分的心理健康因子包括心理健康的平均分不受父母外出务工搭配情况不同的显著影响，这可能是因为在初中阶段，儿童的注意力从家庭转向学习，孩子也开始进入青春逆反期，父母对孩子的人格发展所起到的作用开始降低，父母的话在孩子心中开始变得不重要。这时候的孩子对父母的建议和说教更容易反感。不少农村家庭的教育方式比较简单，父母不在孩子身边反而可以避免一部分的亲子冲突，有利于保持良好的亲子关系（王挺，2014）。

## 八、父母单次外出务工持续时长对农村初中生心理健康状况的影响

在强迫、偏执、敌对、学习压力、适应不良、情绪不平衡和心理不平衡方面，父母单次外出务工持续时长不同的农村初中生之间不存在显著差异；在量表总分、抑郁、人际关系紧张和焦虑方面，父母单次外出务工持续时长不同的农村初中生之间得分存在显著差异。多重比较发现，在抑郁方面，父母单次外出务工持续时长为1~3年的农村初中生的得分极显著高于父母单次外出务工持续时长为1年以内和父母无外出务工的农村初中生的得分，父母单次外出务工持续时长为5年及以上的农村初中生的得分极显著高于父母单次外出务工持续时长为1年以内和父母无外出务工的农村初中生的得分；在人际关系紧张和焦虑方面，父母单次外出务工持续时长为5年及以上的农村初中生的得分极显著高于父母单次外出务工持续时长为1年以内和父母无外出务工的农村初中生；另外在焦虑方面，父母单次外出务工持续时长为5年及以上的农村初中生的得分极显著高于父母单次外出务工持续时长为1~3年

的农村初中生的得分；在量表总分方面，父母单次外出务工持续时长为 5 年及以上的农村初中生的得分显著高于父母单次外出务工持续时长为 1 年以内和父母无外出务工的农村初中生的得分。

农村留守初中生与父母的交流比较少，大部分受到客观条件的影响，在亲子沟通中，必要的沟通时间是首要因素，留守初中生的父母外出后，受到时间和空间的影响，必要的亲子沟通时间就无法保证。尤其是父母长期的外出务工，会导致亲子关系趋于淡漠，亲子关系濒临残缺或破裂，由于无法从父母那里寻求情感支持，留守初中生不再热衷于和父母联系，而逐渐陷入一个沟通的负性循环中（郑会芳，2009）。亲子交流在孩子的成长过程中是必不可少的，只有通过交谈，让孩子对父母产生依恋，这种依恋是一种血缘亲情的转化，是一种积极的、正向的重要情感，是产生信任感的核心因素，在孩子的成长过程中，若父母长时间无法陪伴孩子、孩子的亲子互动减少，孩子在性格上更容易拒绝与他人亲密，容易在心理上出现问题（卢鑫鑫，2015）。

## 九、人口学因素对农村初中生心理健康状况的影响

以性别、独生与非独生子女、年级、父亲文化程度、母亲文化程度、父母婚姻状况、父母外出务工搭配情况、父母单次外出务工持续时长为自变量，以 MHT 总分及各因子为因变量分别进行逐步回归分析。在强迫方面，年级一个变量进入了回归方程，说明这个变量对强迫有直接预测效应。随着初中生年级的上升，心理压力增加，可能导致更多强迫性思维出现。在偏执方面，有父母婚姻状况和性别两个变量对偏执有直接预测效应，单亲家庭学生的心理问题因子的得分高于核心家庭，健全的家庭结构通常可以为初中生提供强有力的社会支持，而单亲家庭的孩子由于缺失其中一方家长的关爱和培养，容易形成不健康的人格和不良性格。农村初中生更容易遭受"重男轻女"观念的影响，导致不同性别在抑郁、焦虑、心理不平衡方面出现显著差异。在敌对方面，有父母婚姻状况、母亲文化程度和性别三个变量对敌对有直接预测效应。在人际关系紧张方面，有性别、父母婚姻状况和父亲文化程度三个变量对人际关系紧张有直接预测效应，父母的文化程度可能会影响父母对子女的教育方式，文化程度更高的农村父母在教育上倾向于更加民主，并且给予孩子更有效的教育指导。在抑郁方面，有性别、父母婚姻状况、父亲文化程度和父母外出务工搭配情况四个变量对抑郁有直接预测效应，外出务工的

父母给予孩子的陪伴和沟通很少，农村留守儿童群体由于缺乏亲人的陪伴，更容易产生情绪问题。在焦虑方面，有性别、父母婚姻状况、父亲文化程度和年级四个变量对焦虑有直接预测效应，农村的父母对不同性别的子女往往抱有不同的期待，可能导致农村初中男生和农村初中女生的焦虑水平不一样，相比于父母婚姻正常家庭的农村初中生，父母离异或者丧亲的农村初中生由于得到的情感支持更少，所以更有可能产生焦虑感和不安全感，随着年级的增长，科目的增多，中考的临近，农村初中生的学习压力增大，也更有可能存在更高的焦虑水平。在学习压力方面，只有年级一个变量对学习压力有直接预测效应，主要原因可能是升学压力的与日俱增。在适应不良方面，有父母婚姻状况和性别两个变量对适应不良有直接预测效应，父母离异或者丧亲的农村初中生，由于得到的情感支持和来自长辈的引导更少，更容易产生适应不良，女生在青春期普遍比男生心理更加成熟，男生较晚熟，所以女生在适应新环境的过程中心理更具有弹性，适应力更强，男生则更容易出现适应不良。在情绪不平衡方面，有父母婚姻状况和年级两个变量对情绪不平衡有直接预测效应，可见父母的婚姻状况对孩子的心理影响较大，刚入学的初中生情绪最稳定，随着年级增加，情绪也更容易不平衡。在心理不平衡方面，有性别、父母婚姻状况和年级三个变量对心理不平衡有直接预测效应，农村初中男生承受着家庭中更高的期望，更容易感到心理不平衡。MHT 总分方面，只有父母婚姻状况对 MHT 总分有直接预测效应，说明父母婚姻状况对孩子的心理健康很重要，健全的家庭可以给予孩子更全面的支持，让孩子有安全感，离异家庭的孩子承受了更大的心理压力和来自学习和生活中的偏见，更容易导致心理问题。

## 第三节　促进广西农村初中生心理健康的策略

　　心理健康教育是提升个体心理素质，增进个体心理健康水平，有效应对心理健康问题的重要教育实践活动。教育部等部门多次就中小学生的心理健康教育工作下发相关文件，对全面开展、切实加强中小学生的心理健康教育工作进行整体的布局。

　　前文已经探讨了广西农村初中生心理健康的首要问题是强迫，其次是情绪不平衡。农村初中女生在抑郁和焦虑方面的得分显著高于农村初中男生，农村初中男生在心理不平衡方面的得分显著高于农村初中女生。农村初中独生子女的心理健康总水平比农村初中非独生子女差。在焦虑、学习压力和情绪不平衡方面，七年级的农村学生的得分显著低于八年级和九年级的农村学生。在强迫和心理不平衡方面，九年级的农村学生的得分显著低于七年级和八年级的农村学生，八年级的农村学生适应不良的程度比九年级农村学生严重。父母离异对农村初中生的心理健康影响最大，父母离异的农村初中生的心理健康水平显著低于父母婚姻正常的农村初中生。父亲文化程度不同的农村初中生在抑郁、人际关系紧张和焦虑方面，得分存在显著差异。母亲文化程度不同的农村初中生在敌对、适应不良和心理不平衡方面，得分存在显著差异。在情绪不平衡方面，只有父亲外出务工和父母都外出务工的农村初中生的心理健康状况显著低于父母都未外出的农村初中生。

面对学生日益增长的心理健康需求，农村地区在心理健康教育方面还存在认识水平不高、重视程度不够、专业师资不足、教育资源短缺、教育工作开展不力等多方面的局限和不足。所以要切实落实新时期的素质教育，提升初中生心理素质和心理健康水平，必须构建具有可操作性和实效性的心理健康教育机制，提升心理健康教育工作的质量。

## 一、促进农村初中生心理健康的家庭教育策略

### （一）掌握正确的亲子沟通方式，保证必要的沟通时间和频率

在孩子的世界中，父母对孩子成长的作用和影响是无法替代的，而父母的影响正是通过亲子沟通来实现的。首先要保持一定的沟通时间和频率，建议父母工作闲暇之余，可以多与孩子沟通，多关注孩子的生活和心理动态，让孩子可以从父母处寻求情感支持。另外，父母可以拓宽与孩子沟通的内容，尤其是初中生正处于青春期，不仅要关注孩子的学习，还要密切留意孩子情感和心理上的变化。在与青春期的孩子沟通的过程中，建议父母需要稍微转变一下沟通方式，从"说教"转为更多的"倾听"，允许孩子发表不一致的观点和意见（郑会芳，2009）。

### （二）积极与老师配合，改善教养方式

父母要认识到孩子的教育需要家庭和学校的合作，而不仅仅是将孩子丢给学校。父母要发挥主观能动性，积极与老师联系，对孩子在学习上、生活上、心理上出现的问题及时了解并配合学校及时解决。如果父母对子女不闻

不问，会给学校教育带来障碍，学校教育也无法展开（卢鑫鑫，2015）。现在网络上的教育资源很多，家长要注重改善教育方式，多学多看一些讲解如何更好地教育孩子的视频，如果学校有组织家长进行学习的讲座，建议家长要积极参加，多与学校老师交流讨论教育方式，明白错误的教育方式的危害，对孩子尽量采用合适的教养方式。如多使用情感温暖型和鼓励信任型的教养方式，减少或者避免使用忽视型、溺爱型或者专制型的教养方式。

### （三）注重自身素质的提升，建立和谐的亲子关系

父母的言行举止潜移默化地影响着孩子的成长，在外务工的父母要警惕受到不良思想的影响，如"读书无用""金钱万能"等，这些不良观念对子女的成长极其不利。父母应该给自己的孩子树立模范榜样，在与子女沟通时，多讲积极和正向的观点，如"艰苦奋斗"和"积极上进"等经历和故事，帮助孩子树立远大的理想信念。父母在注重自身文化素质提升的过程中，将这种正能量传递给孩子，有助于孩子形成健康积极的人格（卢鑫鑫，2015）。在教育过程中，身教胜过言传，如果父母想要培养爱学习的孩子，自己却从不学习，光讲道理，是无法对孩子产生积极影响的。只有积极向上的父母才能培养出积极向上的孩子，建议父母树立起终身成长的理念，跟上时代的步伐，多学习科学的教育方式，摒弃过时的教育理念，才能给孩子带来更好的教育。

### （四）构建融洽的家庭环境

融洽的家庭环境对孩子身心健康发展起到积极的作用，能够让孩子拥有良好的心理素质，从而获得积极的情绪体验。对于农村家长而言，一方面家长要认识到家庭环境的重要性，外出务工的家长，可以与孩子约好定期回家，形成有形的家庭环境。另外也要让孩子感受到父母的和谐相处、父母对自己的关爱和包容、父母与自己平等对话等积极的家庭氛围（赵建章，2014）。另外，父母在外长期务工也会给孩子的心理健康带来不利影响，在外长期务工的家长由于远离家乡，与子女见面机会较少，沟通效率不高，无法及时掌握孩子的心理动态，更加无法及时提供心理和生活方面的帮助，而青春期的孩子正处在心理和生理的快速成长期，往往要面临多种压力，如学业、人际关系和生理发育的压力，建议父母至少由双方长期外出务工变成只有一方长期外出务工，增加返乡的频率和与孩子的沟通次数，给孩子多一些陪伴，会对孩子的心理健康起到积极的影响。

## 二、促进农村初中生心理健康的学校教育策略

学校承载着教书育人的历史使命，学校教育是有目的、有系统、有组织地影响受教育者身心发展的社会活动。学校除了要给予学生物质支持外，还有通过教育和宣传提供给学生更多精神、情感甚至是生存发展能力等方面支持的责任（张成联，2014）。

### （一）建立学校心理健康教育领导小组，统筹学校各部门共同落实心理健康教育

对于具体实施心理健康教育工作的边远山区的农村学校来讲，要充分发挥学校自身教育所具有的优势，提高学校领导、教师的认知水平，系统学习《纲要》，明确学校的心理健康教育工作的总体目标、具体任务、实施内容与途径，提高心理健康意识，成立由校领导牵头的学校心理健康教育工作领导小组，统筹学校的职能部门共同落实心理健康教育工作，设立心理健康教育中心或教研组，并由其主导学校心理健康教育工作的开展与实施，负责教职员工的心理健康教育工作，协助学校开展家长心理健康教育宣传工作，提升家长的心理健康意识和教育能力（李飞，2017）。

### （二）设立心理健康教育专项经费，建立资金保障机制

学校的心理健康教育工作的开展需要以一定的教育设施和条件为基础，心理辅导室的建设、心理健康教育器材的购置、开展活动的耗材等都需要一定的经费投入。已有调查显示当前农村学校的心理健康教育经费多数为自筹且经费较为紧张，这无疑会制约心理健康教育活动开展的范围、频率和成效。在县级教育部门的财务预算中，可以根据实际情况划拨财政专项经费用于开展农村中小学心理健康教育工作。同时，各学校也可以积极参与相关财政项目的建设申报，以获取相应的资金支持，加强心理健康教育硬件的建设（李飞，2017）。

### （三）加强农村心理健康教育师资队伍建设，打造人力保障机制

农村学校从事心理健康教育的专业教师相当匮乏，一方面表现在数量上，另一方面表现在质量上。不少学校的心理健康教育从教人员来源比较复杂，或是班主任或是其他科任教师，而且不稳定。这些非心理专业的心理健康教

师缺乏系统的专业培训,没有持证上岗。这样的心理健康教育往往德育化或学科教育化。这些心理健康教师往往既要教授心理健康文化课知识,又要举办心理辅导活动,还要给学生做心理咨询,根本不能很好地兼顾每一个学生,满足不了学生的心理服务需求,所以应建议学校成立一个专门的心理咨询室,聘请专业的教师来为学生解决心理问题(曹丹,2017)。有条件的学校可以鼓励班主任、科任教师参加心理咨询师资格认证考试,系统地学习和提升心理健康教育知识与技能(李飞,2017)。

### (四)重点排查,关注心理弱势群体

在教育实践中,应该兼顾文化教育和心理健康教育,除了帮助学生提高成绩,更要加强对学生心理素质的训练和干预,提高其应对挫折的能力和抗压能力,教会他们什么是面对困难和挫折的正确心态,从而提高学生的心理素质,使其更好地适应社会。对于有困难的学生,要加强关注,及时对其进行心理疏导(张成联,2014)。另外,学校也要重视不同年级学生的心理健康问题,也可以根据年级特点,定期聘请专家到校,对学生讲授心理健康知识及应对心理健康问题的技能。所以学校要积极关注学生心理健康状况,学校的重视也会潜移默化渗入班级,从而影响到个人,继而对全体学生产生积极影响(赵建章,2014)。

## 三、促进农村初中生心理健康的社会建设策略

社会环境对未成年人的社会支持、心理健康影响较大。初中生抗诱惑能力、辨别是非能力不强,如果没有足够的社会支持,很容易遇到不良社会现象而受到心理伤害。所以全社会要为其创造良好的成长环境,为其提供物质上的直接援助、社会网络的各种支持、心理上的关怀等(张成联,2014)。

### (一)进一步落实户籍制度改革,扩大城镇义务教育容量

2014年,国务院发布《关于进一步推进户籍制度改革的意见》(国发〔2014〕25号),这标志了中国的户籍制度改革进入了全新的阶段。此次改革对户口迁移制度进行了重大调整,对由于户籍制度引起的留守儿童教育问题进行了处理。2015年,教育部副部长刘利民在农民工工作有关情况新闻发布会上表示,将进一步扩大城镇义务教育的容量,将农民工随迁子女义务教育"全纳入"。这些政策让农民工子女能随父母进入城市并和城市学生享受相同

的权利，使更多的农民工子女能跟随父母外出上学。由于户籍制度改革的推行和实施也需要进行进一步的安排和部署，新的政策和实施的"磨合期"会导致无法避免的政策推行滞后，这个阶段要充分了解政策并配合政策的实施（卢鑫鑫，2015）。

### （二）建立农村社区的教育和监护体系，构建农村学生教育和监护的有力保障

农村社区的教育和监护体系的建立，需要学校、政府、家庭的联合，与妇联、工会、村民委员会（以下简称村委会）和派出所一道努力。社区可以号召退休教师、干部或者有较高文化水平的村民和志愿者等，对农村儿童的家庭教育观念进行宣传，对有困难的家庭，如留守儿童家庭进行特殊的帮助和关注。充分调动社会各界组织对留守儿童的关注，联合有关政府部门、村委会，关心留守儿童的权益是否得到保障，并为本地的经济发展出谋划策，减少外出务工的父母数量（卢鑫鑫，2015）。

### （三）加强媒体正面引导，帮助青少年树立正确的三观

在当今社会，大众传媒的影响与家庭、学校和同龄群体的影响一样，已经成为影响未成年人社会化的重要因素。对农村初中生而言，电视中的内容，远远超出他们平时接触的生活经验，这些零碎的、不加选择就吸收来的内容，可能经过夸张、歪曲或浓缩，并不符合社会现实。初中生尚不能完全区分现实与虚构，难免误以为真，形成错觉或先入为主的成见。因此电视传媒应该正面引导青少年逐渐树立正确的世界观、人生观和价值观（张成联，2014）。

## 参 考 文 献

鲍丽俊，范佳丽，2010. 家庭环境对中学生心理健康影响的研究[J]. 中国校医，24（7）：494-496.

曹丹，2017. 农村初中生社会支持、学业自我效能感与心理健康的关系研究[D]. 湘潭：湖南科技大学.

陈世平，1995. 766名中小学生焦虑状况的调查[J]. 教育理论与实践（6）：51-53，25.

高晶晶，2013. 初中生情绪智力、社会支持与心理健康的关系研究[D]. 扬州：扬州大学.

贺成成，孙道凯，聂海燕，等，2019. 农村初中贫困生心理健康状况及群体差异的实证研究[J]. 山西大同大学学报（自然科学版），35（4）：83-87.

李飞，2017. 边远山区农村初中生心理健康问题：现状调查与应对机制研究[D]. 长春：吉林大学.

李淑清，2018. 农村留守初中生的情绪智力、社会支持与心理健康研究[D]. 桂林：广西师范大学.

李晓华，2011. 农村初中生心理健康状况调查[J]. 思茅师范高等专科学校学报，27（1）：106-110.

刘秀勤，王文强，李韵，等，2011. 农村初中生归因方式与心理健康状况的性别差异[J]. 中国健康心理学杂志，19（1）：50-52.

# 第四章 广西农村初中生心理健康特点研究

卢鑫鑫, 2015. 农村留守儿童家庭教育缺失问题研究：以湖北省庙前镇为例[D]. 武汉：武汉纺织大学.

宋军, 2009. 农村初中生心理健康状况的调查分析[J]. 学理论（25）：246-247.

陶国泰, 邱景华, 李宝林, 等, 1999. 独生与非独生儿童心理发展的纵向分析：南京的十年追踪研究[J]. 中国心理卫生杂志（4）：210-212.

王极盛, 李焰, 赫尔实, 1997. 中国中学生心理健康量表的编制及其标准化[J]. 社会心理科学（4）：15-20.

王挺, 2014. 江苏省农村留守儿童人格发展状况及其影响因素研究[D]. 南京：南京中医药大学.

王艺凝, 2018. 四川省民族地区寄宿生心理健康状况调查[D]. 绵阳：西南科技大学.

夏光州, 2015. 农村初中生心理健康状况的调查研究[D]. 聊城：聊城大学.

邢涛, 2019. 初中生父母教养方式与主观幸福感的关系：自尊的中介作用[D]. 长春：吉林大学.

许雅琦, 2015. 农村初中生心理健康状况及其与负性生活事件、心理资本的关系[D]. 桂林：广西师范大学.

张成联, 2014. 农村初中生自我和谐、社会支持与心理健康的关系研究[D]. 扬州：扬州大学.

赵建章, 2014. 农村初中生社会支持、自我概念与心理健康的关系研究[D]. 扬州：扬州大学.

赵淑文, 张亚玲, 1995. 由一次心理健康调查引起的思考[J]. 首都师范大学学报（社会科学版）（6）：81-84.

郑会芳, 2009. 农村留守儿童亲子沟通、家庭亲密度与其社会适应性关系研究[D]. 上海：华东师范大学.

# 第五章　广西农村初中生主观幸福感特点研究

　　初中生作为青少年群体的重要组成部分，逐渐进入青春期，而初中阶段是人生关键的一个成长阶段。初中生没有形成复杂而稳定的心理系统，无论是认知评价还是情绪受外界因素的影响都非常大，容易出现各种心理问题。这个时期的初中生生理发育也十分迅速，不断发生的生理变化又推动着他们的心理也发生翻天覆地的变化。这一时期的他们，无论是在生理方面还是心理方面，都是处于由不成熟开始走向成熟、由无序开始走向有序、由不稳定开始走向稳定的过渡阶段（林崇德，1995）。在此阶段，初中生在学校须与同伴之间建立信任与友谊，在家中需要与父母调整关系；外在环境相对陌生而又充满新鲜感，加之升学的压力，初中生受到内外的"双重压迫"。各方面的压力和影响越来越多，初中生的心理健康状况已有了很大的变化，他们的幸福感非常值得关注。

　　随着社会对中小学德育重视程度的提高，中小学生的心理健康教育也被提到了新的高度，如何让学生健康、快乐地成长、成人、成才，成为心理健康工作者的关注点，提高学生的主观幸福感是其中的重要内容。现阶段教育工作不仅是传授知识，更是塑造学习者完善的人格，关注学习者的生命质量和生活品质。在人格形成的关键时期，帮助初中生提高感受幸福的能力，养成良好的态度习惯，无疑可以让他们未来的人生更加精彩。然而在以初中生为对象的研究中，更多关注的是城市初中生的主观幸福感，关于农村初中生主观幸福感的研究还很少。有关幸福感的问题非常重要，它直接指导着人生的实践，初中阶段是人生观、价值观形成的关键阶段。因此，要重视农村初中生主观幸福感的研究，正确揭示农村初中生主观幸福感的状况，分析农村初中生主观幸福感与家庭、社会、学校等方面之间的关系，根据研究结果对学校教育、家庭教育等方面提出建议，以便提高农村初中生主观幸福感水平，促进农村初中生心理和谐、健康发展。

# 第五章 广西农村初中生主观幸福感特点研究

## 第一节 广西农村初中生主观幸福感现状特点调查

进入 21 世纪，随着社会与科技的不断进步和积极心理学的不断发展，主观幸福感已成为众多国内外学者关注与研究的焦点性问题。在我国，农村人口众多，相对而言，农村中学生的比率也相对较高（党峥峥，2011）。在广大农村地区，随着社会经济的不断发展及国家对教育的大力支持，其办学条件逐步提高，但相对于城市而言，其办学条件仍然不足。在农村欠发达的地区，由于经济、环境等的限制，对于儿童心理健康教育的关注还不是很高，致使儿童在早期留下创伤性经历，对其人格的发展及性格的完善造成了不良的影响。因此应该重视儿童早期心理健康教育，并帮助改善农村欠发达地区儿童的主观幸福感及塑造完善的人格，促使他们健康快乐地成长。

本书调查从广西壮族自治区所辖的南宁、柳州、桂林、河池、防城港、来宾抽取下属的 14 所农村初中 3007 名初一至初三学生（即七至九年级学生）进行问卷调查，有效问卷 2715 份，有效率为 90.3%。通过自制基本情况调查问卷，收集调查对象的性别、年级、父母婚姻状况、是否为独生子女、父亲文化程度、母亲文化程度、父母外出务工搭配情况以及外出务工年限等多维度基本信息。采用由张兴贵（2003）编制的青少年主观幸福感问卷，调查初中生的主观幸福感状况。该问卷由青少年生活满意度量表和快乐感量表组成，其中生活满意度量表包括家庭、学校、环境、学业、自由、友谊方面的满意度，让调查对象评价自己近一个月以来的生活状态，共 37 个题目，采用 7 点计分，程度从"完全不符合"到"完全符合"分别为 1~7 分，项目均分在 3.5 分以上就算中等。生活满意度以平均分和得分率进行评价，得分越高表明生活满意度越高，反之则生活满意度越低；快乐感量表包括积极情绪、消极情绪，评价在近一周内感受各种情感的体验频率，共 14 个题目，采用 7 点计分，程度从"根本没有"到"所有时间"分别为 1~7 分。正性情感和负性情感也采用以平均分和得分率进行评价。由经过统一培训的调查员发放调查问卷，调查对象自填，经调查员检查合格后统一回收，所有调查对象均签署了知情同意书。所有资料进行统一编码、整理后使用统计软件 SPSS 21.0 进行统计分析，包括一般描述性分析、$t$ 检验、方差分析、多元逐步回归分析等。以 $p<0.05$ 为差异有统计学意义。

大样本可能导致分析中出现数据差异误判，采用"效应量"指标进行检验。具体来说，用 Cohen's d 对独立样本 t 检验的效应量进行估计，0.2、0.5、0.8 分别对应小、中、大的效应量；在方差分析中则用 $\eta^2$ 进行估计，数值在 0.01～0.05 属于小的效应量，0.06～0.13 属于中等效应量，0.14 及以上属于大的效应量。

### 1. 人口学各因素分布情况

农村初中生调查有效问卷为 2715 份（有效率 90.3%）。男生 1326 人（48.8%），女生 1389 人（51.2%）；独生子女 313 人（11.5%），非独生子女 2402 人（88.5%）；七年级 811 人（29.9%），八年级 929 人（34.2%），九年级 975 人（35.9%）；父母婚姻状况正常的有 2413 人（88.9%），父母婚姻状况为离异的有 205 人（7.5%），父母一方或双方离世的有 97 人（3.6%）；父亲文化程度是小学及以下的有 936 人（34.5%），父亲文化程度是初中的有 1444 人（53.2%），父亲文化程度是高中/中专的有 276 人（10.1%），父亲文化程度是大专及以上的有 59 人（2.2%）；母亲文化程度是小学及以下的有 1392 人（51.3%），母亲文化程度是初中的有 1047 人（38.5%），母亲文化程度是高中/中专的有 198 人（7.3%），母亲文化程度是大专及以上的有 78 人（2.9%）；父母都未外出务工的有 1182 人（43.5%），父母都外出务工的有 786 人（29.0%），只有父亲外出务工的有 469 人（17.3%），只有母亲外出务工的有 278 人（10.2%）；父母未有外出务工年限的有 650 人（24.0%），父母单次外出务工持续时长为 1 年以内的有 1090 人（40.1%），父母单次外出务工持续时长为 1～3 年的有 669 人（24.6%），父母单次外出务工持续时长为 3～5 年的有 130 人（4.8%），父母单次外出务工持续时长为 5 年及以上的 176 人（6.5%）。

### 2. 农村初中生主观幸福感现状

在生活满意度各维度中，农村初中生得分高低顺序为：家庭满意度（5.13±1.23）、友谊满意度（4.68±1.00）、环境满意度（4.42±0.91）、学校满意度（4.33±1.16）、自由满意度（4.31±1.10）、学业满意度（3.61±1.10）。家庭满意度处于中等偏上水平，友谊满意度和环境满意度略高于中等水平，学校满意度和自由满意度处于中等水平，学业满意度处于中等偏下水平，整体生活满意度（26.49±4.62）略高于中等水平。就快乐感两个维度来看，农村初中生的消极情绪（3.85±1.59）高于积极情绪（3.50±1.30）。总的来说，农村初中生的主观幸福感处于中等水平，见表 5-1。

# 第五章 广西农村初中生主观幸福感特点研究

**表 5-1 农村初中生主观幸福感总体状况（$\bar{x}\pm s$）**

| 项目 | $\bar{x}\pm s$ |
| --- | --- |
| 家庭满意度 | 5.13±1.23 |
| 学业满意度 | 3.61±1.10 |
| 友谊满意度 | 4.68±1.00 |
| 学校满意度 | 4.33±1.16 |
| 自由满意度 | 4.31±1.10 |
| 环境满意度 | 4.42±0.91 |
| 整体生活满意度 | 26.49±4.62 |
| 积极情绪 | 3.50±1.30 |
| 消极情绪 | 3.85±1.59 |
| 主观幸福感 | 26.14±5.60 |

注：$\bar{x}$ 表示均值，$s$ 表示标准差。

### 3. 农村初中生主观幸福感状况的人口学因素比较

（1）不同性别农村初中生主观幸福感状况比较

以性别为分组变量，探讨农村初中生的主观幸福感是否存在差异，采用独立样本 $t$ 检验。结果表明，在主观幸福感方面，男生（25.94±5.51）与女生（26.32±5.68）之间不存在显著差异（$p>0.05$）。

男生在学业满意度上的得分极显著高于女生得分（$p<0.001$），男生在学校满意度上的得分极显著低于女生得分（$p<0.001$）；女生在友谊满意度上的得分极显著高于男生得分（$p<0.01$），女生在积极情绪方面的得分极显著高于男生得分（$p<0.01$），见表 5-2。

**表 5-2 不同性别农村初中生主观幸福感状况比较（$\bar{x}\pm s$）**

| 项目 | 男生<br>（$n=1326$） | 女生<br>（$n=1389$） | $t$ | Cohen's $d$ |
| --- | --- | --- | --- | --- |
| 家庭满意度 | 5.11±1.17 | 5.15±1.28 | −0.99 | 0.04 |
| 学业满意度 | 3.74±1.09 | 3.50±1.10 | 5.75*** | 0.22 |
| 友谊满意度 | 4.63±1.01 | 4.73±0.99 | −2.77** | 0.11 |
| 学校满意度 | 4.17±1.16 | 4.48±1.14 | −7.22*** | 0.28 |
| 自由满意度 | 4.33±1.10 | 4.30±1.11 | 0.70 | 0.03 |
| 环境满意度 | 4.39±0.95 | 4.45±0.87 | −1.76 | 0.07 |
| 整体生活满意度 | 25.36±4.60 | 26.62±4.65 | −1.47 | 0.06 |

续表

| 项目 | 男生<br>($n=1326$) | 女生<br>($n=1389$) | $t$ | Cohen's $d$ |
| --- | --- | --- | --- | --- |
| 积极情绪 | 3.42±1.34 | 3.58±1.25 | −3.25** | 0.12 |
| 消极情绪 | 3.83±1.62 | 3.87±1.57 | −0.71 | 0.03 |
| 主观幸福感 | 25.94±5.51 | 26.32±5.68 | −1.77 | 0.07 |

注：**表示 $p<0.01$，***表示 $p<0.001$；$\bar{x}$ 表示均值，$s$ 表示标准差。

（2）独生与非独生农村初中生主观幸福感状况比较

以独生与非独生子女为分组变量，探讨农村初中生的主观幸福感是否存在差异，采用独立样本 $t$ 检验。结果表明，非独生子女的主观幸福感（26.22±5.59）高于独生子女的主观幸福感（25.52±5.65），二者之间存在显著差异（$p<0.05$）。

在家庭满意度上，非独生子女得分极显著高于独生子女得分（$p<0.01$）；在环境满意度上，非独生子女得分显著高于独生子女得分（$p<0.05$）。在积极情绪方面，非独生子女得分显著高于独生子女得分（$p<0.05$），见表 5-3。

表 5-3 独生与非独生农村初中生主观幸福感状况比较（$\bar{x}±s$）

| 项目 | 独生<br>($n=313$) | 非独生<br>($n=2402$) | $t$ | Cohen's $d$ |
| --- | --- | --- | --- | --- |
| 家庭满意度 | 4.91±1.34 | 5.16±1.21 | −3.16** | 0.19 |
| 学业满意度 | 3.63±1.09 | 3.61±1.11 | 0.35 | 0.02 |
| 友谊满意度 | 4.59±0.99 | 4.69±1.00 | −1.71 | 0.10 |
| 学校满意度 | 4.28±1.09 | 4.33±1.17 | −0.82 | 0.05 |
| 自由满意度 | 4.30±1.17 | 4.32±1.10 | −0.18 | 0.01 |
| 环境满意度 | 4.33±0.92 | 4.44±0.91 | −2.01* | 0.12 |
| 整体生活满意度 | 26.04±4.69 | 26.55±4.61 | −1.84 | 0.11 |
| 积极情绪 | 3.36±1.35 | 3.52±1.29 | −1.98* | 0.12 |
| 消极情绪 | 3.87±1.53 | 3.85±1.60 | 0.261 | 0.02 |
| 主观幸福感 | 25.52±5.65 | 26.22±5.59 | −2.05* | 0.12 |

注：*表示 $p<0.05$，**表示 $p<0.01$；$\bar{x}$ 表示均值，$s$ 表示标准差。

（3）不同年级农村初中生主观幸福感状况比较

以年级为分组变量，探讨农村初中生主观幸福感是否存在差异，采用单因素方差分析和多重比较。结果表明，在主观幸福感方面，年级之间不存在显著差异（$p>0.05$）。在家庭满意度、学业满意度、积极情绪和消极情绪方面，年级之间存在极显著差异（$p<0.001$）。

多重比较发现，在家庭满意度上，七年级学生得分极显著高于八年级（$p<0.01$）、九年级（$p<0.001$）学生的得分；在学业满意度上，九年级学生得分极显著低于七年级学生的得分（$p<0.001$），显著低于八年级学生的得分（$p<0.05$）。

在积极情绪方面，九年级学生得分极显著高于七年级和八年级学生的得分（$p<0.001$）；在消极情绪方面，七年级学生得分极显著低于八年级和九年级学生的得分（$p<0.001$），见表5-4。

表5-4 不同年级农村初中生主观幸福感状况比较（$\bar{x} \pm s$）

| 项目 | 七年级<br>($n=811$) | 八年级<br>($n=929$) | 九年级<br>($n=975$) | $F$ | $\eta^2$ | 多重比较 |
| --- | --- | --- | --- | --- | --- | --- |
| 家庭满意度 | 5.27±1.17 | 5.09±1.22 | 5.04±1.28 | 7.88*** | 0.006 | 1>2；1>3 |
| 学业满意度 | 3.72±1.04 | 3.62±1.14 | 3.52±1.12 | 7.81*** | 0.006 | 1>3；2>3 |
| 友谊满意度 | 4.63±1.00 | 4.72±0.97 | 4.69±1.03 | 1.88 | 0.001 | |
| 学校满意度 | 4.27±1.13 | 4.38±1.19 | 4.33±1.16 | 1.84 | 0.001 | |
| 自由满意度 | 4.31±1.05 | 4.28±1.11 | 4.35±1.14 | 1.08 | 0.001 | |
| 环境满意度 | 4.39±0.89 | 4.46±0.90 | 4.41±0.95 | 1.56 | 0.001 | |
| 整体生活满意度 | 26.59±4.35 | 26.56±4.70 | 26.34±4.77 | 0.82 | 0.001 | |
| 积极情绪 | 3.39±1.23 | 3.41±1.33 | 3.67±1.32 | 12.68*** | 0.009 | 3>1；3>2 |
| 消极情绪 | 3.62±1.56 | 3.99±1.61 | 3.91±1.59 | 12.42*** | 0.009 | 2>1；3>1 |
| 主观幸福感 | 26.36±5.41 | 25.99±5.68 | 26.09±5.60 | 1.04 | 0.001 | |

注：在"多重比较"中，1表示七年级，2表示八年级，3表示九年级；***表示$p<0.001$；$\bar{x}$表示均值，$s$表示标准差。

（4）父母文化程度不同的农村初中生主观幸福感状况比较

①父亲文化程度不同的农村初中生主观幸福感状况比较

以父亲文化程度为分组变量，探讨农村初中生主观幸福感是否存在差异，采用单因素方差分析和多重比较。结果表明，父亲文化程度不同的农村初中生的主观幸福感之间存在极显著差异（$p<0.001$），父亲文化程度为小学及以下的农村初中生得分显著高于父亲文化程度为初中（$p<0.05$）的农村初中生得分，极显著高于父亲文化程度为高中/中专（$p<0.001$）、大专及以上（$p<0.01$）的农村初中生的得分，父亲文化程度为初中的农村初中生得分极显著高于父亲文化程度为高中/中专的农村初中生（$p<0.01$）的得分。

在家庭满意度上，父亲文化程度为小学及以下的农村初中生得分显著高于父亲文化程度为初中（$p<0.05$）、大专及以上（$p<0.05$）的农村初中生的得分，极显著高于父亲文化程度为高中/中专（$p<0.001$）的农村初中生得分，父亲文化程度为初中的农村初中生得分极显著高于父亲文化程度为高中/中专的农村初中生（$p<0.01$）的得分；在环境满意度上，父亲文化程度为小学及以下的农村初中生得分显著高于父亲文化程度为高中/中专的农村初中生（$p<0.05$）的得分；在整体生活满意度上，父亲文化程度为小学及以下的农村初中生得分显著高于父亲文化程度为高中/中专的农村初中生（$p<0.05$）的得分。

在消极情绪方面，父亲文化程度为大专及以上的农村初中生得分极显著高于父亲文化程度为初中（$p<0.01$）、小学及以下（$p<0.001$）的农村初中生的得分，父亲文化程度为高中/中专的农村初中生得分极显著高于父亲文化程度为初中（$p<0.01$）、小学及以下（$p<0.001$）的农村初中生的得分，父亲文化程度为初中的农村初中生得分极显著高于父亲文化程度为小学及以下的农村初中生（$p<0.001$）的得分，见表 5-5。

表 5-5　父亲文化程度不同的农村初中生主观幸福感状况比较（$\bar{x} \pm s$）

| 项目 | 小学及以下<br>（$n=936$） | 初中<br>（$n=1444$） | 高中/中专<br>（$n=276$） | 大专及以上<br>（$n=59$） | $F$ | $\eta^2$ | 多重比较 |
|---|---|---|---|---|---|---|---|
| 家庭满意度 | 5.23±1.18 | 5.12±1.22 | 4.90±1.37 | 4.85±1.27 | 6.19*** | 0.01 | 1>2>3；1>4 |
| 学业满意度 | 3.60±1.11 | 3.63±1.10 | 3.59±1.17 | 3.59±0.96 | 0.21 | 0.00 | |
| 友谊满意度 | 4.68±0.99 | 4.70±1.00 | 4.61±0.99 | 4.53±1.23 | 1.09 | 0.01 | |
| 学校满意度 | 4.39±1.15 | 4.31±1.17 | 4.26±1.14 | 4.14±1.23 | 1.69 | 0.02 | |
| 自由满意度 | 4.32±1.07 | 4.33±1.11 | 4.24±1.12 | 4.16±1.22 | 0.90 | 0.00 | |
| 环境满意度 | 4.48±0.91 | 4.41±0.92 | 4.33±0.90 | 4.25±0.98 | 2.88* | 0.00 | 1>3 |
| 整体生活满意度 | 26.69±4.40 | 26.51±4.69 | 25.92±4.92 | 25.52±4.75 | 2.86* | 0.00 | 1>3 |
| 积极情绪 | 3.46±1.25 | 3.52±1.33 | 3.44±1.30 | 3.65±1.51 | 0.86 | 0.00 | |
| 消极情绪 | 3.52±1.50 | 3.95±1.60 | 4.30±1.67 | 4.50±1.57 | 26.60*** | 0.03 | 3>2>1；4>2>1 |
| 主观幸福感 | 26.63±5.34 | 26.08±5.67 | 25.06±5.74 | 24.68±6.27 | 7.31*** | 0.00 | 1>2>3；1>4 |

注：在"多重比较"中，1 表示小学及以下，2 表示初中，3 表示高中/中专，4 表示大专及以上；*表示 $p<0.05$，***表示 $p<0.001$；$\bar{x}$ 表示均值，$s$ 表示标准差。

②母亲文化程度不同的农村初中生主观幸福感状况比较

以母亲文化程度为分组变量，探讨农村初中生主观幸福感是否存在差异，采用单因素方差分析和多重比较。结果表明，母亲文化程度不同的农村初中生的主观幸福感之间存在极显著差异（$p<0.001$），母亲文化程度为小学及以下的农村初中生得分极显著高于母亲文化程度为初中、高中/中专、大专及以上（$p<0.001$）的农村初中生的得分，母亲文化程度为初中的农村初中生得分极显著高于母亲文化程度为高中/中专（$p<0.01$）的农村初中生的得分，显著高于母亲文化程度为大专及以上（$p<0.05$）的农村初中生的得分。

在家庭满意度上，母亲文化程度为小学及以下的农村初中生得分极显著高于母亲文化程度为初中（$p<0.01$）、高中/中专（$p<0.001$）、大专及以上（$p<0.001$）的农村初中生的得分，母亲文化程度为初中的农村初中生得分极显著高于母亲文化程度为高中/中专、大专及以上的农村初中生（$p<0.01$）的得分；在友谊满意度上，母亲文化程度为小学及以下的农村初中生得分极显著高于母亲文化程度为高中/中专、大专及以上的农村初中生（$p<0.01$）的得分，母亲文化程度为初中的农村初中生得分极显著高于母亲文化程度为高中/中专（$p<0.01$）的农村初中生的得分，显著高于母亲文化程度为大专及以上的农村初中生（$p<0.05$）的得分；在学校满意度上，母亲文化程度为小学及以下的农村初中生得分显著高于母亲文化程度为初中的农村初中生（$p<0.05$）的得分；在环境满意度上，母亲文化程度为小学及以下的农村初中生得分极显著高于母亲文化程度为初中（$p<0.01$）、高中/中专（$p<0.001$）的农村初中生的得分；在整体生活满意度上，母亲文化程度为小学及以下的农村初中生得分极显著高于母亲文化程度为高中/中专（$p<0.01$）的农村初中生的得分，显著高于母亲文化程度为大专及以上（$p<0.05$）的农村初中生的得分。

在积极情绪方面，母亲文化程度为小学及以下的农村初中生得分显著高于母亲文化程度为高中/中专（$p<0.05$）的农村初中生的得分；在消极情绪方面，母亲文化程度为高中/中专的农村初中生得分极显著高于母亲文化程度为小学及以下、初中的农村初中生（$p<0.001$）的得分，母亲文化程度为大专及以上的农村初中生得分极显著高于母亲文化程度为小学及以下（$p<0.001$）、初中（$p<0.01$）的农村初中生的得分，见表5-6。

**表5-6 母亲文化程度不同的农村初中生主观幸福感状况比较（$\bar{x}\pm s$）**

| 项目 | 小学及以下<br>($n=1392$) | 初中<br>($n=1047$) | 高中/中专<br>($n=198$) | 大专及以上<br>($n=78$) | F | $\eta^2$ | 多重比较 |
| --- | --- | --- | --- | --- | --- | --- | --- |
| 家庭满意度 | 5.23±1.19 | 5.09±1.22 | 4.84±1.40 | 4.69±1.21 | 10.31*** | 0.01 | 1>2>3；1>2>4 |
| 学业满意度 | 3.58±1.09 | 3.65±1.11 | 3.66±1.17 | 3.66±1.02 | 0.94 | 0.00 | |
| 友谊满意度 | 4.72±0.97 | 4.69±1.01 | 4.47±1.15 | 4.41±1.02 | 5.51** | 0.00 | 1>3；1>4；2>3；2>4 |

续表

| 项目 | 小学及以下<br>($n=1392$) | 初中<br>($n=1047$) | 高中/中专<br>($n=198$) | 大专及以上<br>($n=78$) | $F$ | $\eta^2$ | 多重比较 |
|---|---|---|---|---|---|---|---|
| 学校满意度 | 4.39±1.15 | 4.28±1.20 | 4.25±1.09 | 4.21±0.97 | 2.45 | 0.00 | 1>2 |
| 自由满意度 | 4.31±1.09 | 4.33±1.09 | 4.29±1.29 | 4.14±1.06 | 0.76 | 0.00 | |
| 环境满意度 | 4.49±0.88 | 4.38±0.94 | 4.24±0.99 | 4.31±0.90 | 6.32*** | 0.00 | 1>2；1>3 |
| 整体生活<br>满意度 | 26.71±4.47 | 26.41±4.67 | 25.74±5.36 | 25.42±4.31 | 4.30** | 0.00 | 1>3；1>4 |
| 积极情绪 | 3.55±1.25 | 3.46±1.34 | 3.35±1.37 | 3.41±1.42 | 1.99 | 0.00 | 1>3 |
| 消极情绪 | 3.57±1.52 | 4.03±1.63 | 4.55±1.53 | 4.62±1.41 | 38.65*** | 0.04 | 3>2>1；4>2>1 |
| 主观幸福感 | 26.69±5.39 | 25.85±5.66 | 24.54±6.24 | 24.22±5.18 | 14.06*** | 0.02 | 1>2>3；1>2>4 |

注：在"多重比较"中，1表示小学及以下，2表示初中，3表示高中/中专，4表示大专及以上；**表示 $p<0.01$，***表示 $p<0.001$；$\bar{x}$ 表示均值，$s$ 表示标准差。

(5) 父母婚姻状况不同的农村初中生主观幸福感状况比较

以父母婚姻状况为分组变量，探讨农村初中生幸福感是否存在差异，采用单因素方差分析和多重比较。结果表明，父母婚姻状况不同的农村初中生的主观幸福感之间存在极显著差异（$p<0.01$），父母婚姻状况为正常的农村初中生得分极显著高于父母婚姻状况为离异的农村初中生（$p<0.001$）的得分。

在家庭满意方面，父母婚姻状况为正常的农村初中生得分极显著高于父母婚姻状况为离异的农村初中生（$p<0.001$）的得分，父母婚姻状况为丧亲的农村初中生得分极显著高于父母婚姻状况为离异的农村初中生（$p<0.001$）的得分；在整体生活满意方面，父母婚姻状况为正常的农村初中生得分显著高于父母婚姻状况为离异的农村初中生（$p<0.05$）的得分。

在积极情绪方面，父母婚姻状况为正常的农村初中生得分极显著高于父母婚姻状况为离异的农村初中生（$p<0.01$）的得分；在消极情绪方面，父母婚姻状况为离异的农村初中生得分极显著高于父母婚姻状况为正常的农村初中生（$p<0.001$）的得分，见表5-7。

表5-7 父母婚姻状况不同的农村初中生主观幸福感状况比较（$\bar{x}\pm s$）

| 项目 | 正常<br>($n=2413$) | 离异<br>($n=205$) | 丧亲（一方或双方）<br>($n=97$) | $F$ | $\eta^2$ | 多重比较 |
|---|---|---|---|---|---|---|
| 家庭满意度 | 5.17±1.22 | 4.64±1.29 | 5.08±1.16 | 18.39*** | 0.01 | 1>2；3>2 |
| 学业满意度 | 3.62±1.11 | 3.55±1.09 | 3.67±0.93 | 0.51 | 0.00 | |

续表

| 项目 | 正常<br>($n=2413$) | 离异<br>($n=205$) | 丧亲（一方或双方）($n=97$) | $F$ | $\eta^2$ | 多重比较 |
|---|---|---|---|---|---|---|
| 友谊满意度 | 4.69±1.00 | 4.60±1.05 | 4.69±1.04 | 0.68 | 0.00 | |
| 学校满意度 | 4.32±1.17 | 4.37±1.09 | 4.39±1.06 | 0.28 | 0.00 | |
| 自由满意度 | 4.31±1.10 | 4.27±1.11 | 4.45±1.11 | 0.95 | 0.00 | |
| 环境满意度 | 4.42±0.92 | 4.41±0.93 | 4.48±0.82 | 0.22 | 0.00 | |
| 整体生活满意度 | 26.53±4.66 | 25.83±4.38 | 26.76±4.20 | 2.33 | 0.00 | 1>2 |
| 积极情绪 | 3.52±1.31 | 3.26±1.27 | 3.36±1.12 | 4.64* | 0.00 | 1>2 |
| 消极情绪 | 3.81±1.60 | 4.26±1.58 | 4.13±1.40 | 9.34*** | 0.01 | 2>1 |
| 主观幸福感 | 26.25±5.65 | 24.83±5.15 | 25.99±4.77 | 6.19** | 0.00 | 1>2 |

注：在"多重比较"中，1 表示正常，2 表示离异，3 表示丧亲（一方或双方）；*表示 $p<0.05$，**表示 $p<0.01$，***表示 $p<0.001$；$\bar{x}$ 表示均值，$s$ 表示标准差。

（6）父母外出务工情况不同的农村初中生主观幸福感状况比较

①父母外出务工搭配情况不同的农村初中生主观幸福感状况比较

以父母外出务工搭配情况为变量，探讨农村初中生主观幸福感是否存在差异，采用单因素方差分析和多重比较。结果表明，父母外出务工搭配情况不同的农村初中生的主观幸福感之间存在显著差异（$p<0.05$），只有母亲外出的农村初中生得分极显著低于只有父亲外出（$p<0.01$）、父母都外出（$p<0.01$）务工的农村初中生得分，显著低于父母都未外出（$p<0.05$）的农村初中生的得分。

在友谊满意度上，只有母亲外出的农村初中生得分极显著低于只有父亲外出（$p<0.01$）、父母都外出（$p<0.01$）的农村初中生得分，显著低于父母都未外出（$p<0.05$）的农村初中生的得分；在学校满意度上，只有父亲外出的农村初中生得分极显著高于只有母亲外出和父母都未外出的农村初中生（$p<0.01$）的得分，显著高于父母都外出的农村初中生（$p<0.05$）的得分；在整体生活满意度上，只有母亲外出的农村初中生得分显著低于只有父亲外出和父母都外出的农村初中生（$p<0.05$）的得分；在消极情绪方面，只有母亲外出的农村初中生得分显著高于只有父亲外出（$p<0.05$）的农村初中生得分，极显著高于父母都外出（$p<0.001$）、父母都未外出（$p<0.01$）的农村初中生的得分，父母都外出的农村初中生得分极显著低于只有父亲外出（$p<0.01$）、父母都未外出（$p<0.001$）的农村初中生的得分，见表5-8。

表 5-8　父母外出务工搭配情况不同的农村初生主观幸福感状况（$\bar{x} \pm s$）

| 项目 | 只有父亲外出（$n=469$） | 只有母亲外出（$n=278$） | 父母都外出（$n=786$） | 父母都未外出（$n=1182$） | $F$ | $\eta^2$ | 多重比较 |
| --- | --- | --- | --- | --- | --- | --- | --- |
| 家庭满意度 | 5.12±1.23 | 5.04±1.18 | 5.13±1.26 | 5.15±1.22 | 0.69 | 0.00 | |
| 学业满意度 | 3.62±1.06 | 3.51±1.14 | 3.58±1.11 | 3.65±1.10 | 1.50 | 0.00 | |
| 友谊满意度 | 4.75±0.95 | 4.52±1.08 | 4.70±0.98 | 4.67±1.02 | 3.46* | 0.00 | 1＞2；3＞2；4＞2 |
| 学校满意度 | 4.47±1.09 | 4.21±1.15 | 4.34±1.19 | 4.29±1.16 | 3.83** | 0.00 | 1＞2；1＞3；1＞4 |
| 自由满意度 | 4.36±1.08 | 4.23±1.05 | 4.35±1.13 | 4.29±1.11 | 1.31 | 0.00 | |
| 环境满意度 | 4.45±0.90 | 4.37±0.94 | 4.45±0.90 | 4.41±0.93 | 0.64 | 0.00 | |
| 整体生活满意度 | 26.78±4.44 | 25.88±4.41 | 26.55±4.65 | 26.48±4.72 | 2.28* | 0.00 | 1＞2；3＞2 |
| 积极情绪 | 3.46±1.26 | 3.51±1.30 | 3.50±1.31 | 3.51±1.32 | 0.13 | 0.00 | |
| 消极情绪 | 3.92±1.60 | 4.22±1.57 | 3.62±1.50 | 3.89±1.64 | 11.34*** | 0.01 | 2＞1＞3；2＞4＞3 |
| 主观幸福感 | 26.32±5.36 | 25.17±5.23 | 26.44±5.62 | 26.09±5.74 | 3.76* | 0.00 | 1＞2；3＞2；4＞2 |

注：在"多重比较"中，1 表示只有父亲外出，2 表示只有母亲外出，3 表示父母都外出，4 表示父母都未外出；*表示 $p<0.05$，**表示 $p<0.01$，***表示 $p<0.001$；$\bar{x}$ 表示均值，$s$ 表示标准差。

②父母单次外出务工持续时长不同的农村初中生主观幸福感状况比较

以父母单次外出务工持续时长为变量，探讨农村初中生主观幸福感是否存在差异，采用单因素方差分析和多重比较。结果表明，父母单次外出务工持续时长不同的农村初中生的主观幸福感之间存在极显著差异（$p<0.001$），父母单次外出务工持续时长为 1～3 年的农村初中生得分极显著低于父母无外出和单次外出务工持续时长为 1 年以内的农村初中生（$p<0.001$）的得分，极显著低于父母单次外出务工持续时长为 3～5 年和 5 年及以上的农村初中生（$p<0.01$）的得分，父母无外出的农村初中生得分极显著高于父母单次外出务工持续时长为 1 年以内、3～5 年、5 年及以上的农村初中生（$p<0.001$）。

在家庭满意度上，父母无外出的农村初中生得分极显著高于父母单次外出务工持续时长为 1 年以内（$p<0.001$）、1～3 年（$p<0.001$）、3～5 年（$p<0.01$）、5 年及以上（$p<0.001$）的农村初中生的得分，父母单次外出务工持续时长为 1 年以内的农村初中生得分极显著高于父母单次外出务工持续时长为 1～3 年、5 年及以上的农村初中生（$p<0.001$）的得分；在学业满意度上，父母

无外出的农村初中生得分极显著高于父母单次外出务工持续时长为 1 年以内（$p<0.01$）、1～3 年（$p<0.001$）、5 年及以上（$p<0.01$）的农村初中生的得分；在友谊满意度上，父母无外出的农村初中生得分极显著高于父母单次外出务工持续时长为 1～3 年（$p<0.001$）、3～5 年（$p<0.01$）的农村初中生的得分，父母单次外出务工持续时长为 1 年以内的农村初中生得分极显著高于父母单次外出务工持续时长为 1～3 年的农村初中生（$p<0.01$）的得分；在自由满意度上，父母单次外出务工持续时长为 1～3 年的农村初中生得分极显著低于父母无外出和父母单次外出务工持续时长为 1 年以内的农村初中生（$p<0.01$）的得分；在环境满意度上，父母单次外出务工持续时长为 1～3 年的农村初中生得分显著低于父母无外出和父母单次外出务工持续时长为 1 年以内的农村初中生（$p<0.05$）的得分；在整体生活满意度上，父母无外出的农村初中生得分显著高于父母单次外出务工持续时长分别为 1 年以内、3～5 年、5 年及以上（$p<0.05$）的农村初中生得分，极显著高于父母单次外出务工持续时长为 1～3 年（$p<0.001$）的农村初中生的得分，父母单次外出务工持续时长为 1 年以内的农村初中生得分极显著高于父母单次外出务工持续时长为 1～3 年的农村初中生（$p<0.001$）的得分。

在积极情绪方面，父母无外出的农村初中生得分显著高于父母单次外出务工持续时长为 1 年以内（$p<0.05$）的农村初中生的得分，极显著高于父母单次外出务工持续时长为 1～3 年（$p<0.01$）的农村初中生的得分；在消极情绪方面，父母无外出的农村初中生得分极显著低于父母单次外出务工持续时长为 1 年以内、1～3 年、3～5 年、5 年以上（$p<0.001$）的农村初中生的得分，父母单次外出务工持续时长为 1～3 年的农村初中生得分极显著高于父母无外出、父母单次外出务工持续时长为 1 年以内、3～5 年、5 年及以上的农村初中生（$p<0.001$）的得分，父母单次外出务工持续时长为 5 年及以上的农村初中生得分极显著高于父母单次外出务工持续时长为 1 年以内的农村初中生（$p<0.01$）的得分，见表 5-9。

表 5-9 父母单次外出务工持续时长不同的初中生主观幸福感状况比较（$\bar{x} \pm s$）

| 项目 | 无外出<br>($n=650$) | 1 年以内<br>($n=1090$) | 1～3 年<br>($n=669$) | 3～5 年<br>($n=130$) | 5 年及以上<br>($n=176$) | $F$ | $\eta^2$ | 多重比较 |
| --- | --- | --- | --- | --- | --- | --- | --- | --- |
| 家庭满意度 | 5.39±1.12 | 5.17±1.19 | 4.88±1.30 | 5.06±1.16 | 4.94±1.37 | 15.62*** | 0.02 | 1>2>3；1>4；1>2>5 |
| 学业满意度 | 3.78±1.08 | 3.60±1.08 | 3.49±1.12 | 3.67±1.16 | 3.52±1.16 | 6.02*** | 0.00 | 1>2；1>3；1>5 |

续表

| 项目 | 无外出<br>($n=650$) | 1年以内<br>($n=1090$) | 1～3年<br>($n=669$) | 3～5年<br>($n=130$) | 5年及以上<br>($n=176$) | $F$ | $\eta^2$ | 多重比较 |
|---|---|---|---|---|---|---|---|---|
| 友谊满意度 | 4.79±0.92 | 4.70±0.96 | 4.57±1.10 | 4.53±1.06 | 4.70±1.08 | 5.00** | 0.00 | 1>3；1>4；2>3 |
| 学校满意度 | 4.32±1.14 | 4.36±1.14 | 4.27±1.20 | 4.31±1.14 | 4.38±1.23 | 0.82 | 0.00 | |
| 自由满意度 | 4.38±1.05 | 4.35±1.07 | 4.19±1.17 | 4.30±1.08 | 4.29±1.24 | 3.08* | 0.00 | 1>3；2>3 |
| 环境满意度 | 4.47±0.91 | 4.45±0.88 | 4.35±0.94 | 4.31±0.97 | 4.49±0.95 | 2.59* | 0.00 | 1>3；2>3 |
| 整体生活满意度 | 27.12±4.36 | 26.63±4.40 | 25.75±5.01 | 26.17±4.65 | 26.33±4.97 | 7.90*** | 0.01 | 1>2>3；1>4；1>5 |
| 积极情绪 | 3.62±1.25 | 3.48±1.29 | 3.41±1.32 | 3.58±1.29 | 3.43±1.43 | 2.61* | 0.00 | 1>2；1>3 |
| 消极情绪 | 2.83±1.07 | 3.81±1.60 | 4.83±1.41 | 3.96±1.46 | 4.11±1.59 | 161.07*** | 0.19 | 3>5>2>1；3>4>1 |
| 主观幸福感 | 27.91±5.10 | 26.30±5.38 | 24.33±5.74 | 25.80±5.78 | 25.65±5.89 | 36.25*** | 0.05 | 1>2>3；1>4>3；1>5>3 |

注：1～3年、3～5年，年份界限按"上限不在内"的原则进行处理。
在"多重比较"中，1表示无外出，2表示1年以内，3表示1～3年，4表示3～5年，5表示5年及以上；*表示 $p<0.05$，**表示 $p<0.01$，***表示 $p<0.001$；$\bar{x}$ 表示均值，$s$ 表示标准差。

### 4. 人口学因素对主观幸福感和各维度的逐步回归分析

以性别、独生与非独生子女、年级、父亲文化程度、母亲文化程度、父母婚姻状况、父母外出务工搭配情况、父母单次外出务工持续时长为自变量，以主观幸福感等为因变量分别进行逐步回归分析（表5-10）。在主观幸福感上，父母单次外出务工持续时长、母亲文化程度首先进入回归方程，表明这两个变量都对主观幸福感有直接预测效应，$R^2$ 值越大，说明该自变量对因变量的预测作用越明显，其中母亲文化程度对主观幸福感的预测值最大，然后是父母单次外出务工持续时长。也就是说，对农村初中生的主观幸福感水平预测作用由大到小的顺序是：母亲文化程度、父母单次外出务工持续时长。在整体生活满意度方面，父母单次外出务工持续时长进入回归方程，说明这个变量对整体生活满意度有直接预测效应，对整体生活满意度的预测值最大。在家庭满意度方面，父母单次外出务工持续时长、母亲文化程度、父母婚姻状况、年级、独生与非独生子女首先进入回归方程，说明这五个变量都对家庭满意度有直接预测效应，其中独生与非独生子女对家庭满意度的预测值最大，其次是年级，然后是父母婚姻状况、母亲文化程度、父母单次外出务工持续时长。在学业满意度方面，性别、年级、母亲文化程度、父母单次外出务工持续时长首先进入回归方程，说明这四个变量都对学业满意度有直接预测效应，其中父母单次外出务工持续时长对学业满意度的预测值最大，其次是母亲文化程度，然后是年级、性别。在友谊满意度方面，性别、父母单次外出务工持续时长、母亲文化程度首先进入回归方程，说明这三个变量都对友谊满意度有直接预测效应，其中母亲文化程度对友谊满意度的预测值最大，其次是父母单次外出务工持续时长，然后是性别。在学校满意度方面，性别、父母外出务工搭配情况首先进入回归方程，说明这两个变量都对学校满意度有直接预测效应，其中父母外出务工搭配情况对学校满意度的预测值最大，其次是性别。在环境满意度方面，母亲文化程度首先进入回归方程，说明这个变量对环境满意度有直接预测效应，对环境满意度的预测值最大。在积极情绪方面，年级、性别、父母婚姻状况首先进入回归方程，说明这三个变量都对积极情绪有直接预测效应，其中父母婚姻状况对积极情绪的预测值最大，其次是性别、年级。在消极情绪方面，父母单次外出务工持续时长、母亲文化程度、父亲文化程度首先进入回归方程，说明这三个变量都对消极情绪有直接预测效应，其中父亲文化程度对消极情绪的预测值最大，其次是母亲文化程度、父母单次外出务工持续时长。

表 5-10 人口学因素对主观幸福感和各维度的逐步回归分析

| 因变量 | 自变量 | $R$ | $R^2$ | $\beta$ | $t$ | $p$ |
| --- | --- | --- | --- | --- | --- | --- |
| 主观幸福感 | 父母单次外出务工持续时长 | 0.247 | 0.061 | −0.121 | −6.356 | 0.000 |
| | 母亲文化程度 | 0.249 | 0.062 | −0.064 | −3.331 | 0.001 |
| 整体生活满意度 | 父母单次外出务工持续时长 | 0.151 | 0.022 | −0.054 | −2.773 | 0.006 |
| 家庭满意度 | 父母单次外出务工持续时长 | 0.171 | 0.029 | −0.084 | −4.326 | 0.000 |
| | 母亲文化程度 | 0.183 | 0.032 | −0.052 | −2.634 | 0.008 |
| | 父母婚姻状况 | 0.191 | 0.035 | −0.052 | −2.696 | 0.007 |
| | 年级 | 0.200 | 0.038 | −0.059 | −3.141 | 0.002 |
| | 独生与非独生子女 | 0.204 | 0.042 | 0.041 | 2.111 | 0.035 |
| 学业满意度 | 性别 | 0.110 | 0.012 | −0.104 | −5.468 | 0.000 |
| | 年级 | 0.166 | 0.026 | −0.068 | −3.598 | 0.000 |
| | 母亲文化程度 | 0.172 | 0.028 | 0.053 | 2.720 | 0.007 |
| | 父母单次外出务工持续时长 | 0.178 | 0.030 | −0.046 | −2.349 | 0.019 |
| 友谊满意度 | 性别 | 0.102 | 0.010 | 0.050 | 2.629 | 0.009 |
| | 父母单次外出务工持续时长 | 0.112 | 0.011 | −0.043 | −2.183 | 0.029 |
| | 母亲文化程度 | 0.119 | 0.014 | −0.041 | −2.089 | 0.037 |

续表

| 因变量 | 自变量 | $R$ | $R^2$ | $\beta$ | $t$ | $p$ |
|---|---|---|---|---|---|---|
| 学校满意度 | 性别 | 0.138 | 0.019 | 0.134 | 7.100 | 0.000 |
| | 父母外出务工搭配情况 | 0.184 | 0.033 | −0.039 | −2.066 | 0.039 |
| 环境满意度 | 母亲文化程度 | 0.101 | 0.010 | −0.064 | −3.261 | 0.001 |
| 积极情绪 | 年级 | 0.087 | 0.007 | 0.087 | 4.571 | 0.000 |
| | 性别 | 0.106 | 0.011 | 0.061 | 3.192 | 0.001 |
| | 父母婚姻状况 | 0.128 | 0.015 | −0.045 | −2.373 | 0.018 |
| 消极情绪 | 父母单次外出务工持续时长 | 0.315 | 0.099 | 0.254 | 14.206 | 0.000 |
| | 母亲文化程度 | 0.414 | 0.171 | 0.079 | 3.929 | 0.000 |
| | 父亲文化程度 | 0.419 | 0.175 | 0.072 | 3.650 | 0.000 |

## 第二节 影响广西农村初中生主观幸福感的人口学因素分析

### 一、广西农村初中生主观幸福感现状

本书研究发现，农村初中生整体生活满意度、积极情绪及消极情绪的得分率分别为64.08%、49.98%和55.06%。按照张兴贵（2003）、蒋洁等（2010）、胡芳等（2010）等学者对主观幸福感的评价标准，本书研究表明农村初中生的生活满意度略高于中等水平，与国内外学者张兴贵（2003）、Dew 和 Huebner（1994）的研究基本一致。但农村初中生体验到的积极情绪较少而消极情绪较多，这与国内外学者贾继超（2014）、Dew 和 Huebner（1994）的研究不太一致。总的来说，农村初中生的主观幸福感处于中等水平，绝大多数农村初中生对自己的初中生活学习比较满意，主要是因为随着经济的发展，国家越来越关注农村，各项政策也向农村倾斜，社会各界也越来越关注农村学生的健康成长，减轻学生负担、增设课外活动及兴趣小组、农村学生"两免一补"等积极有效的措施都为他们的幸福成长打下了很好的物质和精神基础。其次国家也颁布和出台了很多有关保护未成年人的法律，更加有力地保障他们的合法权益。从家庭受教育环境而言，农村初中生的父母受教育程度相比以前有了很大的提高，对教育孩子的理念也是与时俱进的，他们关注孩子的生活和学习，关注孩子的心理健康成长，为多数的孩子们营造了民主和谐的家庭环境，有利于孩子们的健康成长。

## 二、性别对农村初中生主观幸福感的影响

本书研究结果显示，不同性别的农村初中生的主观幸福感及整体生活满意度方面的差异并不显著，这与国内外的研究结果是一致的。Dew和Huebner（1994）的研究就表明了学生的整体生活满意度与性别无关，国内学者贾继超（2014）和郭玲静等（2018）的研究也得出了这样的结论。不过在学业满意度、友谊满意度、学校满意度及积极情绪方面，男女学生性别差异极显著。

在学业满意度方面，男生比女生有更高的学业满意度，这与前人的研究结果不太一致（张洪霞，2010），这可能是由男女生之间学业成绩的差异造成的。根据目标理论，主观幸福感产生于需要的满足及目标的达成，尽管我国正在向素质教育迈进，但应试教育的影响还没完全消失，学业依然是家庭、学校及社会为学生制定的主要目标。在农村地区，可能男生在初中阶段的学业成绩优于女生，从而导致了他们比女生的学业满意度要高。在学校满意度方面，女生比男生有更高的学校满意度，这与田丽丽和刘旺（2007）的研究结果一致，其研究发现，女性在其人格特点及中国传统文化的影响下，反抗较少，顺从较多。俞国良和陈诗芳（2001）的研究发现，与女生相比，男生的不良适应行为远远多于女生，男生更多地表现出反抗、过度好动、消极抵抗等。由此可知，由于男生的这些不良行为，他们在学校很有可能比女生受到更多的批评，从而影响其对学校生活的评价，降低了他们的学校满意度。在友谊满意度和积极情绪方面，女生都高于男生，这可能与性别及社会文化有关。由于性别角色和社会角色的不同，女生的感情比较细腻，善于表达情绪，乐于与人交往，可以无所顾忌地向别人倾诉自己的情感，并同其他人建立良好的友谊。同时，家庭对子女的期望在一定程度上也影响了体验积极情绪的性别差异。适当的期望是动力，能够激发孩子的创造力，帮助他们实现预期目标，但是，过高的期望则会对孩子造成心理负担，不利于目标的达成。在农村地区，男生一般被看作家庭的顶梁柱，承载着家庭过多的期望，在过重的心理压力下，他们体验的积极情绪就少一些。

## 三、独生与非独生状况对农村初中生主观幸福感的影响

本书研究结果表明，农村初中生独生与非独生子女之间在主观幸福感上

存在显著差异，非独生子女的主观幸福感高于独生子女。在家庭满意度、环境满意度及积极情绪等维度上，非独生的农村初中生都要高于独生的农村初中生。这与张雪芹和孙翠香（2009）的研究结果不一致，存在这个差异的原因可能是：在欠发达的农村，非独生子女从小就学会了和兄弟姐妹分享，所以当他们被给予或者是被帮助了以后，他们就会心存感激，感到快乐和幸福。他们在处理和考虑一些事时会站在别人的立场，考虑别人的感受，能够更好地与人相处，这使得他们的人际关系也会优于独生子女。

## 四、年级对农村初中生主观幸福感的影响

在主观幸福感上，年级之间不存在显著差异，但是在不同的维度上，年级之间存在着一定的差异。在家庭满意度方面，七年级显著高于八年级和九年级，其原因可能是，七年级的学生刚结束小学生活，对初中生活充满了好奇，对周围的事物感到比较新鲜，而且其父母对他们的各个方面都未有过高的要求，他们的压力也都低于高年级的学生，因此对家庭的满意度高于八、九年级的学生。在学业满意度方面，九年级的学生的学业满意度低于七、八年级的学生，这可能是因为九年级的学生已经习惯了初中生活，新鲜劲儿已经过去，再加上学习的课程日益增多，学习压力大，导致他们对自己的学业满意度较低。在积极情绪方面，九年级的学生所体验的积极情绪要高于七、八年级的学生；在消极情绪方面，八年级、九年级的学生的体验高于七年级的学生，这可能是随着年级的升高，学业压力逐渐增大，负面的情绪也增多。

## 五、父母文化程度对农村初中生主观幸福感的影响

在主观幸福感上，父母的受教育水平越高，农村初中生的主观幸福感越低。这与丁雪萌和孙健（2019）的研究结果相一致，即父母任何一方高学历均对孩子幸福感起负向影响，父母双方均高学历的最终效应则加剧其对孩子主观幸福感的抑制性。尽管父母拥有高学历意味着其子女可以拥有较优越的先天教育资源，但在孩子成长过程中，其主观幸福感的实现仍会受到外在客观环境的影响。加之父母自身的知识水平高，无形中赋予孩子更多的压力与要求，对孩子的期望更高，因此父母均高学历的家庭其子女的主观幸福感反而更低。

## 六、父母婚姻状况对农村初中生主观幸福感的影响

在主观幸福感方面,与父母离异的农村初中生相比较,父母婚姻状况正常的农村初中生得分较高,主观幸福感水平更高。这与孙婷婷等(2010)的研究结果相一致。在积极情绪方面,父母婚姻状况正常的农村初中生的得分较父母离异的农村初中生高;消极情绪方面,父母离异的农村初中生的得分较父母婚姻状况正常的农村初中生高。

单亲家庭中的孩子往往是学校中的"问题学生",表现为:不思学习、夜不归宿、任意逃学、欺小凌弱、吵嘴打架等不良行为,扰乱学校正常的教学秩序。社会的变迁加上农村条件不如城市,使得传统的婚姻家庭观念受到了前所未有的冲击。单亲家庭由于家庭环境的突变,性别角色缺失,社会偏见及教育方式不当等各方面的原因,不仅会导致子女的幸福感降低,同时还会导致子女存在一定的心理问题,如敌视、焦虑、自卑、叛逆等,也会造成与人交往能力的欠缺。

## 七、父母外出务工搭配情况对农村初中生主观幸福感的影响

在主观幸福感、友谊满意度上,只有母亲外出的农村初中生的得分低于只有父亲外出、父母都外出和父母都未外出的农村初中生。在整体生活满意度上,只有父亲外出和父母都外出的农村初中生得分显著高于只有母亲外出的农村初中生,这与蒋浩(2014)的研究结果不一致。在消极情绪方面,只有母亲外出的农村初中生得分较只有父亲外出、父母都未外出和父母都外出的农村初中生高,这与李雪丽(2017)的研究结果一致。这是因为父亲长期负责在外挣钱养家,而母亲则主要在家里教养子女,这种"男主外,女主内"传统思想是大部分人所习惯和接受的,故而爸爸一人出去务工,妈妈在家照看孩子这种方式,使得孩子的生活满意度较高。父亲一般都比较严厉,而且不善于与子女沟通,对子女的教育方式往往比较粗暴,相对来说,跟子女的感情显得没有母亲那样强烈和亲密。所以当父亲单独外出,留下母亲与其子女留守时,对孩子情感上的影响较小,他们的主观幸福感相对较高。相反,一旦母亲单独外出,留下父亲与子女留守,父亲在生活上对孩子的照顾没有母亲那么细心、周到,往往需要孩子自己照顾自己,还要承担一定的家务劳动;而且父亲对孩子的管教方式比较粗暴,采取的教养方式多是专制型或放

任自流型,一旦孩子犯了错误,多是批评和打骂,很少采取民主方式和孩子交流沟通,所以这一部分孩子的主观幸福感较低。

## 八、父母单次外出务工持续时长对农村初中生主观幸福感的影响

在主观幸福感、家庭满意度、学业满意度、友谊满意度、自由满意度、环境满意度方面,农村初中生得分总体上随着父母外出务工时间的增加而降低。这与曾守锤(2008)的研究结果一致。父母外出务工时间越长,孩子的基本需要和其他一些比较高级的需要就无法得到充分的满足,这种经历容易在孩子内心留下阴影,也就使个体越难体验到快乐和幸福。在积极情绪方面,父母无外出的农村初中生体验得最多,但在消极情绪方面,父母单次外出务工持续时长为1~3年的农村初中生体验到了最多的消极情绪,其次是父母单次外出务工持续时长为 5 年及以上。本书研究中父母单次外出务工持续时长为1~3年的农村初中生体验到的消极情绪最多,其原因可能是因为父母外出的前两年,孩子还无法适应,情绪波动较大。当父母外出时间越长,孩子也就慢慢逐渐适应了父母长时间外出务工的情况,也随着年龄的增长,对父母的期望也就没有一开始那样强烈了。

## 九、人口学因素对农村初中生主观幸福感的影响

以性别、独生与非独生子女、年级、父亲文化程度、母亲文化程度、父母婚姻状况、父母外出务工搭配情况、父母单次外出务工持续时长为自变量,以主观幸福感及各维度为因变量分别进行逐步回归分析。在主观幸福感、友谊满意度和环境满意度方面,母亲文化程度对其预测值最大,这说明,母亲文化程度较低的农村初中生拥有良好的友谊关系及对自身所处环境的满意度也较高,此类学生的主观幸福感也优于母亲文化程度较高的学生,这与宋志一等(2001)的研究结果相一致。在整体生活满意度与学业满意度方面,父母单次外出务工持续时长对整体生活满意度和学业满意度的预测值最大。这与杨影和蒋祥龙(2019)的研究结果相类似,父母常年在外务工,学生的学习得不到父母的关心与管教,生活中又长时间缺少父母的陪伴,其对生活的满意度及学业的满意度都会低于有父母陪伴的学生。在家庭满意度方面,独生与非独生子女对家庭满意度的预测值最大。在农村家庭中,家庭之中的兄弟姐妹之间相互理解、相互包容、共同帮助,有问题一起解决,相较于独生子女,他们的家庭满意度较高。在学校满意

度方面，父母外出务工搭配情况对其预测值最大。在积极情绪方面，父母的婚姻状况对积极情绪的预测值最大，也就是说，父母婚姻状况正常的农村初中生的生活较离异家庭农村初中生更正常，有父母双亲的陪伴使他们能够体验到较多的积极情绪。在消极情绪方面，父亲文化程度对消极情绪的预测值最大，父亲文化程度较高，对子女的要求也就更加严苛，使得子女承受了过多的压力，体验了较多的消极情感。

## 第三节 促进广西农村初中生主观幸福感的策略

主观幸福感是衡量个人的社会生活质量的一种重要的综合性心理指标，是反映某一社会中个体生活质量的重要心理参数，也是对生活满意度和个人情绪状态的一种综合评价，它能够敏感地反映出人们对自身生存质量的关注与感受；同时，它还与许多重要的心理健康指标，如乐观、适应性、焦虑和抑郁等有密切的联系。

在本书研究中，农村初中生主观幸福感状况主要有以下几个方面：农村初中生的主观幸福感总体来说处于中等水平，其中学业满意度上略低于平均水平，农村初中生体验的消极情绪多于积极情绪；农村独生子女的主观幸福感水平比农村非独生子女低；父亲和母亲教育水平会影响农村初中生的主观幸福感水平；父母离异的农村初中生主观幸福感水平更低；父母一方或者双方若是外出务工，都会影响农村初中生的主观幸福感；父母单次外出务工持续时长也会影响到青少年的主观幸福感。

初中生作为青少年群体的重要组成部分，已经逐渐进入青春期，他们的生理和心理都处于快速发展时期，情绪容易波动，较为敏感；再者，进入初中的学生校园生活时间相对延长，学习压力与日俱增，各方面的影响越来越多，这个群体的心理健康状况已有了很大的变化，他们的幸福感非常值得关注。随着对中小学德育重视程度的提高，中小学生的心理健康教育也被提高到新的高度，提高学生的主观幸福感是其中的重要内容。关于主观幸福感影响因素的研究中，已经被认可的影响因素按照内部和外部因素来划分，其中内部因素包括自尊、人格特征、应对方式等；外部因素则包括一般人口学因素，以及家庭、学校、生活事件、社会支持等。

## 一、提高农村初中生主观幸福感的社会建设策略

### （一）加大教育投入，进行优质培养

国家应该加大对欠发达地区的教育投入，改善农村地区办学条件，提高农村地区教学水平，优化农村初中生学习与生活的环境；要重视欠发达地区师资力量的培训，提高农村地区教师的专业技能与教学技能，使得农村地区教师能够因材施教，提高农村地区初中生的学业成绩与成就动机；支持和鼓励农村地区初中开展心理健康课程，使老师能够了解初中生的身心发展特点与规律，有针对性地促使初中生身心健康发展与提高幸福感水平。

### （二）建立有效的社会支持系统

充分挖掘学生身边资源，全面构建社会支持体系，提升各方面的支持水平。家庭、学校是农村初中生重要的生活环境，老师、同学是初中生最重要的人际资源。这些都是初中生体验积极情感，获得幸福感的重要因素。

首先，父母要创造一个良好的家庭环境。父母对其子女的生活适应、人格发展充当着非常重要的角色，也是子女物质和情感的重要支持来源，对农村初中生的主观幸福感水平有重要影响。当父母外出务工时，应尽可能减小对子女的影响，要经常与子女沟通交流，做到尽管不在子女身边，也要让孩子们感觉到活在父母的爱里，使他们在心灵上得到更多的安慰，感受到更多的支持，增强主观幸福感。当父母双方都外出时，要为孩子选好看护人，妥善安排好孩子的生活。看护人不仅要给孩子提供各种物质需要，保障孩子的衣食住行，也要关注孩子的精神状态，满足孩子的精神需要，使其能够融入温暖和睦的家庭氛围中，经常和孩子沟通交流，了解孩子在成长中碰到的问题与烦恼，并及时帮助他们解决问题，促使身心健康成长。

其次，教师应该增加对初中生的关怀。学生在成长与社会化过程中主要是受父母和教师的影响，当学生缺少来自父母的关心与帮助时，教师的关爱与帮助就显得尤为重要。在对待学生时，教师应做到态度积极，给予学生一定的期望，促使学生的信心进一步增强；同时，在学生的学习生活中，要始终多一份关注，让学生感受到老师更多的关爱，有效地促进他们的身心发展，提高主观幸福感。

最后，同伴关系也是影响初中生主观幸福感的因素之一。同伴关系可以使得初中生体验到同伴间的关心、爱护和帮助，使其能感受到集体的温暖，从而在心灵上产生归属感。学校和教师可以通过各种班级活动，培养和建立学生之间的同伴关系，在互助友爱的集体氛围中，帮助学生缓解因父母外出务工而产生的孤独感、无力感，提高其主观幸福感。

### （三）引导正确的价值取向

社会作为影响主观幸福感的很重要的因素，影响着每个人，然而初中生在接受社会传递的内容时没有辨别能力，容易受不良作风、思想和价值观的影响。要求社会营造相对良好的生活环境和成长氛围，使学生在和谐心态中形成健康的幸福观，还需要各个部门和每个人的努力和协作。教育部门及社会各界应该形成合力，密切关注农村初中生的身心状态，通过心理健康教育改革，使农村初中生能够更好地学到人际交往的方法，更好地运用所学知识，树立正确的世界观、人生观和价值观。同时，教育部门也应该经常性地组织有意义的集体活动，为初中生搭建一个互相学习交流的平台。

### （四）重视农村初中生主观幸福感的提升

提高农村初中生主观幸福感仍是一项艰巨的工程，需要社会各界的共同努力。首先，国家应该完善相关教育公共政策，从物质性支持、情感性支持、尊重支持、信息性支持和同伴支持等多层次、多角度健全农村初中生社会支持网络。其次，完善学校课程体系，开设提升幸福感的相关课程，满足农村初中生的精神文化需求，特别要重视对农村初中生开展民族认同、民族传统文化、心理健康等方面的教育。最后，帮助农村初中生树立自尊自强观念，完善学生个体自我人格。相关研究表明，自尊能够带来幸福感，自尊与主观幸福感之间呈正相关，自尊水平越高，主观幸福感水平就越高。

## 二、提高农村初中生主观幸福感的学校教育策略

建立良好的校园环境与班级环境，增强学生对学校的归属感与认同感，在良好的校园环境与班级环境中体验到更多的正性情感与幸福感。

## （一）重视人格塑造和心理健康教育

初中生正处于人格结构形成的关键时期，具有很强的可塑性，因此可通过有目的的人格教育来促进其人格的形成与健康发展。良好的人格品质是成功的基础，是战胜挫折的武器。进行人格塑造和心理健康教育有助于构筑积极的心理防御机制，提高初中生的心理健康水平。采取科学合理的教育方式方法，掌握初中生的心理发展规律和特点，通过人格教育帮助和引导初中生构建合理的人格结构，在课堂教学中渗透幸福教育，引导学生在潜移默化中体会幸福的真谛，使他们形成和谐的内心世界，成为具有"快乐素质"的人。

## （二）重视男女学生平等发展

对男生，老师的管教内容要广泛、要求要适度、方法要灵活。不能只关注于学习，更要引导他们树立正确的世界观、人生观、价值观，培养他们自主学习、独立处世、与人交往等能力。男生的叛逆心理较强，凡事不要管得太死，太严，要给予他们适度的自由，可以通过加强学习方法和学习策略的训练让其空余时间得到合理的利用。对于女生，老师要充分采用多表扬、多启发的教育方式促使其自主学习并提高成绩。

## （三）加强学校与家庭的联系

加强学校与家庭的联系便于学校和家长及时了解学生在家和在校期间学习、行为和心理等方面问题。学校通过定期召开家长会的方式交流沟通，并帮助家长更新教育观念，改进教育方法，克服苛求或者放任自流的心态，能够根据孩子的学习情况、心理现象和个性特点来规划符合孩子实际的阶段性期望目标，使家庭教育更加科学合理。同时，定期进行家访，了解孩子的家庭状况，有的放矢地进行心理教育。家访能帮助老师更全面更深入地了解学生在学校、家庭、社会中的表现。在当前多数父母进城务工，孩子留守在家的教育背景下，学校应该善于利用新媒体来加强与家长之间的联系。利用手机、电话、家长微信群、邮件等，也可以利用学校组织的各种文体、竞赛活动，邀请家长或者看护人参加，使家长或看护人了解学校教育，参与学校教育，从而提升学生对学校学习及生活的满意感，进而提高主观幸福感。

### （四）开展心理健康教育

学校应开设心理辅导课程，向学生进行幸福教育，通过课程的学习帮助学生形成积极的生活态度和良好的学习体验；利用思想政治课，引导学生在潜移默化中体会什么是正确的幸福观，帮助他们形成正确的价值取向。开展多彩的课外活动，向学生渗透幸福教育，尽可能地给学生搭建锻炼自己、展示自我的舞台。当学生有了心理疾病等问题时，心理辅导老师就可以发挥积极作用，帮助学生进行心理疏导，帮助他们走出误区。

### （五）经常组织和开展与幸福感相关的活动

班级可以开展与幸福感有关的班会，让学生畅所欲言；经常聘请知名教育家或心理学家对学生进行深刻的心理健康教育；通过阅读名人传记和读书笔记、观看励志电影等方式使学生对幸福有更直观更深刻的认识；定期组织并积极开展体育运动，提高学生的身体素质，促进班集体的凝聚力与向心力的形成。

### （六）提倡教师与学生情感交流

加强老师与学生的沟通，促进老师与学生建立和谐的关系，增进老师和学生之间的感情。教师可以不定期与学生谈心，在情感的交融中帮助他们排解学习中的不良情绪，让他们重新认识和完善自己。其次，教师要把对学生的关怀落到实处，让学生在一个充满关怀和爱的环境中好好学习。

## 三、提高农村初中生主观幸福感的家庭教育策略

### （一）家长要转变教育观念

有效的心理教育要从家庭教育开始，特别是父母对子女的教育，父母要对子女的心理状态有敏锐的洞察力，找到孩子愿意接受的解决问题的策略，不能刻板、僵化、简单粗暴。只有父母和子女彼此相互信任、尊重、理解，才能使子女在亲密和谐的家庭氛围中体验到主观幸福感，学会热爱生活。除此之外，父母是子女的第一任老师，家长的幸福观会潜移默化地传递给孩子，因此家长要正确领悟幸福的内涵，有正确的人生观、价值观、金钱观，防止

不良的思想观念影响孩子的心灵，久而久之，孩子会模仿家长的做法，形成正确的幸福观。

### （二）家长应力求维持家庭稳定和睦

为了孩子的心理健康和以后的幸福，父母应该保持家庭的稳定性，要营造良好、和谐的家庭氛围，温暖、民主的家庭环境能够促进孩子身心健康的发展，形成积极的世界观、人生观和价值观。在单亲家庭中，家长要对孩子、家庭和自身有正确的认知和准确的定位，要以负责的态度正确对待子女的教育，经常与学校老师沟通孩子的学习、心理发展变化等情况，如果发现孩子的心理或行为出现问题，离异家庭家长一定要及时采取措施或者寻求心理咨询师的帮助。

### （三）家长对孩子的管教和期望要适中

家长在对孩子进行管教和抱有期望的同时要考虑孩子是否理解家长的期望，以及孩子能否具备家长要求的潜力。父母与孩子要多交流和沟通，关注孩子处于这一特殊成长阶段的身心发展，调整自己对孩子的期望，采用合理、有效、民主的家庭教养方式，促进孩子健康快乐成长。父母对孩子的要求和期望要与其身心发展和个性特征相适应，不能揠苗助长，遇到冲突时父母可以通过加强双方的沟通与交流，缓解孩子的抵触情绪。另外，女生性格敏感、情绪丰富，家长对女生的管教要注意细节，从细微处给予她们精神上的支持与温暖。

### （四）家长应平等地与孩子进行心灵对话

家长平等地与孩子进行心灵对话能帮助他们排解学习和生活中的不良体验感，通过建立在平等基础上的对话引导孩子反思并重新建构起对学业和生活的理解。对话过程中父母要尊重孩子的感受、想法和体验，重要的是从他们的角度去思考和体会，这样才能与孩子引起心灵深处的共鸣，增强孩子对生活的热情。

### （五）关注农村留守初中生主观幸福感的提升

关于农村留守初中生问题的干预，是很多研究者都比较重视的一个方面。

首先，父母要为留守初中生创造一个良好的家庭环境。良好的家庭关系是一种无法代替的教育资源，在中国目前的经济环境中，农村剩余劳动力外出务工既是必要的，也是必需的，但父母亲外出时一定要考虑孩子的成长，要将外出务工对孩子的影响降到最小。比如尽量不要把女孩单独留在家里；父母与子女之间要搞好关系，特别是母亲与子女之间要有良好的亲子关系；要经常与留守儿童联系，最好是一至两周就联系1次。其次，看护人要担负起应有的责任，在亲子教育缺失的情况下，看护人要替代外出务工的父母来行使父母的权利与义务，要给予留守初中生亲情补偿。在日常的生活中，看护人应尽量采取民主型的教养方式，经常与留守初中生沟通，关心其成长过程中的困难、困惑，多给留守初中生一些理解，及时帮助他们解决学习和生活中遇到的难题。

## 四、提高农村初中生主观幸福感的个人成长策略

### （一）了解和接纳自我

初中生要学会全面地认识自己，既要看到自己的长处也要看到自己的短处，树立"天生我材必有用"的坚定信念，经常积极地暗示自己，学会喜欢自己和相信自己，增强对自己的认同感，以积极乐观的态度对待生活，提高对生活的满意度。同时也要了解自己现阶段的身心发展特点与发展规律，遇到困惑与困难，积极向身边的人求助，从而学会正确处理自己遇到的学习与情感情绪问题。

### （二）建立良好和谐的人际关系

初中生要建立友好的同伴关系，学会和同学、朋友多沟通交流，在提高自己与他人交往能力的同时，也能够使自己感受到更多的幸福感与满意感，为自己营造一个支持性的社会环境。与他人交往时，要有主动、热情的态度，人际关系是互动的，不能总是消极地等待别人来主动关心自己。要提升个人素养，树立良好的个人形象，加强自我训练，消除不健康的心理，以积极的态度与他人交往。要善于了解自己，了解别人，要以理解尊重、宽容接纳的心态与他人交往。

## （三）采取积极的应对方式

初中生在遇到学习问题、生活问题时，首先要摆正心态，积极地看待学习生活中的挫折和困难，提高内心抗压抗挫的能力，促进自己心智的成熟。学会正确归因，合理调控自己的情绪，保持自信。做到情绪的内控，也要学会调整自己对幸福的期望值，把挫折当成是对自己的考验，把失败当作成功的前提，才不会怀疑自己的能力，学会自我安慰，学会感恩，可以保持较强的自尊和自信。

## （四）树立正确的人生目标

初中生在分析自己能力的基础上，在自己梦想的基础下，设立阶段性的小目标，并根据小目标来取得每个阶段性的胜利，并为之而不懈努力奋斗，提高自己的成就感。一步实现一个阶段的具体的小目标，在此基础上规划长远的奋斗目标，一步一个脚印，脚踏实地，通过完成设立的目标来提升自己对学习、生活的满意度，进而提升整体的主观幸福感。在确立目标过程中遇到问题时，要寻求他人的帮助，避免自己进入误区。同时要始终保持一颗充满热情的心，坚持正确的方向，相信自己梦想最终会实现。

## 参 考 文 献

党峥峥，2011. 农村中学生生活事件自尊和主观幸福感的关系[J]. 中国学校卫生，32（6）：730-732.
丁雪萌，孙健，2019. 家庭受教育程度与孩子主观幸福感：基于中国教育追踪调查（CEPS）数据的经验研究[J]. 西北人口，40（4）：35-45.
郭玲静，常淑敏，褚跃德，等，2018. 初中生核心自我评价和主观幸福感的关系研究[J]. 教育与教学研究，32（2）：32-39，124.
胡芳，马迎华，胡利明，等，2010. 初中生主观幸福感与家庭功能的关系[J]. 北京大学学报（医学版），42（3）：323-329.
贾继超，2014. 农村初中生主观幸福感与父母教养方式、社会支持及自尊的关系研究[D]. 济南：山东大学.
蒋浩，2014. 农村留守初中生心理弹性、核心自我评价与主观幸福感的关系及相应对策[D]. 郑州：河南大学.
蒋洁，聂衍刚，王晓敏，2010. 青少年社会适应与主观幸福感的关系[J]. 教育与教学研究，24（11）：39-42，70.
李雪丽，2017. 留守初中生积极心理品质、社会支持和主观幸福感的关系研究[D]. 桂林：广西师范大学.
林崇德，1995. 发展心理学[M]. 北京：人民教育出版社.
宋志一，朱海燕，韦晓，2001. 父母亲受教育程度对子女心理素质发展影响的测验研究[J]. 云南师范大学学报，2（3）：74-78.
孙婷婷，张涵，郭淑英，2010. 辽宁省中小学生主观幸福感的常模及其影响因素研究[J]. 中国校医，24（5）：335-337.

# 第五章　广西农村初中生主观幸福感特点研究

田丽丽，刘旺，2007. 青少年学校幸福感及其与能力自我知觉、人格的关系[J]. 心理发展与教育（3）：44-49.

杨影，蒋祥龙，2019. 积极心理学视野下师范院校留守经历学生心理健康现状研究[J]. 蚌埠医学院学报，44（1）：81-83.

俞国良，陈诗芳，2001. 小学生生活压力、学业成就与其适应行为的关系[J]. 心理学报，33（4）：344-348.

曾守锤，2008. 流动儿童的幸福感研究[J]. 中国青年研究（9）：37-41.

张洪霞，2010. 农村初中生自尊、社会支持与主观幸福感的相关研究[D]. 聊城：聊城大学.

张兴贵，2003. 青少年学生人格与主观幸福感的关系[D]. 广州：华南师范大学.

张雪芹，孙翠香，2009. 初中生主观幸福感研究[J]. 青少年研究（山东省团校学报）（1）：20-25.

Dew T，Huebner E S，1994. Adolescents' perceived quality of life: An exploratory investigation[J]. Journal of School Psychology，32（2）：185-199.

# 第六章　农村中小学积极心理健康教育体系的构建

积极心理学并不是一门新的心理学科，而是在 20 世纪末产生于美国的一场声势浩大的心理学运动。20 世纪 80 年代中期，美国当代著名心理学家马丁·塞利格曼掀起了以人的积极心理品质为研究内容的积极心理学运动，这是心理学发展中首次对以病态心理为主要内容的研究范式的矫正，是以一种新的视角诠释心理学。以塞利格曼等为代表的美国心理学家首次将人的乐观、幸福感、好奇心、心理弹性、利他、智慧和创造的勇气等作为实证研究的课题，这种关注人的优秀品质和美好心灵的心理学称为积极心理学（崔佳，2018）。

目前，我国越来越重视中小学的心理健康教育，积极心理学理念下的心理健康课也越来越普遍化，各地中小学尝试开发了多种多样的心理健康教育体系，但由于对心理健康工作整体思考不足，受限于师资、课程资源等因素，其内容窄化、形式单一，并未形成完整的课程体系，课程实效性有待加强。尤其是我国农村中小学校，一些学校对学生的心理健康教育重视程度不足，教育工作者缺乏相应的心理健康教育知识和技巧，认为只有心理不健康的学生才需要心理健康教育（李文发，2017），心理健康教育目标还停留在传统的德育模式，完全忽视了中小学心理健康教育工作中"干预"和"引导"的作用，学校对心理健康教育认识存在偏差，教学目标模糊，让学校心理健康教育工作陷入了被动的局面。随着农村中小学学生心理问题的逐渐凸显，构建完整的积极心理健康教育体系迫在眉睫。

农村中小学积极心理健康教育体系是指学校为保障其心理健康教育工作的效果，依照农村中小学学生特殊时期心理发展的特点，运用积极心理学的理论和技术，形成学校全方位、全员参与联动的机制，开展学生心理健康教育、心理咨询及危机干预的工作系统，其中涉及心理健康教育的课程体系、团体辅导活动体系、心理危机干预体系、保障体系。在构建完善的积极心理

# 第六章 农村中小学积极心理健康教育体系的构建

健康教育体系时,首先要确立以积极发展为核心的多层次目标,其次要创设以学生为中心的多主体教育环境。

## 第一节 确立以积极发展为核心的多层次目标

明确目标是心理健康教育得以顺利进行和健康发展的前提条件。我们必须确立以积极发展为核心的、多层次的心理健康教育目标。《纲要》对于心理健康教育总目标提出了明确的要求,即提高全体学生的心理素质,培养他们积极乐观、健康向上的心理品质,充分开发他们的心理潜能,促进学生身心和谐可持续发展,为他们健康成长和幸福生活奠定基础。依据《纲要》,心理健康教育的目标可以分为不同类型,按目标的抽象性,可以分为总目标、一般目标或具体目标等;按目标的层次性,可以分为初级目标、中级目标、高级目标。

本书根据《纲要》的要求和农村中小学生心理健康教育现状,从积极心理学视角出发,将农村中小学心理健康教育目标设置为三个层次的目标:适应性目标、发展性目标、矫治性目标。

### 一、适应性目标

心理健康教育的首要目的是维护心理健康和环境适应,积极心理健康教育的适应性目标是指通过心理健康教育提高学生的认知水平、个性水平和解决问题的能力,以积极应对他们在学校、家庭、社会的互动过程中出现的各种适应性问题,包括同伴关系、师生关系、家庭成员互动、学业压力、升学易校等(潘远超等,2017)。适应性目标的对象是学校全体学生,适应性目标可以通过心理健康教育课、团体辅导、心理阅读辅导等方式完成。

基于适应性目标,心理健康教育工作者一方面要帮助中小学生解决在学习、生活、成长中产生的困惑,另一方面要积极开展心理健康教育活动,提高中小学生的心理健康意识,更重要的就是使学生学会自我心理保健,掌握能避免和消除心理健康问题的知识、原则与方法,对自我心理健康状况有正确的认识,在一定程度上能够自我排忧解难。

### 二、发展性目标

心理健康教育应该是积极的、主动的、发展性的素质教育。积极心理健康教育的发展性目标是指通过心理健康教育着重塑造学生的积极心理品质，增强学生的心理调节能力，开发学生的心理潜能，提升学生的心理价值，发展自我，健全人格，使学生能更积极面对现实，主动应对各种挑战。发展性目标的目的是提高个体心理素质，实现心理发展和心理教育；其对象是全体学生；可以通过心理健康教育课、学科渗透、学生工作渗透、校园环境文化渗透等方式完成。

积极心理健康教育要求心理健康教育工作者不仅要对中小学生的认知品质、情感品质、意志品质及其他各种个性心理品质进行培养，使学生的知、情、意、行与社会现实的要求之间有着和谐的适应关系，从而促进其整体素质的提高，实现德、智、体、美诸方面的全面发展；更要造就学生与科技进步相适应的创造心理，开发学生心理潜能，帮助学生达到自我实现。

### 三、矫治性目标

矫治性目标的对象是已经出现了心理问题或心理障碍并因此正常学习生活受到影响的少数学生。积极心理健康教育的矫治性目标是指通过专业心理健康教师的心理测评诊断后，对出现一般心理问题或心理障碍的学生，通过心理咨询等方式针对性地帮助其恢复正常学习生活。除严重心理问题需要转介以外，矫治性目标可以运用沙盘游戏、心理咨询等干预方式帮助有心理困扰的学生，通过及时的心理辅导，帮助学生恢复到心理健康水平。

## 第二节　创设以学生为中心的多主体教育环境

心理健康问题的成因具有特殊性和复杂性，但一般而言，中小学生出现心理问题多数是由于其心理发展生态系统环境的失衡所致，积极心理健康教育要想取得实效，不能只靠学校老师的教育，必须建立全面的、积极的支持网络，创设以学生为中心的多主体教育环境。在积极心理健康教育中，学生、教师、家长、社会都是积极心理健康教育的主体，而学生应该是重中之重的主体，因为积极心理健康教育主要是以学生为教育对象。学生的成长环境主要在学校、家庭和社会，而学校和家庭是学生日常接触最多、对学生发展影响最大的生态要素。同时，还要把教师在心理健康教育中的教育和辅导、家长的主动配合和支持与学生的积极主动参与等有机结合起来，建立社会、学校、家庭"三位一体"、多维互动的支持力，以形成教育合力。

# 第六章 农村中小学积极心理健康教育体系的构建

## 一、创设学生中心的主体教育环境

教育的任何形式和手段只有通过作用在学生身上才能发挥教育应有的作用，在积极心理健康教育的过程中，学生是积极心理健康教育价值所依附的实体，是教育活动最主要的主体，积极心理健康教育只有通过学生所具有的心理状态和心理活动才能起作用，并通过多种积极心理策略提高学生心理健康水平。

在积极心理健康教育的过程中，一切积极心理健康教育的要求、知识系统、实际操作等都属于外部客体的东西，根据心理内化理论，只有当这些客体的东西转化为学生主体的内部的认知和意识后，学生才能获得自我发展的心理能力。内化过程是素质养成的过程，它符合青少年心理发展的规律。积极心理健康教育不同于其他教育，它更强调平等、尊重的原则，它不用强制手段逼迫学生，它要求充分尊重每一个学生的人格和发展潜能，发挥个体的主体作用，以使各种教育措施产生整合效应（张大均，2016）。大量实践经验也证明，学生主动参与是心理健康教育成功实施的前提，因此教育者在创设学生主体的环境时，不仅要求教师在教学中以学生为中心创设教育活动，还要充分发挥学生的积极性和主动性，学生通过亲身参与获得感性经验并内化，只有这样才能取得积极心理健康教育预期的效果。

## 二、创设以学生为中心的教师主体教育环境

学校是学生成长学习的最主要环境之一，教师在这一环境中占据着重要地位，是学校教育的主体。农村地区信息较为闭塞，多数农村教师缺少心理健康教育的专业知识，习惯于按照传统教育的观念管理学生，常常忽视学生个性发展及情感、态度、价值观的培养，没有关注学生的差异性和发展性，评价学生的方式比较单纯，加上农村地区心理教育师资非常匮乏，很多学校甚至没有专职的心理健康教师，这样的环境中教育者缺少了对学生心理的关注，也难以培养学生的积极心理品质。

不同教师的角色对学生的积极心理品质的培养和发展有着不同的影响，除了专职、兼职的心理健康教师，还应该让学校每一个教职员工都参与到心理健康教育工作中来。努力创设以专业心理健康教师为核心，以班主任为骨干，以学科教师为主力军，以学校领导层为统领的教师主体教育环境（孟万

金，2008）。学校应定期开展心理健康教育的学习活动，所有的教师都应掌握一定的积极心理健康教育技能和策略，秉持积极的、发展的眼光看待教育工作，坚持促使学生个性发展的教学理念，在教学中发现每个学生的优势和差异，让每个学生都有机会表达自己，看到学生的努力和改变，鼓励学生，让每个孩子体验到成就感，培养、发展学生的积极心理品质。

农村地区师资力量相对薄弱，加强农村中小学心理健康教师队伍建设必不可少。由于心理健康教育特别是心理咨询的专业性较强，越来越多的学校意识到心理健康教师的专业化水平几乎决定了学校心理健康教育工作的效果，除了配齐一定数量的心理学或相关专业本科及以上的专职、兼职心理健康教师，还要注重心理健康教师的基本理论与专业知识培训，提升其实践与应用能力，以保证心理健康教育工作能有效开展。各省市城区中小学校已经推进了心理健康教师队伍的发展进程，对心理健康教师队伍建设和提升积累了一些经验，所以农村教师主体的建设可以借助专家的力量。农村学校应积极与城市心理服务机构、城区优秀中小学、重点大学建立联系与合作，通过举行相关心理教育工作会、邀请城市的心理健康教师下乡指导等方式，听取专家意见以改进、提高学校积极心理健康教育工作的水平。

教师主体服务的是学生主体，但也不能忽略教师心理的发展。教师的心理问题对学生的发展有直接的影响。要想让农村教师保持良好的精神面貌和强大的心理承受能力，除了教师自我的进修和调整，学校领导还应提高对教师心理健康状态的重视程度，实时地给予一些精神方面的关怀和鼓励，引导教师制定适应自己发展的关键性工作目标和工作要求，尽量减少不切实际的工作内容，减轻工作压力，改善考评机制，通过积极宣传优秀教师的教学成果和先进事迹，提升城乡地区对教师职业的认同度，最终提升教师的职业幸福感（田莉，2018）。

## 三、创设以学生为中心的家长主体教育环境

对青少年来说，家长是孩子世界观、人生观和价值观形成的重要影响者之一，所以，开展心理健康教育，一定要重视家校合作。然而在实践过程中，家长由于多种原因往往对自己孩子的心理健康问题关注不够，特别是在农村地区，家长的文化程度普遍较低，对孩子心理健康方面不重视、不关注，有的父母长期外出务工，留守孩子的教育责任落在老人肩上，容易出现隔代沟通困难等问题，无法对孩子进行有效的教育和引导；或有些家长本身存在一

些心理问题；甚至有的家庭只关心孩子的学习成绩，不关注孩子的喜怒哀乐等情绪的变化，导致孩子厌学、产生逆反心理等（李大忠等，2019）。农村一些家长不懂科学教养的方式，过度放纵或过度干预，稍不如意就打骂指责；有的家长把孩子送到学校就不再负责，当孩子出现问题时，就认为是学校教育的责任，忽视、否认家庭教育的重要性。

由于心理健康问题成因的特殊性和复杂性，开展心理健康教育的方式方法也具有多样性，参与主体的多样性，需要课内和课外有机结合，需要学校教育和家庭教育协调统一，创设心育的家校合作模式。农村学校除了通过家长会上宣传教育、与社区组织成立家长委员会等传统模式，还可以利用现代信息技术，通过开设班级网站、建立家长微信群或QQ群、开设学校心理辅导中心微信公众号等信息化方式（余欣欣等，2018），加强心理健康知识宣传教育工作，获得理解与支持，这不仅能够有效提高家长的心理健康意识和认识水平，也有利于他们学习更加科学的方式来养育孩子，增进亲子交流，密切亲子关系，发挥家庭教育的作用。

当前我国多数农村地区对教育学和心理学的重视程度还亟待提高，对教育学和心理学知识需加大普及，这仅仅靠少数专家学者和教师的努力是远远不够的。农村学校的心理健康教育一定要和农村社区紧密联系起来，加强和广大家长们的合作，提升家庭教育的质量，形成多层次的心理健康教育体系。

## 第三节　农村中小学积极心理健康教育课程体系的构建

在积极心理学的视野下构建积极心理健康教育课程体系对当前农村中小学的心理健康课程发展起到非常重要的作用，因此在构建农村中小学积极心理健康教育课程体系时可以从以下五个方面入手。

### 一、有关单位转变观念，重视积极心理健康教育

#### 1. 教育主管部门加强重视的程度

首先，各级政府、教育主管部门要转变对积极心理健康教育的观念，不仅要做到重视积极心理健康教育，更要重视对农村中小学等教育弱势群体的积极心理健康教育。加强对心理健康教育的重视程度，不能只是口头上强调积极心理健康教育课程如何重要，更应有针对积极心理健康教育开展或积极

心理健康教育课程设置的具体要求和措施。同时，地方政府可以制定相关法规来保障积极心理健康教育课程的实施。教育部关于中小学心理健康教育的纲要可以作为各个省市地方的指导方向，根据纲要的内容可以设置有针对性的关于开展积极心理健康教育课程的具体要求和措施。其次，各级政府、教育主管部门要同时关注各地学校关于开展积极心理健康教育课程的动态发展，根据不同层次的学校提出不同的要求，为了鼓励各级学校更好地开展积极心理健康教育课程，有关部门可以给予资金、设施等的支持。

**2. 学校转变教育的观念**

首先，学校要转变对积极心理健康教育课程的观念，制定相关规章制度来保障积极心理健康教育课程的开展，同时需要把积极心理健康教育课程纳入学校的常规课程体系中，对于积极心理健康教育课程出现被占用的情况，学校应该加强管理并进行干涉，确保每个年级每个班每周都有一定的积极心理健康教育课程的学时。其次，学校应该大力引进或培养积极心理健康教育的师资，保证每个学校至少有一名专职的心理健康教师，条件允许的学校还可以配备几名兼职心理健康教师来辅助开展工作。对于开展积极心理健康教育课程的设施设备，学校也应加大投入，主动改善积极心理健康教育课程教学的条件与环境。最后，教师也需要转变观念，无论是哪一科的教师，对于积极心理健康教育都要给予重视，积极关注学生的心理发展。

## 二、加强研究，科学构建积极心理健康教育课程体系

**1. 完善目标体系的建设**

《纲要》对于心理健康教育总目标提出了明确的要求，即提高全体学生的心理素质，培养他们积极乐观、健康向上的心理品质，充分开发他们的心理潜能，促进学生身心和谐可持续发展，为他们健康成长和幸福生活奠定基础（潘远超等，2017）。根据这个总目标，各地方应该加强研究，科学构建积极心理健康教育课程的目标体系，农村中小学的积极心理健康教育课程的目标体系的建构可以从以下三级目标入手。第一级是适应性目标。该目标是为了帮助全体学生积极适应学校生活、社会生活。适应性目标是指通过积极心理健康教育来提高学生的认知水平、培养学生解决问题的能力，让他们可以积极应对在学校、家庭、社会的互动过程中出现的各种适应性问题。第二级是发展性目标。发展性目标的对象是全体学生，实现的是心理发展和心理教育的目的。发展性目标是指通过积极心理健康教育着重塑造学生的积极心理品

质,培养他们的心理调节能力,开发他们的心理潜能,发展自我,健全人格。第三级是矫治性目标。矫治性目标的对象是出现心理问题或心理障碍的学生或者出现不合理行为和不良情绪的学生,目的是对这些学生进行矫正辅导,助其回归正常生活(潘远超等,2017)。

目前大多数学校都是以第三级目标为主要目标,聚焦于如何调整和改善学生的不良情绪状态,较少数以关注学生的积极心理品质为主,因此这个三级目标体系应以发展性目标为第一级,在开展积极心理健康教育课程的时候要专注于培养学生的积极心理品质,如乐观、希望、热情、创造力、宽容、持重等。

以上三级目标体系是基础框架,各地各校可以根据地方实际进行调整。

### 2. 促进内容体系的发展

彼得森和塞利格曼总结归纳并根据一套详细的标准把个人优势的研究内容分为六大美德,具体细分为 24 项积极心理品质。一是智慧,包括创造力、好奇心、开放心、爱学习、洞察力;二是勇气,包括勇敢、坚持、正直、热情;三是仁爱,包括友善、爱、社会智能;四是公正,包括公平、领导力、团队精神;五是节制,包括宽容、谦虚、谨慎、自律;六是超越,包括审美、感恩、希望、幽默和信仰(金子璐,2017)。

在农村中小学,因为各种各样的问题导致积极心理健康教育课程无法正常开展,大部分农村中小学没有专门设置积极心理健康教育课程,一些学校以班会的形式来开展一些心理健康教育,但内容比较狭窄,通常是围绕学生中存在的心理问题来进行。根据《纲要》总目标,其内容体系应该是全面多方位的。

因此农村中小学积极心理健康教育课程内容体系的发展同样应该是综合且全面多方位的,需要以学生的生活为基础,以积极心理品质的发展为导向,课程资源开放,课程内容以积极心理健康教育为主体。内容体系主要是以学生的积极心理品质发展为主线,每一个学习阶段所包含的积极心理品质要素是综合交叉的,但在不同学段层次上有所不同,呈螺旋式上升(吴灯和杨旭红,2019)。

小学阶段是美好的童年时期,是正式迈进校园的时期,是行为习惯养成的关键期,也是由形象思维向逻辑思维转化的重要的过渡时期,在这一阶段学生好奇心强烈,因此小学阶段积极心理健康教育课程的主要内容就是习惯与思维,即以良好的行为习惯和思维品质的培养为重点。当然还有其他积极心理品质培养的内容,包括爱学习、正直、宽容、创造力、领导力、谦虚、谨慎、自律等优秀的品质，但是在小学阶段应着重培养小学生的习惯与思维。

中学阶段的学生心理与生理状况正发生急剧变化，培养中学生的积极心理品质尤为重要，根据中学生的身心发展规律，积极心理健康教育课程的主要内容就是培养中学生积极的情绪情感体验、积极的人格、积极的认知方式和积极的意志品质，充分挖掘中学生的潜力和创造力，培养其各种美德，在中学阶段，学生的学习任务较为繁重，因此积极心理健康教育课程的重点应该放在学生智慧和知识及仁慈与爱的方面。

除以上的重点内容外，农村中小学生积极心理健康教育还可以包括就业心理指导、积极心理素质训练、恋爱观的教育等其他内容（廖全明，2009）。

农村小学生和中学生的积极心理健康教育课程的内容侧重点不一样，小学生的积极心理健康教育课程侧重对新环境的适应和行为习惯的培养，而中学生的积极心理健康教育课程以青春期教育、学习、情绪调节等为主，在开展积极心理健康教育课程时，应该根据不同时期学生的特点来展开教育，并注意不同时期之间、教育内容之间的衔接，形成一个系统的教育内容体系。

### 3. 加强方法体系的转变

在农村中小学中，大部分学校未开设积极心理健康教育课程，部分开设课程的学校，在积极心理健康教育课堂上，教师还是用单一陈旧的讲授法，较少进行教学方法的创新，同时他们忽略了与学生们之间的交往与互动，忽略了学生的参与与体验。因此教师要充分发挥学生的主体作用，相信学生具有积极的潜能，突出教学的活动性和体验性的特点，更多地让学生在活动中体验，在体验中感悟，在感悟中成长（杜新儿和陈坤龙，2019）。由此需要建立一套完整的方法体系，在积极心理健康教育的课堂上以"活动—体验—感悟—成长"的教学形式为主导，坚持全面提高学生心理素质，以发展学生积极心理品质为主，遵循学生的身心发展特点和规律，以学生为中心，运用多种方法手段，让学生在活动和实践中探究，在探究中体验，在体验中感悟，在感悟中成长，形成一个环状式教学模式。每一节积极心理健康教育课都可以设计一个热身活动、体验活动和分享活动的环节，让学生们不是在沉闷中学习，而是处于一个动态的发展过程，让他们感受到积极心理健康教育课的乐趣和价值。例如，在积极信念和目标的课堂上，心理健康教师可以设计不同的体验活动，让学生写下表达积极信念的名人名言；积极行动从小目标开始，带领学生写下自己的小目标交由老师保管，期末可以发回给大家；以角色扮演、视频观赏、戏剧表演等方式让学生体验积极信念和目标背后的强大。

在"活动—体验—感悟—成长"的教学形式主导下，积极心理健康教育课程的内容可以不断地深化，让学生学习到知识的同时也感到快乐，不仅可以激发学生的潜能，还能培养学生的积极心理品质，打造幸福课堂。

因此要科学构建积极心理健康教育课程体系需要遵循以上的内容，只有这样才能做出符合学生身心健康发展的教学设计，同时可以促进农村中小学生积极心理健康教育课程的发展。

## 三、积极进行课程改革，优化课程资源配置

**1. 合理配置校内课程资源**

积极心理健康教育课程的校内资源主要包括师资力量、设施设备两部分，合理配置校内资源是十分必要的。首先，师资力量的配置主要是指每个学校至少需要配备一名专业的心理健康教师，在条件允许的情况下，同时可以配备几名兼职心理健康教师来辅助教学工作，师资力量的配置还需要根据学校学生的人数来配备。在农村中小学，由于地区偏远、资金不足、学校不重视等，大部分农村学校都没有专门设置专职的心理健康教师，大都是由班主任担任该职，但是班主任没有系统学习过专门的心理学知识，所以在处理学生心理问题时可能会出现心有余而力不足或方法运用不恰当等情况，这样会大大地影响到学生的身心状态，因此配备专业的心理健康教师是至关重要的。其次是设施设备的配备，有专业的心理健康教师之余还需让其有"用武之地"，在开展积极心理健康教育时需要配备基本的设施设备，如可以设置进行积极心理健康教育课程教学的专用教室，配备多媒体，以及供给学生活动和咨询的各方面硬件设施，等等。

**2. 加强校外课程资源的利用**

积极心理健康教育课程的校外资源主要是指家庭、社会资源等，在开展积极心理健康教育课程的时候，需要对校外课程资源加以利用，把它运用到积极心理健康教育的课堂上。在家庭资源这方面，可以通过家长的配合帮助，使得积极心理健康教育更加顺利开展；在社会资源方面，在开展积极心理健康教育课程教学活动时可以与社区一起联合举行活动，让学生在社区中进行活动体验，也可以利用当地的乡土社会资源，如当地博物馆、历史文化、民间艺术、人文风景、自然景观等可以与积极心理健康教育课程相融合的资源，让课程更接近学生的生活，激发学生的学习兴趣。

## 四、加强师资力量培养，提高专业化程度

### 1. 扩大专业教师的引入

大部分农村中小学都缺少专业的心理健康教师，为了更好地促进积极心理健康教育课程的开展，地方政府及学校应该鼓励专业心理健康教师的引入。地方政府应该制定相关人才引进的政策，给予心理健康教师多一些在编的岗位，吸引更多的人才去农村教学，同时学校也应该转变教育观念，重视积极心理健康教育，加大对专业教师的引入，做到一个学校至少配备一名专职的心理健康教师。

### 2. 明确教师培养目标的定位

随着新课程改革的发展，教师必须转变自身的教学观，明确自身专业发展的目标，当前农村中小学缺少专职的心理健康教师，在暂无条件引进专职心理健康教师的情况下，学校必须要大力支持兼职教师参加心理健康教育的培训；同时要明确教师培养的目标，不仅是阶段性的目标，更要是长期的整体性目标。培养教师专业发展，学校应该要购买有关心理学、教育学、心理咨询等相关书籍供教师学习，还应该加强对他们的培训，制定好相关目标，提高教师的专业性，营造学校积极心理健康教育的氛围。

### 3. 完善教师的学习体系

为了加强教师的专业性，促进教师专业发展，农村中小学要完善教师的学习体系，而不仅仅是偶尔进行心理健康教育的培训，更重要的是建立教师的学习体系。教师的学习体系可分为三个方面，第一是学习面对课堂教学本身，教师首先需要掌握教学内容和教学方法，因此需要加强积极心理健康教育教学的学习，不仅要学会教育学、心理学、心理咨询等基本知识，还要学会运用，同时还需要参透教学大纲，熟悉中小学生的身心发展特点，善于设计教学活动，学习与学科内容相关的教学法。第二是学习对教学实践的反思，在积极心理健康教育的课堂上，教师和学生都是十分重要的，两者的配合和交流才可以促进课堂教学的完美进行，但是教师不能认为上完课就可以结束任务，更多的是需要进行教学反思，结合课堂的情况调整教学策略，以便更好地促进积极心理健康教育课堂的开展。第三是参与专业学习共同体，教师的专业身份是在他们参与多个学习共同体的互动中创造和实现的（杨晓和郭于渝，2018），在学习体系中要安排教师参与

专业的学习共同体，让同一学科的老师共同探讨如何更好地进行积极心理健康教育教学。

### 五、确定合理评价标准，构建课程评价体系

#### 1. 科学地确定评价标准内容以及权重

课程评价的总目标是提高课程的质量，因此评价的指标和标准应该具有多样性、全面性和科学性。指标是评价总目标下设置的具体标准，是对总评价目标的具体分解，同时还要根据不同的指标重要性设置不同的权重。所谓权重又称权重系数，是指一个整体被分解成若干指标后用来表示每个指标在整体中所占据比重大小的数字。在农村中小学，积极心理健康教育课程的评价指标体系应该以学生为中心，同时也要对课程背景和教师本身进行评价，不能局限于课程目标的达成或课堂教学的完成，只有这样才能更好地促进良好的积极心理健康教育课程生态系统的形成（严林峰和姚德雯，2019）。

#### 2. 综合运用多种评价方式

对于农村中小学积极心理健康教育课程的评价，要综合运用多种评价方法，不仅是采用量化评价，更要把量化与质性评价相结合。量化评价方法具有自身的优越性，它简明、精确、公正的特点在现阶段不失为有效的评价方法，但是它不应该成为唯一起主导作用的评价方法，现场观察、表现性评价等质性评价也应成为对教师和学生评价的关键。由于现在没有一套完整和系统的具有科学性的社会性发展的关于积极心理健康教育课程的评价量表，因此对于积极心理健康教育课程的评价，教育工作者也要重视定性评价方法的运用，并力图把定性评价和定量评价分析的方法结合起来综合运用，注重评价过程中人为因素的影响，克服定量评价的局限性，在开展积极心理健康教育工作中收到较好的效果。

## 第四节　农村中小学积极心理健康教育团体辅导活动体系的构建

积极心理健康教育的基本理念是针对传统病理式、问题式心理健康教育的不足，在积极心理学等理论基础上，从积极方面入手，用积极的内容和积

极的方式培养积极心理品质,克服心理与行为问题,开发潜能,塑造积极向上心态,奠基幸福人生的心理教育(孟万金,2010)。这是采取积极正面的"提前预防"和"积极引导"的方法来进行心理健康教育的理念。这种积极心理健康教育的价值取向不仅可以整合心理健康教育的目标,拓展心理健康教育的内容,还能提高心理健康教育的功效(权方英,2019)。团体心理辅导是在团体的情境中,在组织者的安排和引导下对团体成员予以心理帮助的过程,它强调团体成员间的互动交流、彼此影响,通过设置从热身、进入、主题、结束等序列的单元活动,对团体领导者和组织者的心理辅导能力和技术提出明确要求(简福平和邓敏,2019)。农村部分地区由于经济欠发达,文化氛围不浓,大部分学生的家长文化程度偏低,教育方式简单粗暴,对于这类型的地区的积极心理健康教育工作,团体心理辅导特有的感染力强、影响广泛、效率高、省时省力、效果容易巩固等优点,适合农村中小学生组织开展积极心理健康教育工作(谢光金等,2020)。当学生参与团体辅导活动,学习积极的思维品质,进行积极的情绪体验,进而产生积极的认知,养成积极的习惯,并逐渐形成积极的认知模式的时候,他们的情绪才能变得积极,情绪的积极改变会促进行为的积极改变,行为的积极又会反过来影响认知,这样就形成了一个积极的循环模式,学生的人格也就得到了完善。

## 一、农村中小学开展积极心理健康教育团体辅导活动的现状

随着心理健康教育在全国范围内的普及,各校都在逐步开展心理健康教育工作,并展现出以下的发展态势:①目标上,从针对少数有困扰的学生转向全体学生潜能的开发;②特性上,由补救性为主向发展性为主转变;③内容上,由单一的人格辅导扩大到人格、学习、职业、生活等多方面辅导;④制度上,逐步规范化系统化;⑤方法途径上,由个别辅导为主变为团体辅导与个别辅导兼顾(李继星,2008)。在大规模的农村地区心理健康教育实践中,团体辅导活动因其影响更广泛、节能高效,更受广大师生欢迎。但是,由于我国在心理健康教育领域起步较晚,大部分农村地区开展积极心理健康教育团体辅导活动经验相对缺乏,实际操作中存在着较多问题(王水玉,2019)。

### (一)活动目标不明确

以往心理健康教育工作往往是"筛查、跟踪、矫正"的"问题取向"模式,形成了"预防—咨询—干预矫正"的三级工作目标,工作内容自然局限

在解决学生"心理问题"上,严重偏离了心理学本源目标。再加上对积极心理健康活动的基本概念和基本理论认识不清,例如,对活动名称内涵及活动课程的功能意义、理论基础、教学原则、教学模式等都没有正确的认识,于是在设计活动时,没有明确的目标规划,存在照本宣科随意选择目标、目标设置无序的现象,导致活动课程在实施过程中出现学科化、形式化等倾向,影响了心理健康教育活动课程科学、规范和有效地开展。

真正的活动目标应该是挖掘培养学生的积极心理品质,关注学生的生存与发展,并以全新的理念、开放的姿态、科学的行动实现从"问题导向"到"健康关注"的革命性变革。明确积极心理健康教育活动需要目标贯彻"群体性"和"积极教育"原则。"群体性"原则解决积极心理健康教育"工作对象"的问题,由关注少数"问题学生"转为面向大众学生的群体教育;"积极教育"原则解决教育内容枯竭的问题,以正能量驱动、积极干预、挖掘积极心理品质等方式,使心理健康教育活动实现从消极心理学模式向积极心理学模式的转换。

### (二)活动方法与策略不适当

许多学校在开展积极心理健康教育团体辅导活动时,无法与单一的讲授式心理健康课程分开,往往依据参考教材照本宣科地进行活动设置,单一地使用讨论法、游戏法,这种活动模式偏离了对学生潜能的开发与心理素质培养这一重要目标,使积极心理健康教育工作越做越难,事倍功半。

有很多教师在选择活动方法与策略的时候忽视了理论指导的重要性,如群体动力学理论、社会学习理论、人际交互作用分析理论、个人中心治疗理论等,掌握团体心理辅导的理论才能够有效地选择相应的活动策略。

### (三)活动效果评价标准单一

对于农村中小学开展积极心理健康教育活动,同样需要对活动效果进行评估,但是在这一过程中往往存在评价标准单一、评价不准确的问题,在实际工作中应注重活动效果评价的过程性和全面性。不仅需要评价考核活动目标是否达成,还有活动方式选取是否最佳及是否体现了民主性、参与性、主体性等原则。

教师需要回答如下问题:

①学生在团体活动中是否获得了情感上的支持:包括是否在团体中被接纳,情绪是否得到宣泄,是否感到被尊重。

②学生是否尝试了积极的体验:包括享受到亲密感,增强了归属感和认

同感，体验了互助合作，获得了自信心，等等。

③学生在团体活动中是否增长了见识：包括了解有关心理健康的知识，认识到某些不良行为的危害，等等。

④学生在团体活动中是否发展了适应性行为：包括学习社会交往技巧，互相学习交流经验，尝试模仿适应行为，等等。

⑤学生在团体活动中是否重建了理性的认识：包括改变了过去不合理的认知，重新建立了合乎理性的认知，等等。

## （四）缺乏完整的活动体系

积极心理学核心发起人彼得森和塞利格曼将人类个人优势归结为 6 大类 24 小类（表 6-1）。

表 6-1 人类个人优势

| 大类 | 小类 |
| --- | --- |
| 智慧 | 创造力；好奇心；开放心；爱学习；洞察力 |
| 勇气 | 勇敢；坚持；正直；热情 |
| 仁爱 | 友善；爱；社会智能 |
| 公正 | 公平；领导力；团队精神 |
| 节制 | 宽容；谦虚；谨慎；自律 |
| 超越 | 审美；感恩；希望；幽默；信仰 |

中小学生年龄尚小，身心发展迅速，具有强大的生命力与巨大的潜能，如何培养学生上述积极心理品质，给予学生终身发展的财富呢？这需要构建一个完整的体系，在学生的各个发展阶段，将各项活动赋予价值意义，让学生在活动中学习，在活动中获得，在活动中领悟（吴洁芳等，2018）。

小学低年级的学生进入入学后的适应期，处于形象思维阶段，言语和行为欢快活跃，出现竞争意识和集体荣誉感，自主学习缺乏稳定性，所以这一阶段应重点培养的品质有爱学习、正直、宽容、洞察力、领导力。

小学高年级的学生，思维形式向抽象思维过渡，学习压力增大，独立能力增强，同时表现出不服输的反抗精神。随着知识的积累和对事物体验的深化，内心世界更为丰富。对于这一阶段的学生，应该重点培养的品质有创造力、爱学习、洞察力、正直、领导力、宽容、谦虚、谨慎。

初中生在生理上迅速走向成熟，在心理上也相应地产生了成人感，希望找到新的行为标准并渴望转变社会角色,但受到身心发展不平衡的限制,出现心理上的矛盾状态,心理水平呈半成熟半幼稚状态,出现自我意识高涨和反抗心理,常常受到孤独、压抑与焦虑等负面情绪的困扰。人际交往不稳定,出现青春期的悸动心理。学业方面,学业知识的增加拉开了成绩差距,面临中考压力,所以初中阶段应当重点培养以下积极心理品质:爱、信仰、希望、友善、谦虚、宽容、创造力、坚持、正直、领导力。

## 二、构建农村中小学积极心理健康教育活动体系的必要性

在农村地区的教育教学发展过程中,学生的心理问题对教学质量和效果的影响越来越被人们关注。因此,在农村地区面向学生开展心理健康教育成为当前重要的教学任务之一。在这一过程中,只有充分考虑农村学校的特色和限制条件,充分考虑农村学生的生活环境,创新积极心理健康教育模式,才能有效促进学生积极心理品质的培养,实现学生的心理健康(聂永忠,2020)。

### (一)扩展心理健康教育途径的需求

农村中小学开展心理健康教育工作往往是开设一门心理健康课程,或者是在班主任工作中加入心理健康教育元素。但是在这一过程中,受到师资力量不足、教学设施不完备、本土特色教材缺乏等条件限制,难以将积极心理健康教育理念融入其中,需要为这类地区探索新的积极心理健康教育新途径。

积极心理学的研究方向是"积极人格特质、积极的情感体验、积极的社会组织系统",这是一门致力于研究人的发展潜力和美德的科学(黄静茹,2013)。在农村地区开展团体辅导活动,在积极心理学视角指导下,教师每周利用固定的时间组织开展系列主题活动,以学生自主讨论交流为主,通过团体的力量解决共同存在的问题并互相学习,以每位成员的独特魅力碰撞出思维的火花,关注个体对于自我的积极认知,注重个体对于情绪的积极体验,感受个体在团体中的重要价值,形成积极的人际关系,这些将有助于增进个体的心理健康程度,实现成员共同成长(朱艳新等,2019)。

### (二)丰富心理健康教育的内容

现阶段的心理健康课程以《纲要》为指导文件,总目标与具体目标已经设定,教材内容相对固定,对新兴理念的借鉴吸收能力有所缺失,所以仅仅依靠课堂教学形式的心理健康教育,无法将积极心理健康教育的丰富内涵融

入其中。组织开展积极心理健康教育团体辅导活动,能够灵活机动地调整教学计划,在授课内容上从培养学生积极心理品质角度出发,结合团体成员的具体需要,针对不同群体,比如留守儿童、特殊教育儿童及拥有共同心理障碍的儿童等,制定出主题活动,针对性地进行积极心理健康教育活动。这样的活动形式能够在具体实践中实现积极心理健康教育,拓展心理健康教育的内涵(韩俊芳,2019)。

### (三)整合心理健康教育资源的需求

目前由于受到农村实际条件与教学资源的限制,团体辅导活动的开设仍普遍以传统的讲授形式为主,这种单一的授课形式限制了积极心理健康教育课程目标的达成,也无法保证学校想要通过活动提高学生心理素质的根本需求,而拓展心理体验与行为训练的积极心理健康教育活动可以在学生学习心理健康知识的基础上,给学生提供思考、体验、分享、感受、反思的机会。帮助学生学会自我调解,通过培养积极心理品质来提高学生解决自身心理问题的能力。开展积极心理团体辅导活动这种心理体验与行为训练的方式,对提升教学效果起到了积极的作用,具有一定的实践价值和应用意义,能够因地制宜地整合心理健康教育资源。

## 三、构建农村中小学积极心理健康教育团体辅导活动体系的理论思考

### (一)农村中小学积极心理健康教育团体辅导活动的总目标

农村中小学生的积极心理健康教育团体辅导活动是以培养学生良好的心理素质、发展健康的人格、增进其心理健康水平为目的的专门教育活动(罗德勇,2016)。总的目标如下。

**1. 通过积极的手段引导学生从积极的方面看待问题**

活动课选择积极的指导内容、材料、案例,以丰富的活动形式引导学生在情绪放松、快乐合作的课堂氛围中自主思考判断,让学生成为课堂的主人,教导学生转换思路,触发学生的积极心理体验,促使学生从积极心理学视角来看待问题。

**2. 培养学生健全的人格和积极乐观的心理品质**

成长在农村环境的学生更容易面临自卑、孤独、抑郁等心理问题的困扰,

而积极心理学注重培养学生养成积极的心理品质,当学生出现心理问题与行为问题时,能够在拓展教学的过程中不断地引导学生,让学生在实践中发现自己的问题然后及时解决问题。在小学阶段,学生的认知水平处于低水平,到中学阶段,学生的认知水平和判断能力趋于成熟,处于不同阶段学生在培养积极心理品质时有不同的目标要求。在整个系统教学活动中,师生关系得以拉近,学生的交流沟通能力得到加强,这对于学生今后的人际交往也是很好的帮助,有助于学生养成积极的沟通行为习惯,从而更好地排解心理压力,促进心理健康,培养健全人格,体会爱与幸福(许凌燕,2019)。

**3. 帮助学生学会学习,适应社会**

农村地区教育资源相对薄弱,教育观念更新不及时,往往影响着学生的心理状态和学习状态。组织开展积极心理健康教育团体辅导活动课,从心理健康角度切入,通过设计环境因素以唤起学生的积极行为,教给个体控制环境和行为的技巧等方法,以帮助提升生活品质。环境设计的关键是学生成长环境营造,包括家庭、学校、社会。在活动教学中培养热爱学习、快乐交往、善于合作等积极心理品质,从社会关系、文化规范、家庭影响等方面帮助学生扫清心理障碍,净化身心,潜移默化提升学习效率,开发学生的潜能,实现学生的全面发展(段保才,2016)。当今社会对人才的评判不止以学习成绩为标准,为人处世、待人接物、心理素质等都是评判标准之一,学生在中小学接受系统的积极心理健康辅导,实时地监测调整心理状态,最终能够顺应社会需求,实现自我价值。

## (二)农村中小学积极心理健康教育团体辅导活动的原则

**1. 创造积极的活动氛围与环境,增强学生积极的主观体验**

积极心理学提倡利用环境因素来提升团体辅导活动效果,环境不仅是孩子学习和模仿的榜样,也可以作为孩子认知评判的标准,这种交互作用会使得孩子的认知表现与养育环境逐渐融为一体(任俊,2010)。对于教室,需要进行一定程度的布置,教室是学生生命成长、精神发育的家园,应发挥教室环境的育人功能,振奋学生精神风貌、传递正能量、激发学生自信的品质。良好的活动秩序是实现教学目标的保证。传统的课堂教学较多地关注课堂纪律的严格性和对学生课堂行为的约束,这种师生互动古板、生硬的氛围,阻碍了学生积极性、主动性的发挥。因此,要创设一个相对宽松的、无拘无束的活动空间,营造一种学生情绪饱满、师生互动有序、双方愿意深入对话和有效合作的活动秩序。让他们在团体辅导中敢想、敢说和敢问，促进学生积极思维，激发学生的潜能。

**2. 构建积极的活动设计，培养学生积极的学习品质**

积极心理学理论认为，教师要用发展的眼光挖掘学生的优势与潜能，找到学生自身存在的积极力量和潜能，并且，让学生看到这些力量和潜能，帮助学生利用这些积极力量来完善自己（陆瑛，2019）。因此，挖掘学生的潜能是每一个教育者都应该关注的问题。首先，要求教师在进行活动设计、撰写活动方案时，充分考虑学生潜在的发展水平，制定有利于学生发展的、富有个性特点的活动目标。其次，思考题的设计要有梯度，能够满足不同层次的学生，既考虑薄弱层次学生的基本需求及一定的成就感，又注重对较高层次的学生应变能力及发散思维的培养，适合不同层次的学生，从而使不同层次的学生都能获得积极的体验。积极心理学指出，受内在动机驱使而从事某种活动时，人们会表现出更强烈的兴趣、兴奋和自信，也表现出更持久的坚持性和独特的创造性。因此，教师要善于发现学生的"兴趣点"，制造活动过程中的"兴奋点"，激发学生的内在驱动力，培养学生主动学习的积极品质。

**3. 构建积极的活动评价体系，增强学生积极的情绪体验**

罗森塔尔效应指出教师对学生的殷切希望能戏剧性地收获到预期效果，作为教师，要善于利用态度、表情、体态等更多的行为方式，关爱学生、鼓励学生，让学生获得积极的心理暗示，让学生在积极反馈中学会自我纠正。多元智能理论认为"所有学生都能学习""所有学生都能获得成功"，但是，学生的智能分布是有差异的，基于这一点，积极的活动评价也不应是单一的，要运用多元化的评价内容、评价方式等评价学生，尊重学生的个体差异，让每个学生都主动发展自己，都体验到成功。在活动实践中，有的学生虽然学习成绩不理想，但是，情商较高，人际关系处理得较好，这就说明，对学生的评价不能仅仅局限于专业理论知识和技能的学习两方面，学生的情感、态度和能力等方面也应该作为评价的内容。同时，要运用多元的评价方式，如活动游戏中教师可以运用描述性的语言表扬、赞美学生，增强学生的自信，也可以利用作业批改的机会，运用书面评价的方式给学生一些鼓励、鞭策；同时，可以组织学生自评、互评，激发学生的兴趣，还可以邀请家长积极参与，让学生感受到家长对他们的期望，从而激发学生更大的动力。

**4. 构建积极的师生关系，形成积极的情感认同**

积极心理学理念下的师生关系应该是教师和学生在人格上是平等的，相处的氛围上是和谐的。积极的师生关系是学生学习的强大动力，因此，在团体辅导活动中，要注意积极师生关系的构建。首先，教师要用欣赏的眼光去关注学生。教师不应过分关注学生问题或者防范学生犯错误，教师眼中的学生应该是充满活力、富有个性、闪烁着优点和潜质有待开发的活生生的个体，教师要以开放的胸襟、包容的心态和欣赏的眼光去关注他们、接纳他们，用平等、尊重和对话的方式启发学生、感染学生，用有利于促进学生积极品质培养的方式培养学生的自主意识，促进学生的成长。其次，教师需要以积极的情绪来感染学生。积极心理学认为，在课堂教学中教师和学生不再是传统教学中的教育与被教育的对立关系，而是在相互欣赏中互动，实现共同成长。因此，教师不仅要以积极的态度看待发展中的学生，更要以积极的情绪来感染学生。瑞士心理学家荣格说过："没有情感的支持，理性也将毫无力量。"只有依赖于教师积极情感的激发，教师的理论和道理才能为学生所吸收（王丽娟，2017）。

## 四、构建农村中小学积极心理健康教育团体辅导活动体系的实践思考

### （一）活动实施的基本流程

团体辅导活动工作是否能达到预期的效果，一方面要看在活动环节与流程上有无妥善的规划与细心的设计；另一方面也取决于师生双方在设计、实施过程中的创造性。尽管活动课没有十分严格的活动结构，但一般而言，一个完整的团体辅导活动课的流程应包括以下方面。

①暖身活动。正如开展体育运动需要进行身体预备活动一样，在实施心理辅导时也需做一定的暖身活动。心理辅导是一种心灵与心灵的沟通，要达到其辅导目标，必须营造安全、开放、轻松的气氛，让学生进入一种放松、温暖的情绪状态。有效的暖身活动对于保证辅导活动的顺利进行和取得成功是十分必要的。暖身活动的形式很多，大肢体的运动是一种常用的技术，身体上的放松会减少情绪上的紧张与焦虑。

②创设情境或设计活动。依据辅导目标设计，创设有效、合适的活动或情境，是整个课程设计的重点。辅导活动设计是否能达到帮助学生发展的目标，有三个关键性因素。第一，心理活动课强调体验性学习，因此活动设计

必须提供一系列的角色活动，在安全的情境中尝试新的经验和行为。第二，保持挑战与支持的平衡。在情境或活动设计时，要向学生提供适度的挑战性任务。所谓挑战性任务，就是有一定难度，但经过个人努力能够完成的任务，符合学生的最近发展区。第三，促成持续发展。活动与情境设计完成后，要注意妥善安排各个活动或情境之间的秩序，循序渐进，环环相扣，以突出整体效果的衔接。

③建立辅导关系。在活动过程中，学生的自我探索或对问题、困难的探索，情绪的改善，分享、互动的产生，经验的整合都必须以一定的辅导关系为背景。充满信任、理解、安全、接纳、真诚、民主的辅导关系，就好比给苦药裹上糖衣，促进了改变因素的传递。需要注意的是，在活动课实施过程中没有专门的环节用来建立辅导关系，它应渗透于实施的全过程。

④鼓励自我开放。自我开放是指将自己个人的信息，如感受、经验、行为与他人分享，借以增加彼此的人际互动。自我开放不仅能促进互动，实际上它也是彼此互动的结果。教师适时、适地、适度的自我开放，不仅能让学生产生认同仿效作用，促进学生一定程度的自我开放，而且也营造了安全、自由的气氛。

⑤促进自我探索，引发领悟。心理活动是学生的自我教育活动，它以他助—互助—自助为机制。因此课程设计就应充分调动学生自身的教育资源，鼓励学生做深入的自我探索，而不是依靠教育者的说教或社会规范的灌输，让学生在适度的自我开放与广泛良性的互动和分享中，通过自我检查、自我领悟、自我实践，促进自我成长。

⑥整合经验，促成行动。在活动结束前提供师生之间、学生与学生之间的回馈机会。不但能强化辅导效果，还可以整合学生在知、情、行三个维度上的经验，让学生获得行动的力量与勇气。

⑦活动延伸，评估效果。辅导效果的取得，单单靠课堂活动是远远不够的，布置一定的作业，能鼓励学生把活动中取得的领悟与演练的成果迁移运用到日常生活中（刘宣文，2002）。

## （二）活动实施过程中的问题和思考

### 1. 活动领导者的选择

在团体辅导活动中，领导者充当着领头羊的角色，带领成员进入情境之中，开启一场助人自助活动体验。活动领导者两位为宜，分别负责主导与辅助，实际工作中一位有经验的心理健康教师也可以开展活动。作为领导者首先应该进行过专业训练,学习社会心理学中的人际问题、团体动力学、发展心理学等知识,熟悉基本的团体辅导方法如团体讨论、角色扮演、行为训练等,掌握基础的团体辅导技术如倾听、提问、具体化、解释、反馈、支持、同感等,并且拥有作为成员完整地参与过团体辅导活动的经验和大量个体辅导经验。

**2. 活动领导者的基本职责**

(1)调动成员积极性与合理管控课堂纪律相结合

在团体辅导活动中需要成员大胆表达自己的意见,积极参与每一项活动,并且鼓励成员之间交流讨论。活动对象是全体成员,但在实践过程中往往存在个别成员注意力不集中、提不起兴趣、过分活跃扰乱课堂和偷懒应付等情况。那么作为领导者,首先需要规范活动纪律,和成员共同商讨活动过程中的组织细节,提升成员的参与感更容易实现活动的顺利开展。其次,领导者需要积极关注团体每位成员,认真观察他们的心态变化及个人闪光点,在活动设计的时候选择吸引成员注意力、激发好奇心的活动,用丰富的形式开展活动,在适当的时候对成员进行针对性的评价与鼓励,在团队中创造出温暖、理解、互相尊重、互相关心的氛围(梁海巍和岳宗德,2019)。

(2)适度参与,避免说教过多

团体成员之间亲密信任的关系会提升辅导效果。领导者要依据团体氛围需要,以成员身份参与其中,为其他成员做出示范,以适当的行为为团体成员提供榜样作用,运用专业技能引导成员探索内心世界,发挥团体的力量来实现活动目标。领导者的参与可以全程把控调节活动的节奏与成员的情绪状态,在每次活动之后都可以做出恰到好处的总结与点评。当成员对某些问题难以把握或者分歧过大而影响活动顺利进行时,领导者需要运用专业知识与辅导技能来提供意见与恰当的解释,来维持辅导活动的顺利展开。需要注意的是,领导者事无巨细地指导、按照自我意志干预活动进展、大道理说教等行为不利于成员的自我启迪与自我管理,同时会影响活动进程,需要领导者规避。

(3)适当自我暴露避免角色混乱

领导者在活动中充当教育家、好朋友、治疗师、调解员等多重角色,适当使用自我暴露可以拉近团体成员之间的距离,也可以引领成员更快进入设定的情景之中,帮助部分成员克服羞怯心理。但是自我暴露需要领导者把控好程度,用时过长会影响活动的正常开展,造成活动的主体本末倒置、角色混乱;用时过短往往达不到自我暴露的初衷,这样不仅是对自身形象的损毁还会影响团体关系的维系,阻碍成员在交流接纳的过程中成长互助。

**3. 团体成员的选择**

对于农村中小学来说,学生人数较城镇学校来说较少,因此团体辅导活动成员选择可以分为两种情况,第一种为按照班级年级划分,辅导主题一致,但是具体活动组织策划依照学生的身心发展状态与理解程度分别安排。第二种则选择具有相同辅导需要的学生团体,比如离异家庭学生、贫困家庭学生、多子女家庭学生等,或者选择面临同样发展问题的学生组成团体,比如早恋学生、辍学学生、学习困难学生等。

**4. 团体成员应具备的特质**

以正确的意愿参与活动,学以致用。学校与教师组织团体辅导活动目标是为了教育学生,预防与矫治心理与行为问题,并不是开设游戏课、放松课。每位成员都需要端正态度,听从老师的活动安排,时刻保持谦虚真诚的心态。成员在参与活动的过程也是学习的过程,这种教学形式不是间接经验的简单传递,而是直接经验与间接经验相结合,成员之间进行思维碰撞,既在对方身上学习到了知识,也在亲身参与过程中领悟参透。在活动中把握学习重点,学习积极的思维品质,跟随领导者进行积极的情绪体验,进而产生积极的认知,养成积极的习惯,抓住这个自我发展的好时机。参与团体心理辅导活动的成员更需要学以致用,将活动过程中学习到的经验运用在生活中的方方面面,实现自我完善与帮助他人相结合。

## 第五节　农村中小学积极心理健康教育保障体系的构建

### 一、积极心理健康教育保障体系概述

#### (一)积极心理健康教育保障体系内涵

心理健康指的是一种持续的心理状态。在这种状态下,个人具有生命的活力、积极的内心体验、良好的社会适应,能够有效地发挥个人的身心潜力与积极的社会功能(刘华山,2001)。中小学阶段学生正处于身心成长的关键阶段,这一阶段学生的心理健康和人格发展将直接影响到他们的学业发展和社会适应能力,因此农村中小学生的心理健康应该得到社会的重视(陈荣萧,2017)。心

理健康受到遗传和环境的双重影响，与青少年所处的家庭、学校和社会都息息相关。为此，教育者应不断营造适合青少年健康成长的外部环境，积极探讨和完善适用于不同情境下的教学策略，为青少年提供良好的成长环境。

积极心理健康教育既是理论概念，也是心理健康教育领域一种新的研究方向和实践范式。在中小学开展积极心理健康教育，就是要根据中小学生身心发展的特点和规律，利用积极正面的教育内容、方法和途径，促进其身心全面和谐发展。中小学生积极心理健康教育保障体系，是中小学积极心理健康教育有效发展的必要条件，是关乎中小学生身心健康发展、提高生活质量的重要因素。为了有效解决我国农村地区中小学生的心理问题，国家颁布了《纲要》，《纲要》指出："坚持公共教育资源和优质教育资源向农村、中西部地区倾斜，逐步缩小东西部、城乡和区域之间中小学心理健康教育的发展差距，以中西部地区和农村地区发展为重点，推动中小学心理健康教育全面、协调发展。"因此，构建完善的包含制度政策、组织管理、人员保障和经费支持在内的积极心理健康教育保障体系，已经成为当今学校建设亟待解决的基本问题之一。

## （二）积极心理健康教育保障体系构成要素

**1. 制度政策**

制度政策构成了心理健康教育保障体系中的重要一环，具有规范性、制约性和指导性的特征。它对规范学校心理健康教育举措、保障学校心理健康教育正常有序开展发挥着不可或缺的重要作用。国家先后出台《关于加强中小学心理健康教育的若干意见》（教基〔1999〕13号）、《教育部关于印发〈中小学心理健康教育指导纲要（2012年修订）〉的通知》（教基一〔2012〕15号）、《教育部关于培育和践行社会主义核心价值观进一步加强中小学德育工作的意见》（教基一〔2014〕4号）、《教育部关于印发〈中小学生守则（2015年修订）〉的通知》（教基一〔2015〕5号）、《教育部关于印发〈中小学德育工作指南〉的通知》（教基〔2017〕8号）等一系列文件，其中《纲要》详细规范了中小学心理健康教育的指导思想、基本原则、目标任务、主要内容、途径方法及组织实施等内容。除此之外，2015年教育部研究制定了《中小学心理辅导室建设指南》，适用于全国中小学心理辅导室的建设、规范、管理与督导评估。2019年，中共中央、国务院印发《关于深化教育教学改革全面提高义务教育质量的意见》，推进评价机制改革，组织开展县域义务教育质量、学校办学质量和学生发展质量评价标准研究，将学生身心健康列为学生发展质量评价的重要指标。这些制度政策为有序落实和统筹规范中小学心理健康教育工作提供了科学依据。

**2. 组织管理**

组织管理是指在学校建立起权责明确的组织领导体系，充分依托学校现有的人、财、物等资源，通过完善学校管理、调动学生组织积极性并举办学校活动等方式达到促进学校心理健康工作有序发展的预期目标。组织管理作为积极心理健康教育保障体系中的重要组成部分，一方面凭借学校各部门人员之间的合理分工来保障学校心理健康工作的顺利进行，另一方面依托档案文件等书面材料来实现学生心理健康状况的系统化管理。科学完善的组织管理体系可以提高学校全体教职工和学生对心理健康的意识和重视程度，有效利用学校现有的心理健康教育资源并与社会资源进行整合，从而创造有利于学生身心发展的心理健康教育校园环境。

**3. 人员保障**

人员保障是积极心理健康教育保障体系的重要组成部分，在教育保障中起到基础性的作用。在积极心理健康教育的过程中，主要涉及的人员包括：进行心理健康教育的学校教师；在家庭中对学生的积极心理状态起到促进作用的监护人和其他亲属；学生身边的重要他人或同辈朋友。2001年，国务院颁布《关于基础教育改革和发展的决定》（国发〔2001〕21号），强调要调整优化教师队伍，实施教师资格准入制度，严格审查教师资格条件，坚决辞退不具备教师资格的人员。对于学校心理健康教育而言，教育成效的关键就在于师资队伍的建设，在于心理健康教师对学生进行教育活动和心理咨询的活动程序是否专业化。另外，家庭和同辈朋友对中小学生而言是重要的情感支撑，通过这些重要的人的正向引导，同样也会对中小学生的心理状况起到促进作用，因而具有无可比拟的重要意义。

**4. 经费支持**

开展中小学积极心理健康教育需要进行宣传教育、购买心理健康教育专用书籍和设备、对教师进行培训及聘请专家等，这些举措都需要学校给予相应的经费支持才能得以实现。经费支持是中小学积极心理健康教育维持和发展的基础，是顺利进行各项心理健康教育活动的重要保障。有关教育部门及中小学必须要为心理健康教育提供充足的资金支持，合理评估心理健康教育资金预算，设置专项心理健康活动资金，确保心理健康教育能够持续开展。

## 二、农村中小学积极心理健康教育保障性条件问题分析

### （一）保障制度不完善

我国心理学学科建设相对于国外起步较晚，而且与城市相比，农村中小学积极心理健康教育保障体系构建不够完善，缺少有针对性的指导性措施。当前我国农村中小学心理健康教育保障制度尚存有一系列问题，如因为受众范围广而导致的制度条例粗犷，缺乏针对性。同时，相对于学科教学，中小学心理健康教育受到的关注度明显较低，进而导致学校心理教育机构设置尚未健全，职能划分含糊不清等一系列问题。由于与中小学心理健康教育相关的政策法规有待进一步完善，以期能促进中小学心理健康教育制度政策在中小学的有效落实，因此有关部门及学校应该综合考虑各方因素，制定出一套适用于农村中小学的具体可操作的心理健康教育保障制度，构建起成熟完善的制度体系，力图将制度政策在规范指导农村中小学心理健康教育中的作用最大化。

### （二）组织管理体系不健全

心理健康教育组织管理系统应该具备以下功能：①保证学校的心理健康教育工作按照计划、有组织、有目的地开展。②提高全校教职工的心理健康教育意识，提高对学生心理健康问题的重视程度，全体参与。③充分调动学校、家庭和社会机构的心理健康教育资源，与家庭和专业的社会机构联合，保证学生拥有健康的生活和学习环境（吕晓宏，2016）。相比于城市地区，我国农村地区中小学对积极心理健康教育的重视程度往往更低，针对学生心理健康教育的组织管理体系也更加不完善，难以实现应有的功能。学校缺乏针对学生心理健康教育的专属组织领导体制，负责的老师彼此之间联系不够紧密，日常工作中的交集较少。另外，由于重视学生心理健康教育的意识不够强烈且条件十分有限，农村地区大部分中小学并没有建立系统完善的学生个人心理健康档案，从而难以对学生的心理状态进行全方位的管理和调适。

### （三）相关人员素质欠缺专业性

积极心理健康教育课程是一门专业性很强的课程，需要有相关专业背景的教师制定出一套专属的教学方案并对学生进行授课。根据舒立国和阿拉坦

巴根（2020）对农村中小学心理健康教育均衡发展现状的调查，所研究的农村中小学心理健康教师没有心理咨询证书的教师占 41.67%；专职教师占教师总数的 41.67%，兼职教师占教师总数的 58.33%；心理学专业占 16.67%，非心理学专业占 83.33%；兼职心理健康教师中，班主任占 33.33%，科任教师占 25.00%。教师接受辅导和培训的频率为一年一次的占 66.67%，一年两次的占 33.33%。现如今农村地区的教育水平虽较以往已有很大改善提高，但农村中小学教育设施仍比较陈旧，师资力量也依然比较薄弱，心理健康课程由其他学科教师进行兼任的情况不在少数，仅有少数学校所配备的专职心理健康教师也往往专业性较低，难以胜任心理健康课程所要达到的课程目标和教学要求。农村中小学从事心理健康教育的专职教师往往同时担任心理健康课程的设计者和实施者、学校心理咨询中心心理问题学生的辅导者、班主任及其他科任教师的培训者等多重角色，部分教师同时兼任学校的管理岗位。在学校心理健康教师数量有限的情况下，如此身兼数职会导致心理健康教师在面对学生时力不从心，因此只有通过提高心理健康教师的素质才能使其能够胜任多重角色的要求。

（四）发展经费短缺

《国务院关于深入推进义务教育均衡发展的意见》中明确指出："总体规划，统筹城乡，因地制宜，分类指导，分步实施，切实缩小校际差距，加快缩小城乡差距，努力缩小区域差距，办好每一所学校，促进每一个学生健康成长。"农村地区中小学心理健康教育作为农村地区义务教育的重要组成部分，对促进学生身心全面健康发展具有重要的作用。黄茗和李书慧（2018）对广西中小学心理健康教育现状的调查研究显示，从不同学校对心理健康教育投入的教育资金来看，城市学校投入比例最高，总计达到 1.32%；其次是县城学校，总计达到 0.32%；乡镇学校投入比例最低，总计仅为 0.2%。另外，俞国良等（2015）对中部地区中小学的调查研究显示：与城市相比，农村设置心理辅导室的学校较少，尤其是高中。整体来看，66.5%的学校设置了辅导咨询室，13.7%的学校没有心理辅导室，19.8%的学生不知道自己所在学校有无心理辅导室。小学有 81%的学校开设心理咨询室，初中和高中比例比小学少。在农村中小学有限的经费使用上，学校更倾向于将经费投入在校园建设等方面，为学校心理健康教育投入资金往往不是学校领导者的优先选择。受制于硬件条件和软件条件，我国农村地区中小学心理健康教育的发展水平仍与城市地区存在一定差异。农村中小学从事心理健康教育的专职教师数量不足且专业化程度较低的原因之一也与发展经费保障不足有关。打造一支专业化水平较高的心理健康教育师资队伍并引进现代化的心理辅导设施所需要的经费成本是农村地区普通中小学无力承担的，而师资队伍的非专业性及专业化设施的短缺在一定程度上限制了农村地区学校积极心理健康教育的开展。因此有关部门在加大教育资金投入的基础上，应着重加大对农村贫困地区的教育经费投入，从而提升农村地区中小学心理健康教育资源质量。

## 三、健全保障体系，有效开展农村中小学积极心理健康教育工作

### （一）健全完善农村中小学积极心理健康教育制度

现有中小学心理健康教育法规政策在农村中小学难以执行落实的问题，一方面是由于地方学校负责学生心理健康教育方面的教育行政人员自身素质缺乏专业性，对教育管理和心理健康教育相关知识缺乏认识，在理解文件精神实质时出现偏差，从而在执行有关文件时曲解或部分执行了其中的规章条例。另一方面，由于现有心理健康教育保障制度的执行缺乏监督及合理的评估体系，对学校心理健康教育教学效果的评价多集中于形成性评价而非发展性评价，不利于从"关注问题学生"到"促进学生全面发展"观念的转变。除此之外，信息反馈机制的不畅通会导致现有政策无法得到合理改进完善。针对现存问题，首先，要通过设立常态化培训来加强农村中小学心理健康教育相关政策执行者的专业素质和专业能力，确保政策执行的终端人员都能走出认知误区，转变教育观念，将心理健康教育作为一种教育理念融入学生的日常生活和学习的方方面面，从而使制度政策在学校实际运用中能得到有效落实。其次，有关教育部门可以加大学校心理健康教育工作在学校工作评价中的比重，并依照已经出台的有关制度政策加大对学校心理健康工作的指导监督，确保学校心理健康教育工作被视为独立的工作而非学校德育工作或者安全工作的附属工作，同时重视心理健康教育在农村中小学教育教学中的地位作用，如可以尝试通过设立考核评比学校心理健康教育优秀成果及优秀个人的方式来带动学校对心理健康教育的重视程度，并在此基础上建立起科学合理的评估体系和反馈机制，从而真正贯彻落实并不断完善现有制度政策，促进农村中小学心理健康教育工作的有序开展。

## （二）构建全方位的心理健康组织管理体系

**1. 设立学校领导机制**

农村中小学可以建立起纵横交错的心理健康组织领导体系。从纵向上，可以建立由校领导、德育处、心理健康教师、班主任所构成的管理体系。校领导牵头从全局把控学校的心理健康教育工作，全面负责学校心理健康教育的宏观统筹工作、心理健康教育师资队伍建设、心理健康课程安排工作、心理健康学科渗透工作及学校心育环境和校园文化建设。德育处负责协助校领导做好心理健康教育工作、心理健康教育专职教师及全体班主任心理健康教育的规划组织与实施工作，统筹规划指导各项学生工作。心理健康教师负责开展学校心理健康课程及有关心理健康宣传工作、对学生心理状况进行普查并建立学生心理健康档案、进行心理活动月活动的组织实施、协助班主任进行学生个案指导、开展学校心理咨询室心理咨询工作。班主任负责组织班会等有关心理健康教育的活动、关注本班学生的心理状况、加强与家长的联系、协助心理健康教师及家长进行学生个案指导。从横向上，可以形成由德育处、安保处、卫生室组成的由多部门共同协作来进行中小学积极心理健康教育的管理体制。德育处负责统筹规划并开展学生心理健康教育工作，安保处负责保障学生的人身安全，卫生室负责监测学生的身体健康状况及突发疾病急救、转诊等工作。当出现突发事件时，德育处、安保处和卫生室三部门协同发力，从多方面着手共同保障学生的身心健康。

**2. 完善档案管理，建设心理危机应激干预体系**

对于新入学的初一及高一新生而言，由在校教师进行心理健康水平测评并记录档案是十分有必要的，面对一个完全不熟悉的新环境，学生可能在人际交往、学习和生活上都会形成一些困惑，如果这些日常活动中产生的困惑没有得到及时解决，则会进一步酝酿成焦虑、紧张甚至是抑郁等负面情绪。通过为学生建立心理档案并实施动态化管理，可以对学生的心理健康状况实施实时监控并及时采取措施纠正。然而对中小学生进行心理健康的档案管理不应仅停留在开学初这一阶段，随着年级的增长，学生面临的学业压力会逐渐增多，接踵而至的则是不断增大的心理压力。建立学生心理档案系统可以通过如下方式进行。其一是通过纸质问卷来对学生进行大规模施测，纸质问卷具有不受时间场所限制及对施测人员专业化水平要求较低的优越性，不足之处在于纸质问卷存储量过大不易保存查阅，以及后续心理健康教师录入计算机数字化数据工作量过多。其二是通过学生在学校机房录入电子问卷的方式来对学生的实时心理状况进行管理,具有数据手动录入量少、汇总方便的优越性,但具有受时间场地限制的不足之处。最后,个别心理问题较为严重的学生在心理咨询室时做咨询产生的记录,以及心理量表等也应该在保障学生隐私的前提下纳入学生的个人心理档案中,以期为后续学生个人心理辅导起到连贯性的作用。

**3. 建设校园文化,促进心理健康教育全面开展**

(1) 创建优良校园精神文化氛围,树立正确的观念

①培育健康校园精神,打造有特色的校园文化。

百年树木,立德养人。农村中小学也要学会培育健康校园精神,打造具有自身特色的校园文化,全面深入了解自身,规避劣势,发扬优势。结合当地特色及自身优势,形成自己的风格,打造属于自己的校园精神。培育校园精神文化,就要从自身实际情况出发,借鉴学习其他优秀的校园精神文化,设立本校校训,体现出时代性、积极性,展示学校的追求与崇高目标。从本校的光荣历史、文化传统、地域特色及师资队伍、设备设施出发,兼顾学生素质全面发展,打造有特色的校园文化(郑祥专和孟万金,2009)。健康的校园精神文化一旦形成,学生能够感受到校园精神文化的熏陶,积极融合并努力提升自己,改进自身,以维护校园精神为荣,充实自己也感染着他人。

②建立良好校风,促进校园师生心理健康发展。

校风是由学校领导作风、教风、学风和其他因素组成。一个学校校风如何,很大程度上体现了这个学校的层次如何。农村中小学需重视校风建设,通过建设良好的校风,对全校师生产生积极正面的影响。学校领导作风要正,正确领导全校师生,形成优良风气。领导作风过硬,对师生施以关怀,有上进心,工作能力强,也会对教风学风等起到积极作用。对教师工作进行有力监管督查,保证教学工作落到实处,教师品性优良,养成良好的教学风气。对学生严格管理,杜绝不良风气的存在,遇到校凌校霸要严厉惩治,以防这种不良行为影响学生。对学生学业工作进行改进,对学生加以人文关怀,让学生在温暖中求学。良好的校风可以感化师生,营造温馨、正面和积极向上的氛围,促进校园师生心理健康发展。

③更新教育理念,摒弃陈旧的心理健康教育观点。

农村中小学应主动获取新信息,引进新的教育理念,摒弃陈旧的心理健康教育观念,构建积极心理学视野下的心理健康教育新理念。改变以往心理健康教育中偏重学生个体的做法,针对整个学生群体开展心理健康教育,强化其自

身调控能力的培养,做好预防工作能大大减少心理问题的出现。在传统的观念里,教学者认为小学生年龄过于小还不懂事,不会有什么心理问题出现,而毕业班的学业又面临着毕业升学的关卡,没时间对其进行心理健康教育工作,因而导致了教育对象上的片面化(俞国良和王永丽,2002)。心理健康教育工作的对象是全体学生,不能以偏概全。学生是一个群体,需要教师的正确引导,无论是哪一个年龄阶段的学生,都有可能在成长过程中出现心理不适应乃至更严重的心理问题,所以需要心理健康教师去加以关注,细心引导。

(2)策划全面合理的校园组织文化活动,丰富师生校园生活

①组建积极向上的社团,全方面发展学生特长。

农村中小学可以因地制宜,组建一些积极向上的社团,如英语协会、诗词会、心理之家等,引导学生积极参与。学生在与社团成员相处过程中,能够学会更多的人际交往技巧,结交更多朋友。在进行社团建设及社团活动过程中,感受到来自团队的友爱,切实深刻体会到团队的力量。在社团中,学生还能充分发挥自身特长,为组织、为学校争光。农村中小学也许教学设施不是那么的完善,但是一些基础的社团设施还是能够实现的,且大多社团也都不需要工作室,学生可以课间或者课后在教室进行探讨。农村中小学应多鼓励和支持积极正面的社团组建,因为这不仅能发挥学生特长、丰富课余生活,还可以增强学生自信心,提高凝聚力,其人际交往方面也会得到极大改善。

②积极组织心理活动,增加心理健康教育的多样性。

农村中小学心理健康教育工作模式较为单一,基本只依靠课堂教学渗透。学校可以适当组织一些心理活动,丰富心理健康教育的教学模式。例如,让各班编排心理剧,学生在进行排练表演的时候,能够切身体会剧中人物情绪变化及如何进行调适。其他学生在观看的时候也会印象深刻,以幽默诙谐的方式让学生在表演中进行学习。心理健康教师也可以安排学生进行一些心理手抄报比赛,号召学生积极参加,让学生自行查找心理小知识、心理小故事及心理小技能等。手抄报完成之后张贴在校园过道或者教室,供学生观看学习。另外可以给学生介绍一些适宜的心理小电影,感兴趣的学生可以自行观看。这些活动不仅可以提高学生的兴趣,还能使得心理健康教育渠道多元化,丰富心理健康教育的内容。

③组织社会实践活动,促进学生全方位发展。

随着时代的变迁,经济的发展,越来越多的进城务工人员远离家乡,导致农村地区有越来越多的空巢老人和留守儿童。农村中小学中大部分学生是

留守儿童,对于留守儿童要多加关注,施以关怀。学校可以组织一些社会实践活动,组织学生参加一些户外活动,帮助学生成长,关爱学生,让学生不被孤独、寂寞束缚。同时,还可以组织学生去看望孤寡老人和空巢老人,为老人做一些力所能及的事,关心和爱护老人。

(3)营造良好校园物质文化环境,提供优良的学习场所

①改善校园环境,创设良好育人氛围。

校园是一个人口较为集中的场所,也是学生接受系统教育的场所,校园环境对于师生生活至关重要。农村多绿植,可以有计划地在校园里种植花草,既可以美化环境、清新空气,又可以使全校师生心旷神怡、修身养性。农村中小学厕所多采用旱厕,而旱厕因排泄物长期堆积容易招惹蚊虫滋生细菌,夏天臭气熏天,气味难闻。因此旱厕的改造也成为打造绿色校园的重要环节,可以尝试着将旱厕改为冲水厕,较为卫生和便于清洁。对学生进行教育,使学生了解垃圾也是可以再利用的,引导学生合理分类垃圾,不乱扔垃圾,齐心协力打造绿色校园环境。

②丰盈教室文化,帮助学生获得团体归属感。

在一个窗明几净、富有浓厚文化氛围的班级中,全体学生会自发地形成一股浓郁的学习风气。保持教室的干净,课桌板凳摆放整齐,让学生感受到教室就是我的"家"。教室背后的黑板报要充分利用,可以让学生自己设计排版,增添一些积极向上的内容,不定期更换以防视觉疲劳。教室的四角可以设置成科技角、心理角和书法角等,将每个地方有效地利用起来。教室前面的黑板可以设立一些座右铭,激发学生的求学之心、上进之心。教室通过文化之间的碰撞,也会使学生潜在地受到教室文化的熏陶,不断提升自身素质。在和谐和睦的氛围中,学生也能获得极大的归属感,主动融入集体。

③完善心理健康设施,为学生营造健康的身心发展氛围。

农村学校闲置校园校舍增多,农村教育资源浪费较为严重(时可和张娜,2011),可以合理利用旧舍,适当地改造成心理健康功能室。农村中小学一般都会有一些闲置的杂货室或旧屋,对其进行小小的改造,增添一张沙发、一张椅子、一个时钟就可以组建成一个简单的心理咨询室,心理健康教师可以在这里对学生进行心理咨询。学校统筹资金,合理分配,组建心理健康功能室(如发泄室等)。抑或可以自行装备简单的沙袋,帮助学生做好防护措施,学生便可在此发泄不良情绪和积压的负能量,提高心理健康水平(刘元英,2015)。适当地划分一个区域作为心理阅览室,放置一些关于心理小知识、幽默心理、心理调适方法的书籍供学生闲暇之余阅读学习。还可以设置一个心

理测量室，由专门的心理健康教师对有需要的学生进行心理测量，及时筛查有心理问题的学生，对其开展心理辅导。有条件的农村中小学还可筹资建造沙盘游戏治疗室，因为对象为中小学学生，大多对沙盘游戏感兴趣，并且有些学生不善言辞，而沙盘游戏治疗能够从学生的沙盘摆放中看出问题，对于一些不易发现的问题，沙盘游戏治疗是一个非常有效的方法。

### （三）完善农村中小学心理健康教育的人员保障

**1. 增强心理健康教育师资队伍的建设力量**

（1）确保心理健康教师数量和质量满足教育的需求

心理健康教师数量的多少决定着农村学校是否能开展心理健康课程，心理健康教师的质量高低决定着农村学校心理健康教育的成效。因此，农村中小学要吸引大量的兼职心理健康教师，同时要大力培养专职心理健康教师（张琴，2007）。首先，对于高校的心理学专业的学生而言，学校要鼓励心理健康教育专业的学生下乡支教，组织学生在农村中小学"顶岗实习"；其次，对于从事心理健康教育教学的专职人员而言，教育部门要增强对农村中小学心理健康教育工作的重视程度，增加农村中小学心理健康教师的专业岗位，制定"人才引进"政策，采取多种措施引进专职心理健康教师，从而保证农村中小学有专业型人才，进而提高农村中小学心理健康教育师资队伍的专业化规模及水平；最后，对于农村中小学兼职心理健康教师而言，由于农村各种条件的限制，兼职心理健康教师才是农村中小学开展心理健康教育的主力军，因此，教育部门要加强对农村中小学兼职心理健康教师的再教育。对这些教师进行教育学、心理学专业理论知识方面的培训和心理咨询的实践训练，努力提高其专业化水平，从而培养出一批由兼职转化为专职的心理健康教师。

（2）构建"三位一体"的多元化模式

学校心理健康教育工作能顺利开展，学生心理发展能得到有效促进，需要多方面的努力和支持（余淼，2013）。首先，兼职、专职心理健康教师要尽职尽责，发挥出自己最大的努力，运用自己的专业知识和技能，大力开展各种有助于促进学生心理健康的活动，预防学生产生心理问题，帮助学生解决已有的心理困扰；其次，班主任在促进学生心理健康发展的过程中同样也扮演着至关重要的角色，他们是学生心理健康教育的启蒙者，班主任的言行举止对学生的心理有着长期的、潜移默化的影响。因此，班主任要了解班级里的每一个学生，并能及时察觉学生心理的需求与困惑。当学生出现心理问题时，与心理健康教师进行沟通、交流，及时对症下药，解决学生的心理问题；

最后，其他任课老师的教育态度与方式也会直接影响学生的心理健康，这要求其他学科教师要有意识地关注学生心理健康的发展，学会挖掘学科内容中的心理健康教育资源，并在教学过程中渗透积极心理学知识。通过构建心理健康教师、班主任和其他学科教师"三位一体"的多元化模式，可以大幅度加强学校心理健康教育师资队伍的力量建设。除此之外，还要重视学校心理健康教育的后援支持，如学生家长。其实很多农村中小学生的心理问题与家长密切相关，学校可以通过多方位的宣传，在农村各家各户普及心理健康教育知识，使家长深入理解心理健康教育工作的重要性，积极参与和配合学生的心理辅导工作。

**2. 提高心理健康教育师资队伍的能力水平**

（1）加强教师队伍的专业化发展

积极心理学认为，幸福和生产力的关系是双向的，令人满意的工作状态可以增进人的幸福感，而幸福感反过来进一步提高生产力（高思刚和叶一舵，2011）。个体的技能与工作相符是影响工作满意度的主要因素之一。因此，加强心理健康教师专业化发展，提升教师工作成就感和满意度是积极心理学视野下心理健康教育师资建设的首要任务。第一，从事农村中小学心理健康教育的专职教师，应具备心理健康教育相关专业的学历学位，掌握丰富的心理学相关知识，确保工作要求与个人专业特长相一致；第二，心理健康教师要遵循学生的心理动态和教育规律，为学生提供发展性的心理辅导及积极方向的心理帮助，并关注学生的身心发展动态，帮助学生排解其面对学校生活中各种问题而产生的心理困扰；第三，心理健康教师要具备一定的危机干预能力与心理测评素养，在从事教学工作以外，要关注学生个体心理的测评，能够做到及时发现问题并上报相关部门，或及时干预问题并引导学生有一个积极正确的心理状态（王蕾玲，2019）。

（2）提高教师队伍的科研水平

随着新课程改革的不断深入，心理健康教师的科学研究能力的提升成为提高自身教学水平的关键因素。第一，教师要有参与科研活动的意识，提高自己对科研的兴趣，使自己树立正确的科研认识，能与相关教学人员定期开展有目的、有计划、有组织的教学科研活动。第二，教师可以通过书籍、网络、报纸等资源丰富自己的科研知识，将自己的所观所学用笔记录下来，把这些优秀经验及自己的感受整理下来便于今后教学中的学习和参考。第三，心理健康教师应结合积极心理学理论，充分研究学生积极心理品质的发展状况及影响因素，对学生出现的心理问题进行深入的个案研究，了解学生心理问题产生的原因及促进学生心理健康成长的影响因素，因地制宜地为学生提出解决心理健康问题的方法。教师的科研过程，也是进行教育教学研究提升教学水平和教学质量的过程。

**3. 完善心理健康教师的管理机制**

（1）严格实施心理健康教师资格准入制度

教育部门及其他相关部门应严格贯彻心理健康教师职业准入制，提高教师的从业标准（吴玮，2010）。首先，在学历上要提高心理健康教师的学历层次，这不仅包括学历要求，更重视专业化素质。其次，要强化教师专业水平和教育能力的要求。因此，应尽快制定一套国家教师专业标准，从而使得教师资格制度真正具有裁决教师资格的法律效力。最后，严格执行心理健康教师的资格认定标准，对申请人员实行国家统一的教师资格考试。考查内容包括：①基本的教育理论知识；②心理学专业知识和心理素质；③教学能力、学生认知能力和教学效果的自我评估；④心理咨询技巧和学生心理辅导能力。全面系统地考察申请人员的综合素质，规范心理健康教师准入的各个环节，切实把好心理健康教师入口关。

（2）合理完善教师聘任制度

随着社会的不断发展及完善市场经济体制的建立与完善，人才流动越发普遍和频繁。因此，完善农村中小学心理健康教师聘任制度，必须建立"能上能下，能进能出"的人才流动机制（黄喜珊和郑希付，2018）。第一，改变过去教师聘任的终身制，实行聘任合同制。但对于农村心理健康教师来说，聘用期限不宜过短，一般来说，不少于三年，以免因频繁的聘任增加教师压力，影响正常教学秩序。在聘任期间对心理健康教师进行综合考评，对于考核不合格的心理健康教师不再续聘，以此来增加心理健康教师的危机感和竞争意识，促进农村心理健康教师自身的提高，形成"能者上，庸者下"的用人激励机制。第二，完善教师退出机制。针对不同的情况采取不同的分流办法，避免产生纠纷，引发社会矛盾。对于临近退休或者身体健康状况欠佳的心理健康教师，可适当放宽退休政策，提前退休；对于教师素质及工作业务水平不高的心理健康教师，为其提供继续教育学习的机会；对于多次考核不合格且有不良行为的心理健康教师，安排其转岗、离岗，形成合理的"能进能出"的用人制度。

**4. 加强心理健康教师的培训体系**

（1）增加教师培训的机会与训练形式的多样性

第一，应建立以城镇师范院校为核心的培训网。农村心理健康教育的特点是资金短缺，教师工作繁忙，很少有机会组织外出培训。为广泛利用当地资源、发展农村心理健康教育师资培训，可建立以城镇师范院校为资源中心的心理健康教师培训网。第二，结合继续教育，高等院校和科研机构的心理学工作者应有计划地培训中小学心理健康教师，通过开展专题讲座，树立心理健康教师正确的心理健康观念和职业素养，运用游戏活动、情景分析与头脑风暴等方法丰富心理健康教师的心理辅导实践经验（范朝霞，2011）。继续教育还可以以脱产进修、双休日线上培训、寒暑假集中授课等方式进行。第三，应鼓励教师参加心理健康教育专业学历教育，同时有效开展校本培训。专业学历教育具有形式灵活、层次多样的特点，这些学习形式可以增强教师的理论基础与实践水平，同时能稳定心理健康教师队伍。校本培训在克服经费困难、解决交通不便、缓和师资紧缺方面能起到积极作用（范福林等，2013）。校本培训的开展可以不拘形式和规模，由中小学自发组织，形成"专业对话"的良好氛围，促成教师互帮互学，共同提高。

（2）探索科学、合理的培训内容

立足当地农村的实际情况，结合农村中小学心理健康教育的工作性质、心理健康课的特点，以及中小学生心理健康的发展，整合培训内容，有的放矢地进行指导，力求培训内容全面、新颖、灵活、创新、多样化和具有针对性。删除那些对于农村心理健康教育实用性不强的培训内容；合理运用本土资源，增添一些富有农村心理学特色的知识。如发现大自然中的美，提高学生的审美能力；利用废旧物品自制道具，培养学生的创造力；观察农作物的生长规律，培养学生的求知欲；等等。在培训过程中，培训内容应根据培训对象的不同而做出相应调整。例如，培训心理健康教师时，应偏重心理学重要理论知识的讲解、咨询技术的运用和个案的交流与分析；培训学科教师时，应偏重教师自身积极心理品质的构建和调节负面情绪的能力，使学生在上课时能感到轻松、快乐而又富有成效，每节课变成幸福体验和享受，这样的课堂本身就具有了预防和矫正心理问题的功能；在培训班主任时，应偏重了解学生常见的心理问题、心理辅导的实际运用等内容。使培训贴近农村中小学心理健康教育工作的实际需求，切实增强培训效果。

**5. 提高心理健康教师的地位待遇**

（1）营造积极的工作环境，建立完善的社会支持系统

从学校层面来说，第一，在教学管理方面，要建立健全以人文关怀为基础的科学管理模式，实行制度管理与人文关怀密切结合（屈正良等，2006）。为农村中小学心理健康教师营造充满信任、公平竞争、温馨融洽的

工作氛围，完善科学的教学管理机制，激发他们的内部动机和自我效能感，提供充分的自我成长空间；第二，在资源配置方面，要通过增加师资、关怀教师的家庭状况、调整工作量等方式，适时适度为心理健康教师减负，保障心理健康教师有足够的时间和精力从事教学及心理辅导工作。从家长层面来说，第一，给予心理健康教师充分的尊重，理解和认可心理健康教师的工作，知道心理健康教育对于孩子身心发展的重要性；第二，信任心理健康教师的合理做法，在心理健康教师对孩子进行心理辅导工作时能给予相应的支持，主动和心理健康教师交流孩子的心理发展情况，对心理健康教师给予孩子的评价和建议能积极地接纳；第三，主动配合心理健康教师开展学校的心理健康教育工作。

（2）教育行政部门应给予农村心理健康教育相应的激励机制

教育行政部门应在经费、培训机会、培训制度、人员配置等方面给农村中小学一定的倾斜，各级教育主管部门要把农村的心理健康教育管理落到实处，加大对农村心理健康教育的经济支持和对教育教学的投资力度，使农村心理健康教育的教育经费日趋平稳。分级落实、逐层把关，逐步改善农村中小学的硬件条件，为学校的心理辅导工作配置专业的设备，同时建立合乎标准的心理辅导场所，购置相应的必要资料。心理健康教师的工资及其福利按照其他主要学科的标准发放，积极探索解决农村中小学心理健康教师的医疗和养老保险问题，解除其生活方面的后顾之忧，激发他们的从教积极性。重视心理健康教育事业的发展，并把这些政策落到实处，使得农村心理健康教师的物质基础得到保障。

**6. 增强心理健康教师自身的职业信念**

（1）培养教师积极的职业心态

职业心态的积极与否，直接影响工作的质量和效果。我们应该合理运用积极心理健康教育的理论和方法来提升教师工作的积极性。例如：方法一，感恩日志练习。强调关注身心愉悦的体验，每天晚上写下今天所发生的让自己欣慰、开心或感恩的一件事情或者一个时刻。方法二，ABC转换思维练习。用以应对自我负面情绪的调整，通过回答调整看待问题的视角，应对不良心理感受。方法三，希望卡。强调希望感的正性推动作用，通过每日写希望卡"我希望今天自己能……"来树立目标，以便调整能力思维与路径思维，达成目标。采取多种方法关爱心理健康教师的身心健康，及早发现心理健康教师的职业倦怠和心理亚健康状态，帮助心理健康教师合理地宣泄不良情绪，培养其积极的职业心态。

### (2) 加强教师积极心理品质的培养

在教学工作中,教师积极的心理品质,可以使其保证以最佳状态对待工作,积极应对工作中出现的问题。教师内心是否积极乐观,直接影响着学生的积极心理品质,同时会潜移默化地影响学生的理念(徐冬阳,2019)。此外,教师的积极心理品质也影响着教师的专业发展及自身的身心健康水平。因此,培养教师积极的心理品质,对于提高农村中小学心理健康教师的职业素养具有极其重要的意义。第一,教师要树立乐观的人生态度。乐观是促进身心健康的一剂良药,面对超负荷的工作和生活的重负,教师难免会有点疲惫不堪,但是既然改变不了现状,就改变自己对现状的看法,学会积极接纳,稳定自己的情绪,乐观看待问题,才不会被无端的烦恼所淹没,永远以积极乐观的心态面对人生。第二,教师要学会建立归属感。教师如果可以和身边的朋友、同事建立相互支持和信任的关系,就会在面临困境的时候坦然地面对,同时能让教师深深地感受到自己所在团队的安全和温暖,而这种安全和温暖正是他们战胜逆境的力量源泉。第三,农村中小学心理健康教师要增强职业荣誉感,树立起强烈的使命感,把个人理想、本职工作与祖国的命运紧密地联系在一起。真正热爱教育事业并立志献身于该职业,不断加强师德修养,关爱学生,以身作则。只有这样才能以健康积极的情绪从事教学工作,才能真正扎根于农村教育,农村中小学心理健康教师队伍的建设才会取得事半功倍的成效。

### 7. 多层次管理学生朋辈队伍

朋辈心理辅导是近年来新兴的一种心理辅导方式,可以对农村中小学心理辅导工作起到弥补的作用。现如今面对外界不断增多的诱惑,农村中小学生的心理咨询需求量也在不断提升,而现阶段农村中小学的心理健康教师对于学生的心理辅导需求远远无法达到满足。因此农村中小学想要做好学生心理健康教育工作,必须要在学校中建立完善的心理辅导教育体系,其中就要求学校组建起一支系统化的包含学校心理社团员及班级心理委员在内的多层次心理健康教育朋辈队伍。在朋辈心理辅导模式中,由专业的心理健康教师通过对可以胜任工作的部分学生进行短期的心理辅导专业培训,包括传授基础的心理专业知识以及心理辅导技能等,从而促使学生能够更好地参与到对朋友、同学的心理疏导工作中,从而达到更好的心理辅导效果。学校心理社团主要在整个学校内展开活动;班级心理委员负责关注同班同学的异常心理状况并进行心理疏导沟通,如问题过于严重则需上报给老师。

**8. 构建心理健康教育家校合作模式**

父母是孩子的第一任教师，孩子的健康成长离不开家庭的教育。为了促进农村中小学生的心理健康成长，家庭与学校共同配合教育，才能更好地达成心理健康教育的目标。因此，农村中小学必须意识到传统的心理健康教育中存在的不足，利用现代信息技术，联合家庭，加强从意识层面到实践活动的合作教育。

（1）树立家校合作理念，强化家校合作意识

①学校要转变传统心育意识，树立新的心育理念。

教育部为了推进现代学校制度建设，提出"明确家长委员会的基本职责，即参与学校管理，参与教育工作，沟通学校与家庭""要尊重家长意愿，充分听取家长意见"。学校应该积极开展心理健康教育工作，正确认识心理健康教育的重要性，树立新的心理健康教育理念。从宏观上响应国家政策的号召，关注农村地区中小学生的心理健康问题，积极主动与家长沟通交流，向家长宣传心理健康教育的重大意义与作用，促进家长对孩子心理健康状况的了解与重视，激励家长为解决学生的心理问题共同出谋划策，促进学生全面、协调发展。

②家长应提升自身在心育工作中的责任意识，积极与学校形成合作模式。

无论学校的心理健康教育有多完善，如果没有良好的家庭教育相配合，都无法真正保障学生的心理健康。在农村地区，大部分家长的受教育水平较低，导致对学校教育存在误解，把孩子送到学校之后表现出一副"事不关己高高挂起"的心态，当被告知自己的孩子存在学习或者心理上的问题时，只会把责任推卸给学校。赵娟和徐彩意（2015）以广州为例，调查发现，16.67%的家长片面地认为心理健康教育是老师的责任，而没有意识到自己在这方面具有不可推卸的责任和义务。学校教育承担着向学生传授知识、培养学生综合能力、促进学生从自然人向社会人发展的重任。家庭教育与孩子的身心健康成长密不可分，家庭教育塑造孩子的性格与品质、影响孩子个性的健康发展。总的来说，学校教育与家庭教育分属于不同的教育文化环境，但对于孩子的成长而言，双方需要有一定的融合（张雅慧，2018）。因此，家长需要加强参与教育的责任意识，并借助家校合作这一方式开展心育工作，促进孩子健康成长。教育不应只是学校的事情，家长要树立正确的家庭教育观念，注重亲子之间的情感沟通与交流，建立良好的亲子沟通模式及和谐的家庭氛围。家长应主动与学校进行沟通交流，及时了解孩子在校的生活、学习及人际关

系状况，并配合教师做好孩子的教育和管理。

（2）构建信息技术背景下的家校合作模式，拓展心育工作途径

谢晓敏（2016）指出，在学校心理健康教育中构建家校合作模式，将家庭和社区纳入心理健康教育之中，能够最大限度地发挥学校心理健康教育的功能。在心育工作中构建家庭与学校的合作模式，便于发挥家长的主观能动性，防范学生心理问题的产生；同时对学生而言，增进其接受心理健康教育的信心。

①建立学校和家庭互动的心育模式，拓展心育途径。

从狭义上来说，家校合作模式是以学校为主、以家庭为辅的教育模式，总体上形成相互统一的教育观念，对学生开展各方面的教育。建立和完善家校心育模式，便于开展适合学生年龄特点和发展规律的家校合作活动，为学校开展心理健康教育工作提供更多更广的渠道。农村中小学可以针对农村家长的心理特点，成立家长委员会，开辟网上家长学校，通过网络媒介向家长们传授心理健康教育理念与心理健康教育的知识及技能，帮助家长树立学生心理健康的意识，确立正确的教养观，促使家长能对子女提出合理的发展目标，让子女感受到父母的期待与关爱，帮助家长掌握与子女进行心理沟通的技术与技巧。

②探索心育的家校合作内在机制，切实发挥家校合作的作用。

"家校合作"模式的理论基础最早起源于 1979 年，学者布郎芬布伦纳提出了生态系统理论（刘杰和孟会敏，2009）。该理论有四个环境系统，个体与环境系统互动的作用大小是由个体与环境系统的距离决定的，距离越近，作用越大，反之越小。在生态系统中，个体是不断变化的，个体与环境系统的作用也自然是相互的。要达到生态最优化就需要全面考虑任何可能影响个体的因素。孩子的成长是如此，心理健康的发展亦然。家庭是孩子最早的生活环境，家长对孩子的影响也是最早并且占有重要地位的。上学后，学校成为孩子的第二成长环境，学校里的教育是促使孩子成长的第二因素，家庭与学校共同对个体产生作用。因此，家校合作能最大限度地扩大和深化学校心理健康教育的效果。

（3）利用现代信息技术，开创家校联动教育

随着信息化时代的发展，通信技术、计算机技术及网络技术的迅猛发展与普及，使人们的生活发生了翻天覆地的变化。与此同时，新技术被引入教育教学领域，使得教育教学的理念与方式产生了相应的变革。微信、QQ 等即时通信技术的迅猛发展为学校教育与家庭教育的结合带来了新的契机，新型

的现代家校沟通模式逐渐融入了我们的生活。农村地区的中小学教师应充分利用多种教育时机与最佳交流方式，及时与家长沟通交流，引导家长用心去发现、挖掘孩子的闪光点，共同解决孩子们出现的各种心理困扰或心理问题，促进孩子身心的健康发展（史江萍，2016）。

①开设班级网站，展示学生在校情况。

班级网站的首页由班级简介、班级成员、优秀园地、快乐天地、班级故事等组成。主要用以展示学生的在校情况，比如学生的优秀作业展示、课外活动时的快乐身影、参加比赛时的精彩视频等。各个班都可以充分地利用网络平台，充分展示师生合力、家校合作的成果（李宏伟，2013）。家长可以在网络平台上进行留言或评论，及时表扬或鼓励孩子们。通过网络平台的沟通与交流，让家长们了解孩子在校学习生活状况，同时也让孩子们感受到父母对他们的关注与关怀。

②建立家长微信群或 QQ 群，提供线上语音视频交流平台。

微信用户过亿，即使是在农村地区，微信凭其多元化功能也已家喻户晓（任雪梅，2015）。QQ 是集聊天、语音、视频等于一身的在线软件，凭强大的功能使得人们的生活变得非常便捷。由于工作和生活的需要，用户开始使用 QQ 群，在群里可以便捷、快速地分享和传播信息（刘猛和胡枫，2018）。通过创建家长微信群或者 QQ 群，便于教师与家长通过线上语音或视频"零距离"传达和反馈学生信息。同时也便于家长之间更多地交流，相互共享教育子女的心得与良策。外出务工的父母也可以定期通过 QQ 或微信与孩子进行沟通交流，了解孩子在家或在校学习生活情况，倾听孩子们的心声，表达父母对孩子的关爱。语音和视频聊天拉近了亲子之间的距离，增强了情感的交流，更充分地满足了亲子交流的需求。

③开设学校心理辅导中心微信公众号，向家长普及心理健康教育的知识。

微信公众平台是给个人、企业和组织提供业务服务与用户管理能力的全新服务平台。作为一种新兴自媒体，微信公众平台在信息传播中的作用日趋凸显（冀芳和张夏恒，2015）。通过开设学校心理辅导中心微信公众号，创办有特色的平台，充分发挥微信公众平台的作用，为家长提供学习心理健康教育知识的渠道，有效促使信息的共享。学校心理辅导中心根据学生心理发展需求与现实情境，定期发布相关的心理健康方面的信息，让学生父母及时了解有关的情况，主动配合学校心理中心的工作，定期与孩子进行沟通交流，通过家校合作，为孩子们的心理健康成长保驾护航。

## 四、落实农村中小学积极心理健康教育的经费和软硬件设施保障

**1. 加大农村中小学积极心理健康教育资金投入**

心理健康教育专项资金不足,无法支持形式多样的活动,这也是当下心理健康教育存在的一大缺陷(李大忠等,2019)。通过加大对农村中小学心理健康教育的资金投入,一方面可以改善现有的心理健康教育环境和心理辅导硬件设施;另一方面可以为学校心理健康教师提供专业培训的机会,有利于教师的专业化培养。农村中小学心理健康教育工作的顺利开展要有经费保障的支撑,同时每年要提前对支出进行经费预算。建议所属的教育行政部门设立农村中小学心理健康教育专项经费,心理健康教育经费要专款专用,切实保障专项资金的有效落实,主要用于农村中小学生心理档案的建立、学生各项心理健康教育活动的开展、心理健康教育场所与设备的改善、心理评估设备的添置、心理健康教师的培训及酬金等。

**2. 改善现有的设备和设施**

一套较为完善的学校心理健康设施设备包括:个体咨询室、团体辅导室、沙盘治疗室及配套的设备器材;用于学生心理调查的学校心理测量工具和心理测评系统。当前我国心理健康教育资源配置仍存在一定的不足,农村中小学在积极心理健康教育所需的设备设施方面与城市中小学相比仍存在一定差距。具体来说,由于用于心理健康教育的经费十分有限,农村中小学在心理咨询室的建设和用于心理辅导的软件配备仍存在一定的不足。刘怀明和伍建清(2014)对农村地区中小学保障性条件展开了调查,结果显示有30%的学校设置了心理咨询室,但经过实地考察却发现,绝大多数是一间屋子挂多个牌子,"心理咨询室"仅是其中的一块,设施设备主要是一张桌子和一束塑料花,专业化配备及科学布置无从谈起。另有研究表明,通过对中小学生在一周内持续利用学校心理辅导室的个体心理辅导设备和团体辅导设备施加干预,可以有效提高实验组中小学生的心理健康水平,结果十分显著(包蕾,2014)。《纲要》中也指出,心理辅导室是心理健康教育教师开展个别辅导和团体辅导,指导帮助学生解决在学习、生活和成长中出现的问题,排解心理困扰的专门场所,是学校开展心理健康教育的重要阵地。利用心理辅导设备开展的心理健康课程对于提高中小学生心理健康水平具有显著影响。心理工作的开展,离不开心理健康教师的参与和心理辅导室的各项设备设施。在提高心理健康教师专业性的同

时，根据中小学心理健康教育的需要，科学、合理地配置心理辅导室的设备，有针对性地建设心理辅导室，是推动农村中小学积极心理健康教育的核心工作之一，应该引起中小学心理健康教育工作者的重视。

**3. 丰富心理健康资源及相关书籍**

相对于个人辅导及团体心理辅导的外显性、公开性、外压式特点，引导学生进行心理健康方面的图书阅读则属内隐性、保护性、诱发式的心理健康教育方式（田澜，2005）。丰富多彩的心理健康书籍可以发挥转移、暗示、升华和投射作用，能够充分挖掘中小学生自我教育的潜力。并且，图书治疗的随意性、灵活性、宽泛性及无需付出任何代价的突出优势，决定了它在解决中小学生心理健康问题过程中起着其他方式所无法替代的作用，表现出止怒泄愤、激情励志、调整观念、增长见识和解除困惑之功效。赵丹儇等（2017）将 20 名具有心理问题的学生作为研究对象，研究观察阅读疗法前后实验组（进行阅读疗法）和对照组（不进行阅读疗法）的心理变化情况。结果发现在书籍的影响下，大学生总体心理状况得以改善。中小学生所处年龄段是青春期，在此期间，青少年的心理会发生一系列微妙复杂的变化，而学生有些心理困扰是难以启齿的，比如性困惑等。当学生通过与别人交流的方式很难解决时，如果借助图书治疗，就很容易解决。农村中小学可以通过建设学校图书角并购买相应的有关心理素质教育、心理咨询和辅导、潜能开发和训练方面的书刊，不仅能为农村学校中小学学生系统传授必要的心理学专业知识，而且能教他们学会对自我心理和行为进行调整的方式、方法、技能和窍门，为他们提供切实而具体的潜移默化的心理健康教育。

# 第六节　农村中小学心理危机干预体系的构建

自古以来，我国都非常重视从苦难中汲取经验，强调"生于忧患，死于安乐"的处事精神，在苦难中砥砺前行，经历战乱、天灾和人祸，正是一次次灾难之火的洗礼，今日之中国得以涅槃而出。人民不惧怕灾难，也有坚定的信心战胜一切挑战。从特大灾害，如 2008 年汶川地震、2008 年中国南方雪灾，再到社会生活中不可阻抗的意外事件，这一件件"非人力可为"的灾难给人们的心理健康造成一定的影响，如果不及时加以干预，将可能对个体产生极大的心理伤害。

当前在农村中小学还没有形成一套系统的危机干预体系,而农村中小学又存在其不可避免的危机,如农村留守儿童问题、亲人意外去世等,这些问题是农村生活中存在的问题,必须得到正视和解决。立足于农村当前心理健康教育资源、条件及特殊危机,本节着重于构建适用于农村中小学的心理危机干预体系,以帮助处于危机事件中的农村中小学生化悲伤为力量,调动农村中小学生心理发展的潜能,挖掘其自我发展的心理能量。

## 一、农村中小学校园的心理危机

### (一)心理危机的概念

#### 1. 心理危机的定义

从字面来看,危机指的是"危险""灾难",而在心理学上,心理危机不仅仅指个体经历了难以承受的冲击性事件,更多地转向遭遇危机事件的个体对于事件的内心状态。危机是个体在日常生活中体验到无法依靠个体自身的力量度过某些生活事件,或者现实生活的突然、剧烈的变化导致个体应对方法的失效,即个体处于一种生活解体的状态中。"危机"一般不是指个体所处的生活解体的状态,而是指个体对于这种解体状态恐惧、震惊及悲伤的感受(Brammer,1985)。个体的生活中遭遇到突如其来的变故,而又几乎对事件的发展无能为力,由此产生的失控感和无力感带来的负面情绪可能会对个体的内心世界产生巨大的波动,进而影响到个体的正常生活,如果不加以及时的干预,个体可能会出现一系列心理、身体的问题,严重阻碍个体的未来发展。

Richards 等(2003)认为,"危机"是个体对某一事件或者遭遇的认知或感受超越了个体当下的心理资源或应对机制所能负荷的程度而带来的一系列后果;如果个体无法及时从这种无能为力的境遇中解脱,可能会使其情感、行为及认知功能出现障碍。

#### 2. 心理危机的类型

每个个体及他们所遭遇的每个危机情境均有不同的特点,因此危机干预者必须有针对性地认识和面对不同的个体以及导致个体产生心理危机的不同事件。Brammer(1985)将应用性危机理论分为发展性危机、情境性危机和生存性危机。

①发展性危机(developmental crisis)是指个体由于正常的人生发展历

程中发生了具有巨大转折意义的事件从而导致某些异常反应的出现，而这是每个个体发展历程中必然需要面对的危机类型，一般认为是正常的，但由于个体的独特性，其对于每个个体的意义都是特殊的，因此对个体具体的发展性危机的评估与处理必须是有针对性的。农村中小学生常见的发展性危机有：针对不同家庭经济状况或者家庭组织情况，农村初三学生中考期间需要面临就读普通高中还是职业技术类学校的抉择；农村高三学生承受高考压力的同时需要进行择校、志愿填报等关系到未来的重要人生决断，这些对于农村中小学生的未来发展具有重大转折意义的事件都是发展性危机的表现。

②情境性危机（situational crisis）是指个体生活中发生了难以预料或控制的非正常性生活事件，这类危机对于个体来说是出乎意料的、突然的，因此个体在体验到震惊和强烈的情绪反应之余，甚至还可能给个体带来毁灭性的打击。农村常见的情境性危机事件有：由于监护疏忽，身边熟悉的朋友在夏季鱼塘的溺亡事故；双亲由于工作意外导致的身体伤害或者亡故；等等。

③生存性危机（exsistential crisis）是指个体由于经历某些生活事件后感受到如责任、归属、目标、自由、自我、独立等重要人生事务的冲突而陷入了焦虑、不安的状态。中小学生正处于形成自我同一性的时期，需要寻求他人的认可和关注，农村中小学生可能由于缺乏监护人的关爱而怀疑自我的价值和生存的意义，以自我伤害的方式进行反抗。

以上三种危机类型是Brammer（1985）从生态系统理论提出的分类方式，除此之外还有一种常见的危机类型——环境性危机（environmental crisis），即某种自然或人为造成的灾难的危害不仅施加在个体或群体中间，其影响还扩散到周围的个体或群体中。常见的环境性危机有三种形式：第一种是台风、地震、洪水等自然灾害；第二种是由于生物因素引起的环境性危机，如流行病的爆发；第三种是由于政治因素引起的环境性危机，如国家冲突、经济危机等。

## （二）引发农村中小学生产生心理危机的因素

根据民政部调查数据显示，2018年8月底，我国农村留守儿童的人数为697万人，其中96%的农村留守儿童是由(外)祖父母隔代照料(刘文等，2021)。这一大批的农村留守儿童由于家庭生活条件不宽裕，长期处于营养不足的生活条件中，身材矮小瘦弱；而更值得注意的是，双亲外出工作，他们大部分由祖辈照料，由于教育观念的不同，祖辈更多的是关注孩子的身体状况，而对孩子的心理状态重视不足，难以对孩子遭遇的心理问题进行及时的疏导和矫正，进而产生较多的心理问题。由于农村中小学生更多地面临缺少父母关注和家庭教育缺失的问题，他们更易出现内心封闭、情感冷漠、缺乏爱心、胆小、自卑、任性、叛逆等心理问题，易产生认识、价值上的偏离和不良行为，一些人甚至会因此而走上犯罪道路。

**1. 与个体有关的因素**

影响农村中小学生心理健康的自身因素主要是性别和年龄因素。有研究结果表明，儿童年龄越小，对父母的依恋程度越高，3~6岁的留守儿童比初中阶段的留守儿童表现出更高的孤独感，并且有更高的自责倾向；而随着年龄增长，留守儿童们自制力更差，难以长期保持注意力专注，更多地表现出情绪控制能力差、学业表现不佳、社会适应能力差等问题（孙俊超等，2017；李美华和张建涛，2018）。留守儿童的心理健康水平存在明显的性别差异，在农村留守儿童中进行的SCL-90测验结果表明，在躯体化、焦虑、抑郁、恐怖4个因子上，女生的分值显著高于男生；同样在心理健康诊断测验（MHT）中，女生在对人焦虑、自责倾向、恐怖倾向、总焦虑倾向上的检出率明显高于男生，但男生的敌对心理比女孩表现明显（夏东雨等，2019）。

影响农村中小学生心理健康发展的重要因素是家庭因素。家庭因素由家庭教养方式、家庭结构完整性、家庭氛围和家庭经济状况组成，而由于农村存在大量留守儿童，农村中小学生心理健康问题频发的最大影响因素是家庭结构不完整，如果农村父母能终止常年外出的状况将能使农村中小学生的心理状况有所改善（陈宇蝶，2019）。由于留守儿童父母常年外出，农村主要有单亲监护、祖辈监护、上代监护和自我监护四种监护类型，而这些非父母监护对留守儿童的心理健康存在不良影响：由于长期与父母分离、亲子依恋缺失、父母的关爱和监护严重不足、遇到问题和困难不能及时寻求父母的帮助，这些儿童身心焦虑，易产生孤僻排外、冲动好斗、叛逆任性的异常行为（卢利亚，2017）；突出表现为学习困难、自律性差和有攻击性或畏缩性等问题（黄爱玲，2004）。具体来看，非父母监护的留守儿童在具体行为表现上比一般儿童出现问题的可能性更大：范兴华和方晓义（2010）的研究发现，上代监护儿童、祖辈监护儿童在10种具体问题行为的发生率、多重问题行为总分、攻击和违纪行为的发生频率、行为适应困难的个体比例方面均显著高于一般儿童。

青少年的健康成长不仅需要家庭的参与，完整的社会支持系统的参与也是青少年心理健康发展不可缺少的组成部分，缺乏社会心理支持系统不利于农村中小学生心理健康的发展。学校是留守儿童成长和学习的重要场所，周围环境和校园文化都会对留守儿童产生潜移默化的影响，而目前农村中小学校园难以成为农村中小学生心理健康发展沃土，主要存在以下三大原因：学校心理健康教育观念的不足、心理健康教育师资匮乏、校园文化的缺失。

**2. 与危机事件有关的因素**

个体所遭遇的生活事件是否会超出个体的应对能力范畴，成为个体陷入"危机"的诱因，取决于事件本身是否具备某些特质，即事件的某些特质能使个体受到一定程度的心理冲击；在其他条件一致的情况下，危机事件具备越多能使个体受到心理冲击的特质，对个体的身心发展具有越大的危机性。这些与危机事件有关的因素包括：缺乏预警、景象突兀、场所单纯、破坏源的性质、事件发生的时间地点、破坏持续的时间和不确定性等。总体来说，突如其来、有生命威胁的及人为造成的危机事件会给个体带来巨大的心理危害。

（三）农村中小学生心理危机的类型与反应

**1. 农村中小学生的发展性危机**

孩子对父母有天然的亲子依恋之情，父母反复离家，不断强化孩子们的分离焦虑，让孩子逐渐丧失正确的依恋感、归属感，变得相对敏感、自卑和孤僻，导致孩子被抛弃的焦虑性创伤体验。但祖辈抚育或他人监护、溺爱、放纵或忽略、过于严厉的极端教养方式易导致孩子出现情感、行为、道德观念等方面不同程度的偏差，在人际交往中容易敏感过度、消极感受、受伤感觉明显。照顾者的忽视或过分小心、照料关系的不稳定，使留守儿童产生不安全感，无所畏惧与孤独脆弱并存，容易导致心灰意冷或嫉恨心理，甚至发生非正常伤害、死亡事件（王素华和何雪玲，2018）。

学校是留守儿童成长和学习的重要场所，周围环境和校园文化都会对留守儿童产生潜移默化的影响。当前农村学校缺乏有效应对留守儿童困难的办法，缺少对留守儿童群体特定需求的针对性关照和教育指导，导致教师的善意批评、同学之间的正常冲突、考试成绩暂时不佳都可能成为留守儿童丧失价值感和自信心、厌学的诱因（夏东雨等，2019）。一般留守儿童由于长期与父母分离，比一般儿童更易存在自卑、孤僻、逆反等人格问题，他们在人际关系问题的处理上更极端，在与他人的关系出现问题时更容易出现易怒、拒绝沟通和想法极端等问题，且由于留守儿童比一般儿童表现出更严重的逆反心理和行为问题，更可能爆发师生冲突，在情绪失控的状态下，农村留守儿童的校园伤害问题频发，由校园问题引发的自我伤害事件也更突出。

**2. 农村中小学生的情境性危机**

相较于城市，农村的发展还不够完备，除了基础设施不完善造成的生活单调乏味，由于农村环境的特殊性，存在更多的安全隐患，导致农村中小学生的情境性危机具有其自身特点。

首先，从农村的自然环境来看，当前农村地区地广人稀，山地、杂草树木、河流、湖泊等自然环境对孩子充满吸引也充满安全隐患，且由于农村村民的安全意识淡薄和农村缺乏系统的规划监管，当地居民的随意施工、操作不规范又忽视安全提示和设施的安装，农村容易出现意外伤亡事故，身边熟悉的同龄人或长辈突然受到意外伤害，这是农村中小学生最常见的情境性危机。

其次，从农村的人员构成来看，农村青壮年少，以老人儿童为主，安全警惕性弱，抵抗能力差，且农村地区人员流动频繁，农村留守儿童更容易受到别有用心的犯罪分子的故意侵害，对农村中小学生的身体和心理造成严重危机。

最后，从农村中小学的特殊群体来看，女童和不同留守经历的儿童可能出现不同的情境性危机。由于农村中"重男轻女"的传统思想残余更严重，农村男童被父母带到工作城市抚养的可能性比女童更大，且农村女童需要比男童承担更多的家庭责任，承担着更多的家务和农活及照顾老人和年幼的弟弟妹妹，这些可能加剧了女童被遗弃和被忽视的感觉；同时，女童比男童更敏感和怯弱，对成年人的依赖感更强，需要给予她们更多的安全感。由于女童特殊的心理特点和农村性教育的匮乏，女童可能面临被长辈、陌生人诱拐、性侵的危机。农村留守儿童可以根据其留守经历分为三类：从出生就开始留守、流动—留守、留守—流动—留守（孙文中和孙玉杰，2019）。第一类留守儿童由于长期与父母分离，亲子关系淡薄，可能对父母抱有敌视或仇恨的心态，存在严重行为问题；第二类留守儿童由于是中途才离开父母，可能会出现是自己成为负担才被送走的负面想法，心理落差大，因而他们情绪波动较大，往往变得缺乏安全感；第三类留守儿童由于生活环境频繁变动，不仅要适应农村与城市的居住环境的差异和变化，还要经历监护者与朋辈关系的变动，容易出现适应困难。

## 二、农村中小学的心理危机干预工作体系现状

### （一）农村中小学缺乏心理危机干预意识

学校要培养的学生是德智体美劳全面发展的社会主义接班人，但由于教育发展的不平衡，大部分农村学校还仅仅立足于知识技能方面的教育，重点立足于学生的人身安全的保障方面，仅仅有安全管理意识而无危机干预的理念，对校园危机的应对方式以安全管理为主（庞红卫，2009）。如夏季溺水事故频发，学校会在学生放暑假之前通过多种方式加强夏季防溺水事故的安全教育；而在学校有学生不幸发生了溺水事故之后，学校除了控制消息的传播之外，工作重点放在了进一步加强学生的安全意识教育上，却很少对学生进行在经历了同学意外溺亡之后的心理危机干预，更未建立和完善校园心理危机干预机制。

许多农村学校在处理学校危机事件时，往往以尽快平息事件避免学校声誉受损为目标，导致学生受到事件影响却失去了从事件中得到心理发展的契机。可以说，农村中小学在面对校园危机事件时的一般措施是加强校园安全管理，加大校园教学活动的管控，以达到避免事件再次发生的目标。校园危机事件是学校避之不及的"灾难"，但与此同时，对事件处理得当也是学校师生心理发展的"机遇"，如加强学校师生的集体凝聚力，增强学生的自我意识，尊重自己和他人的生命等。

### （二）农村中小学教师缺乏心理危机干预专业知识

《纲要》提出，在除了大中城市和经济发达地区的其他地区要尽快完善心理健康教育工作机制，建立心理健康教育辅导室和稳定的心理健康专业教师队伍，普遍开展心理健康教育工作。在《纲要》的要求下，许多农村学校已经在学校建立了心理咨询室，也按照国家的要求配备了心理健康教师，但这只是在形式上建立了基本的学校心理健康教育机制，而实际上，目前的农村中小学心理健康教师多由科任教师兼职或者心理健康教师同时兼任其他教学或行政工作，并没有按照要求为学生开设日常的心理健康课程和专题活动；而建立的心理咨询室并没有面向学生开放使用，也缺少专职心理健康教师和值班人员，更别说心理咨询室里的教师具备专业、系统的心理咨询知识和技能（李海宝，2015）。

因此，由于农村中小学缺乏专业的心理健康教师团队，大部分学校的心

理危机干预工作都是由班主任、教导处主任或者校医来进行。班主任虽然比较了解学生情况，能较快地发现学生的异常，但是班主任缺乏系统的心理学知识和专业的心理学背景，难以处理如自杀这样的严重心理危机事件。教导处主任虽然能凭借自身的威严和教育生活经验，快速处理学生的问题行为，但难以对学生进行长期的变化追踪和及时跟进。校医则由于缺乏系统的心理学知识，也难以很好地处理学生的心理危机。

### （三）农村中小学缺乏具备危机干预技能的专业人员队伍

目前农村中小学还缺乏完善的心理危机干预机制，且没有形成校园危机干预的长效工作机制，因此对于校园危机的处理缺乏周全细致的考虑，往往将危机事件视作偶发性事件，凭借处理一般校园安全事故的经验来处理（庞红卫，2009）。值得关注的是，校园危机事件不但会对学校正常的教育教学秩序产生冲击，也会引发师生紧张、焦虑、不安等情绪，如果处理不当，将会遗留严重的心理创伤。以校园安全管理来替代校园危机干预，只能解决一些暂时的、表面的校园秩序问题，而对长远的、深层的、由危机事件引发的心理创伤的处理难以顾及。

根据《纲要》的要求，许多农村中小学已经配置了心理健康教师和建立了心理咨询室，但由于教师岗位的限制，学校配置专业的心理健康老师的人数有限，教师精力有限，只能聚焦在发生严重心理问题的学生身上，往往会忽视处于一般问题的状态的学生，进而可能导致这些学生由一般心理问题状态恶化至严重心理危机的状态，错过了及早矫正心理问题的"黄金时期"。

### （四）农村中小学心理危机干预工作没有形成合力

《纲要》建议中小学心理健康教育要始终贯穿于教育教学全过程、要密切联系家长及充分利用校外资源，但以目前实际情况来看，农村中小学心理危机干预工作并没有形成合力：学校的心理危机干预工作存在着学校领导、班主任、科任教师、专职心理健康教师各自为政；社会、学校、家庭没有形成合力，资源难以整合（李海宝，2015）。

人是社会性的，每个人的成长都不是孤立的，家庭、朋辈、社会普遍对于心理健康的认知都是农村中小学生心理危机干预体系的重要组成部分，某一个部分的改变都会对学生的心理危机产生影响，例如，一个跟着父母在大城市度过幼儿期的孩子回老家上小学，监护人由双亲变为陌生的亲戚，这个生活环境发生巨大改变的经历可能会导致这个孩子产生恐惧、缺乏安全感等心理不适，进而导致心理危机，而对这个孩子的心理危机干预也需要各个社会支持系统的组成部分参与。同时，具备专业心理咨询知识与技能的心理咨询机构、组织的介入对于处于严重心理危机的中小学生意义重大，但目前我国专业的公益心理机构还比较少，在农村地区尤其匮乏，心理危机干预社会支持系统不完备导致农村中小学的心理危机干预工作量巨大且困难。

## 三、构建农村中小学的心理危机干预工作体系

### （一）构建农村中小学心理危机干预体系方案

#### 1. 建立学校三级干预机构组织系统

中小学生正处于身心发展的关键时期，随着生理和心理的发育，他们在学业竞争、日常生活、同伴相处及自我认识等方面可能会出现许多困惑，而农村由于其发展的局限，农村中小学生可能在成长过程中被迫失去父母的情感关注、提早承受家庭责任，假如不及早发现他们的心理困扰，可能不利于农村中小学生的身心成长，严重的还会使学生产生行为障碍和人格缺陷，演变为心理危机。

根据中小学生的主要压力源及农村中小学的现实情况，可以将危机干预网络分为三级，各级干预机构层层递进，每级干预机构各有特殊作用，彼此之间相互合作、共同运作，形成农村中小学的心理危机干预系统，以便更好地识别、帮助处于心理危机状态的农村中小学生。

（1）一级干预

一级干预的主要目的在于及早识别可能的心理危机个体，因此一级干预主要由与危机个体关系亲密、有直接联系的人员组成，如朋友、家人、班主任、班级心理委员或者宿舍长。由于一级干预的组成人员与危机个体的相处时间较多，对于彼此的变化能敏锐地察觉，情感联系也更亲密，他们不仅可以提前发现危机个体，也能在干预过程中起到情感支持与陪伴的作用，在后期的情况追踪中也能发挥稳定的作用。一级干预系统中的成员能够最先发现个体的危机情况，对危机个体起到强大的社会支持和情感陪护的作用，当个体发生危机时，一级干预人员负责帮助个体减少或摆脱危机的影响，对他们的情绪进行疏导，提供社会支持，使之顺利度过危机。一级干预还应该负责对个体的情况进行总结和汇报的工作，以便能够及时地对心理危机干预方案做出调节和分配整个危机干预人员的工作。

(2) 二级干预

学校心理危机干预的二级干预由心理咨询室、保卫室和教导处组成，各机构彼此相互合作，为农村中小学心理危机个体提供信息与工具支持。二级干预机构需要与一级干预机构相互配合，其主要日常事务是积极向农村中小学生宣传心理健康教育与生命教育知识，与班主任配合建立全校学生的心理健康电子档案，对于各班级所上报的可能发生心理危机的学生进行跟踪关注，同时还要积极进行中小学生的心理危机干预的个案研究，全面加强校园心理健康教育网络建设，成立危机干预研究中心，做到在心理危机干预网络中提供专业的理论支持。与此同时，心理咨询室的教师也需要与医务室的人员及时互通信息，对潜在的心理危机个体及早发现，对处于心理危机的个体共同评估其心理问题，针对学生身心问题表征共同制定心理危机干预方案，以免学生出现危险性行为及后果。

(3) 三级干预

三级干预在农村中小学心理危机干预体系中属于宏观把控的环节，主要由学校校长、年级长、心理咨询室负责人、教导处主任、保卫室负责人等重要组织机构负责人构成领导机构，主要负责农村中小学心理危机干预工作的政策制定、信息支持、重大决策和组织领导等工作。三级干预机构需要制定学校的心理干预方案，拟定学校的心理健康教育的校本资源和心理健康教育的活动方案，确立学生心理危机干预系统的工作目标，对校园重大心理危机进行处理决策，发布心理危机干预方案，做好学校心理危机干预的整体部署和协调工作，同时做好动员学校各部门工作人员之间的调配，心理危机干预系统工作的评估及联系校外的心理卫生机构做好统筹调配的工作。它既是预警中心又是调配中心，更是全校心理危机突发事件的一个决策中心。

**2. 建立农村中小学生心理危机预警机制**

个体心理危机的发生并不是一蹴而就的，可以通过个体日常生活中的变化得到识别；而学校可以通过提高对学生的心理危机的识别和评估能力积极地预防和应对学生的心理危机。

(1) 预防教育

处理危机的最佳方案并不是识别危机个体之后采取干预方案进行处理，而是防患于未然，以预防为重点，通过教育的方式减少个体陷入心理危机的可能性。因此，农村中小学应该在日常教学活动中渗透心理健康教育的理念，配置心理教育教师开设心理健康课，定期开展心理健康专题讲座，使学生掌握基本的心理健康知识，正确认识自我、接纳自我和发展自我，树立自信、乐观的生活态度，了解危机的概念、表现和应对方法；而班主任可以通过主题班会的机会及时就学生的情况灵活传递正确的生活态度和处理方法，其他任课教师也应注意学科渗透，在平时的学科知识的教学过程中传递正确的人生观和生命观，引导学生正确地面对自己日常生活中的矛盾冲突，珍惜自己与他人的生命，热爱生活，把握人生。此外，还要在校园文化氛围的营造过程中融入心理健康教育元素，如以心理健康为主题的班级黑板报、校园广播中开设心灵解答的栏目或者心理知识广播、设立学校心理健康周等，在学生中普及心理健康知识，帮助学生优化个性心理品质，增强心理的调适能力，营造宽松自由的校园心理文化氛围。

（2）早期预警

农村中小学不仅要注意日常的预防教育工作，也要建立配套的预警机制，才能真正有效地将学生的心理危机"扼杀"在摇篮里。农村中小学早期预警机制可以与三级干预体系相呼应，即充分发挥一级干预机构的作用，二级、三级干预机构提供相应的支持。学生之间朝夕相处，对彼此的情况更了解，应该充分发挥朋辈的力量：每个班级要设立心理委员，由学校的心理咨询室的教师定期进行基本的心理健康教育知识和简单的危机应对理论与技能的培训，心理委员可以及时关注班级学生的情况，及时向班主任、心理咨询室的教师报告；在农村的寄宿制中小学可以发挥宿舍长的作用，他们能更及时地发现同学出现重大变故，给予基本的陪伴与情感支持，在意识到同学出现异常情况时也能及时寻找他人帮助，与班主任或其他学校组织的负责人取得联系。学校要做好学生心理危机的早期预警工作，对学生的心理变化做到早发现、早报告、早分析、早处理，力争将学生心理危机的发生消除在萌芽状态。

**3. 建立农村中小学生心理危机善后机制**

学校心理危机干预工作需要完整的预警—干预—善后的过程，如果没有完善的善后机制，学校之前的心理危机干预成果将只是"昙花一现"，达不到令人满意的结果。因此，农村中小学为学生营造一个丰富、安全的学校氛围非常重要：学校开展多样的文体活动、丰富学生的课余生活，将有利于培养学生自信乐观的精神品质，创造友好团结的人际氛围（李海宝，2015）。同时，和谐自在的师生关系也是学校氛围重要的一环，任课教师，尤其是班主任与学生保持良好的交流关系，教师主动、友好地与学生交流学习、生活中的问题，对全体学生保持开放、平等的态度，带动班集体学生干部对有心理困扰的学生给予及时、合适的问候和帮助，都将有利于心理危机个体真正地度过心理危机。

①当曾受心理问题困扰、经历心理危机而休学的学生要求正常返校，因心理危机而休学的学生申请复学时，还应该向学校提供有效的心理疾病康复证明，以便学校可以清楚地了解学生目前的心理状况。

②学生复学后，学校应对其学习生活进行妥善安排，帮助该生建立良好的支持系统，避免其他同学和他发生激烈冲突。在班级设立心理委员，对复学学生密切关注，了解其心理变化情况。班主任、心理委员每周与其谈心一次，并通过周围其他同学随时了解其心理状况，每周填写一次《学生心理健康状况表》，并向学校报告该生的心理状况。

③班主任要注意班级中经历过心理危机的学生，并及时与心理咨询室的教师保持联系，而心理咨询室也应对这些学生进行情况的追踪跟进，与学生定期进行交流或咨询。

④对于因有强烈的自杀想法或自杀未遂休学而复学的学生，学校及班主任应给予他们特别的关心，安排班级干部、同宿舍的同学或好朋友对其密切监护，制定可能发生危机的预案，随时防止其心理状况的恶化。

## （二）组建农村中小学心理危机干预队伍

### 1. 加强农村中小学专兼职心理健康教师专业知识及专业技能培训

《纲要》明确要求，心理健康教育是一项专业性很强的工作，必须大力加强专业教师队伍建设，每所学校至少配备一名专职或兼职心理健康教师，并逐步增大专职人员配比；且由于对心理健康教师专业性的要求，需要针对心理健康教师大力开展培训，同时要求学校要重视教师的心理健康教育工作。

学校心理健康教育工作的具体实施需要发挥教师的作用，因此学校只有加强师资队伍的建设，保证教师素质，才能提高学校的心理健康教育工作的质量。同时，由于农村中小学对学生的心理健康重视不够，心理健康教师人数少、任务繁重，甚至还需要承担其他行政工作，难以实现心理健康教师专职专用，他们不仅本职工作任务重，还需要付出时间、精力完成其他的学校任务，因而农村中小学的心理健康教育服务工作效果难以得到保证。

《纲要》明确指出心理辅导是一项科学性、专业性很强的工作，心理健康教师应遵循心理发展和教育规律，向学生提供发展性心理辅导和帮助；中小学的心理健康教师要在专业性的规范下具备良好的专业素养和专业技能，积累丰富的实践经验（杨晓霞和尹丽娜，2010）。

对于农村中小学的从事心理健康教育的教师，除了要求教师参与讲座、研讨会和技能培训学习加强心理健康基本理论的学习和心理辅导的理论和技能的学习，还必须针对心理危机与一般心理问题的区别，面向农村中小学专职或兼职的心理健康教师举办农村中小学生心理危机干预的专项培训项目，提高农村中小学心理健康教师对农村中小学生面临的潜在心理危机的认识，提高教师应对心理危机干预方法的掌握与运用能力；教育主管部门应该增加农村中小学心理服务的教育经费投入，为农村中小学心理健康教师参与专业的心理危机干预的技能培训活动创造条件，并且为学校与专业心理机构搭建交流的渠道，鼓励农村中小学心理健康教师参与危机干预个案的督导活动，与同行交流危机干预的经验。

**2. 强调农村中小学班主任在学生心理危机干预工作中的主导作用**

目前大部分农村中小学没有形成完整的心理危机干预体系，难以及时、有效地应对学生的心理危机，更加无法帮助学生培养面对危机的自我调节能力。对于学生来说，校园是他们最为熟悉的环境之一，班主任则是他们在校园里关系最密切的人之一，发挥班主任在农村中小学生中心理危机干预的特殊作用，将可能及早发现学生面临的心理危机，及时给予有效的帮助。

①发挥学生个体的教育力量。班主任是班级氛围的"掌舵者"，班主任应平等地对待班级的每一位学生，以友爱真诚的态度与学生交流，营造良好和谐的班级氛围。同时，班主任应该了解班级学生的家庭情况，平时注意观察学生，与学生保持稳定的交流，全面地了解学生，对不同的学生采取不同的教育方法和教育手段，有意识地在日常学校生活中创造机会进行心理健康教育，培养学生的积极心理品质。班主任在做到因人施教的同时，也要注意发挥班级学生的力量，发挥学生个体的力量来带动和影响其他人，善于利用同伴的情感支持来帮助班级中生活、心理处于变动期的学生，如心理委员主动关心家庭经历变故的同学。

②发挥学生群体的合作教育力量。班级是学校教育的主要组织形式，学生在班集体里成长，也带动着班集体的变化，良好的班集体气氛能给予危机个体安全的环境，增强个体应对危机的心理力量，有利于他们平稳度过危机。班主任在班集体的形成过程中起着重要作用，班主任在平时有意识地创造合作的机会，譬如建立学习小组，让组内的学生在合作中增进了解，彼此团结互助，有助于将这种品质延伸到日常的相处中，当团队中的成员经历生活中的变化时，友好的人际关系和宽容的集体氛围能减少个体的心理压力，在同伴的陪伴中增强自我调适能力和应对能力。

**3. 重视农村中小学学科教师在学生心理危机干预工作中的学科渗透作用**

在学校教育中,班主任和科任教师不仅承担学生学科知识的传授工作,还能发挥在学科教学过程中渗透心理健康教育的作用。科任教师在学校心理危机干预体系中是重要的成员之一,科任教师也是班集体中的重要一员,与班主任在班级管理中相互配合、相互支持,共同探索学生心理危机干预的方法和经验,是农村中小学心理危机干预一级干预体系教育作用合力的重要战线。

班主任与科任教师协作形成共同的教育合力的方向,双方应保持良好的沟通关系。第一,班主任要协助科任教师了解学生的个人与家庭状况,使科任教师对学生的性格、家庭构成、人际关系等情况有一定的基本认识,减少由于了解不充分而造成的师生冲突,更重要的是有利于双方在平常的教学工作中注意心理危机高危个体的情况,结合教学有意识地给予学生辅导。第二,班主任与科任教师应该互相合作,在对方在教学和与学生的相处出现问题的时候,彼此提供建议或帮助缓和与学生的关系,使学生与班主任和科任教师保持良好的师生关系,这样才能使学生在生活中遇到困难的时候,主动与教师进行沟通,寻求教师的帮助,避免学生陷入心理危机。第三,科任教师在教学、与学生的交流过程中要密切关注学生的情绪和状态,当发现学生出现与往常差异较大的行为表现与情绪波动时,要及时与班主任交流情况,及时识别班级潜在的危机个体。

**(三)构建立体化农村中小学心理危机干预网络**

**1. 加强学校组织领导作用**

预防是学校心理危机干预体系中的核心环节,做好学生心理危机预防工作,可以在最大程度上减少危机发生带来的心理伤害。在农村中小学心理危机干预体系中,学校需要对学生的心理危机问题进行初步筛查,做好学生心理危机干预预案,在学生出现心理危机时能灵活机动地进行有效处理。

①设置组织机构。

学校心理危机干预的组织机构在农村中小学心理危机干预体系中处于三级干预,发挥宏观把握学校心理危机干预工作的整体部署,组织成员主要由学校负责学生工作的部门主要负责人构成,包括学校校长、各年级长、心理咨询室负责人、教导处主任、保卫室负责人等;主要负责对学校的心理危机干预工作进行全面的规划与领导,协调与督促学校部门与班级认真履行危干预工作的职责，制定心理危机事件处理方案和为重大学生心理危机事件的处理进行决策。

②进行学生心理问题排查。

农村中小学生情况复杂，同时由于农村的生活环境的相对单一封闭，学生生活中的任何微小变动都可能会对学生心理产生不同程度的冲击，因此农村中小学有必要对学生进行心理普查及家庭状况调查：了解学生的心理状况，明确当前学校学生普遍心理危机的成因，如家庭原因、人格障碍原因、学习障碍原因与自身原因，由此注意识别学校心理危机的高危个体，要求班主任重点关注这些学生的情绪与行为变化，并且要求心理健康教师对这些学生的心理状况进行追踪，建立心理档案并且定期对其进行交流谈心与安排心理辅导。

③建立学校心理危机预警体系。

学校除了需要组织内部的力量，建立完善的三级干预体系，还需要充分利用外部力量，如建立家校协作的机制，在学生出现危机征兆时，学校还可以与家长联系，共同探讨学生心理危机干预方案，在情况严重时，可以转介到专业的心理机构。同时，除了关注特殊家庭学生，学校也要在不同时段关注学生的心理状况：学生放假前后、考试前后、开学前后、新生入学后、重大活动前后、季节交替前后和毕业生离校前是学校应重点注意的重要时段，这些时段学生的生活习惯、情绪等都会有不同程度的变化，学校不仅要做好安全教育，更要协调学校心理危机干预体系中各环节的组织机构，做好学生心理危机干预工作。

**2. 加强心理健康专业机构和农村中小学的联系和合作**

心理危机的成因是复杂的，对学生的心理危机干预工作也是繁重、持久的过程，单凭学校心理健康教师和班主任的工作难以真正地彻底完成对学生心理危机干预的过程，此时社会专业心理机构的参与意义非凡。农村中小学心理健康教师应该与当地的心理咨询机构组织或儿童权益公益组织的相关人员保持联系，不仅可以在同行间进行经验交流，还可以在平常的心理健康课程中、危机干预中寻求资源共享、合作与帮助，实现更好的干预效果。例如，农村中小学女童遭遇性侵的案例受到社会关注，农村中小学可以寻求女童保护组织的协助，在校园内走进课堂，为学生普及性教育知识，增强农村学生的自我保护意识；同时，当有学生遭遇性侵，教师也可以寻求公益组织内有经验的志愿者的帮助或转介到专业心理咨询机构，让学生得到更专业的心理危机干预。

## 3. 加强村委会、学校与家庭"三位一体"危机干预合作机制

每个人的成长过程都不是孤立的，家庭和学校是学生活动的主要区域，中小学心理危机个体的心理干预工作必须通过家庭和学校的协作才能取得良好的效果。由于农村独特的人文特点，村委会加入农村中小学生的心理危机干预网络才能使干预效果最优化。

首先，农村中小学的心理危机干预工作必须实现家校协作。农村的家庭结构多样，存在多种家庭监护方式，再加上部分农村家长教育观念的落后，其教养方式可能会造成学生人格障碍或心理素质不健全，这部分学生是心理危机的高危个体。因此，学校必须与学生监护人保持稳定的联系，监护人既可以更新自己的教育观念，也可以增进对学生的理解，关注学生成长过程中的心理需求；学校也可以了解学生的成长背景，可以给予特殊家庭的学生更多的关注，在心理危机干预过程中，针对学生的家庭状况采取有针对性的干预方案。

其次，实现村委会、学校与家庭的互通互助合作。村委会、学校与家庭应构建"三位一体"的社会支持网络，就学生的情况进行信息交换，将各自可发挥的作用纳入学生的心理危机干预方案中。例如，学校在心理普查中发现了有自杀倾向的学生，学校除了联系学生监护人，让监护人参与分析学生产生自杀倾向的原因，在家庭中开导和鼓励学生，并注意关注学生的情绪变化，保证学生的安全；村委会的工作人员也可以有意识地树立安全警示牌，避免让学生独自前往高处或池塘等地方。

最后，村委会、学校应努力营造良好的干预氛围。心理学在我国普及的程度较低，民众对于参加心理咨询的接受度较低，农村对于心理咨询、危机干预的认识不足，农村中小学生在参与心理危机干预的过程中可能遭受误解，承受一定的心理压力。因此，学校、村委会应加大对心理学的常识普及，在村民间普及接受心理干预是自然的、有必要的，减少农村中小学生进行心理危机干预的阻力。同时，村委会也要努力为农村中小学生营造安全、自在的生活氛围：村委会的工作人员要关心学生的生活环境，对于对学生生活起居不闻不问甚至有家暴倾向的监护人要采取有力的手段，保护学生的合法权益。

农村教育资源分配不均，对于心理健康教育的重要性认识不足，师资不足，因此心理健康教育的建设成果不如于城市地区，对于学生心理危机干预体系的建设更难以满足农村中小学生的现实需要。立足于现实情况，农村中小学可以充分利用现有的学校组织机构，建立三级干预机构，从下到上建立

"预警—干预—善后"的干预体系；在充分发挥校内力量的同时，善于发掘外部资源，与专业心理机构、公益组织保持联系，联系学生家庭、村委会，构建危机干预的社会支持网络。

## 参 考 文 献

包蕾, 2014. 利用心理辅导室设备促进心理健康教育的实验研究[J]. 中国特殊教育（1）：84-89.

陈荣萧, 2017. 浅谈农村中小学心理健康教育课程的开设现状及对策[J]. 课程教育研究（33）：248-249.

陈宇蝶, 2019. 农村留守儿童学业成就动机的影响因素及提高对策[J]. 大众文艺（10）：215-216.

崔佳, 2018. 积极心理学在西方学校教育中的应用研究[J]. 校园心理, 16（5）：376-377.

杜新儿, 陈坤龙, 2019. 基于核心素养理念下中等职业学生心理健康课程体系的建构[J]. 校园心理, 17（6）：471-473.

段保才, 2016. 积极心理学视野下高职院校心理健康教育模式[J]. 中国冶金教育（2）：34-37.

范福林, 王乃弋, 王工斌, 2013. 中小学心理教师专业化现状调查及发展探究[J]. 教育学报, 9（6）：91-101.

范兴华, 方晓义, 2010. 不同监护类型留守儿童与一般儿童问题行为比较[J]. 中国临床心理学杂志, 18（2）：232-234.

范朝霞, 2011. 高校在中小学心理健康教育师资培养中的作用[J]. 咸宁学院学报, 31（4）：95-96.

韩俊芳, 2019. 积极心理学在中学心理健康教育的应用策略[C]//2019年"基于核心素养的课堂教学改革"研讨会.

黄爱玲, 2004. "留守孩"心理健康水平分析[J]. 中国心理卫生杂志, 18（5）：351-353.

黄静茹, 2013. 中国积极心理学研究发展现状[J]. 西南石油大学学报（社会科学版）, 15（2）：78-83.

黄茗, 李书慧, 2018. 广西中小学生心理健康教育现状及对策研究[J]. 广西教育（5）：14-17.

黄喜珊, 郑希付, 2018. 中小学心理健康教育的师资建设现状及展望[J]. 中小学心理健康教育（9）：9-16.

冀芳, 张夏恒, 2015. 微信公众平台传播效果评价研究[J]. 情报理论与实践, 38（12）：77-81.

简福平, 邓敏, 2019. 模块化课程对团体心理辅导技能培养的效果分析[J]. 重庆师范大学学报（社会科学版）（4）：76-84.

金子璐, 2017. 东西方关于领导者要素的比较研究：以孙子"为将五德"和西方心理学六大美德为例[J]. 北京大学学报（哲学社会科学版）, 54（1）：150-157.

李大忠, 何文慧, 李朝章, 等, 2019. 广西农村中小学心理健康教育现状及对策研究：以百色地区为例[J]. 科教导刊（24）：161-162.

李海宝, 2015. 构建中小学心理危机干预机制的思考[J]. 黑河教育（4）：13-14.

李宏伟, 2013. 班级网络 方便你我：谈班主任如何巧用班级网络进行教学[J]. 学苑教育（7）：17.

李继星, 2008. 我国近中期中小学心理健康教育的发展趋势[J]. 中小学心理健康教育（1）：4-8.

李美华, 张建涛, 2018. 留守儿童的教育公平与心理问题探究[J]. 西北师大学报（社会科学版）, 55（4）：116-124.

李文发, 2017. 农村中小学心理健康教育的现状及对策[J]. 课程教育研究（4）：178.

梁海巍, 岳宗德, 2019. 关于中学生心理课堂教学有效开展的思考[J]. 教育现代化, 6（88）：223-224.

廖全明, 2009. 中小学生心理健康服务内容体系的构建[J]. 中小学心理健康教育（24）：7-9.

刘华山, 2001. 心理健康概念与标准的再认识[J]. 心理科学, 24（4）：480-481.

刘怀明, 伍建清, 2014. 农村地区中小学心理健康教育保障性条件现状调查：以四川省资阳市为例[J]. 教育

# 第六章 农村中小学积极心理健康教育体系的构建

科学论坛（12）：73-75.

刘杰, 孟会敏, 2009. 关于布郎芬布伦纳发展心理学生态系统理论[J]. 中国健康心理学杂志, 17（2）：250-252.

刘猛, 胡枫, 2018. QQ群超网络特性分析[J]. 计算机应用研究, 35（11）：3259-3262.

刘文, 于增艳, 林丹, 2021. 新时代背景下留守儿童社会适应促进：特点、挑战与应对[J]. 苏州大学学报（教育科学版）, 9（4）：29-36.

刘宣文, 2002. 心理辅导活动课的设计与评价[J]. 教育研究（5）：58-64.

刘元英, 2015. 立足生本 构建学校心理健康教育新体系的探索与实践：以山西省汾西县第二小学心理健康教育工作为例[J]. 教育理论与实践, 35（20）：22-24.

卢利亚, 2017. 农村留守儿童安全和品行问题的空间治理[J]. 贵州社会科学（9）：69-74.

陆瑛, 2019. 浅析积极心理学在初中心理健康教育中的运用[J]. 教育观察, 8（42）：69-70.

罗德勇, 2016. 团体心理辅导对学生发展的促进作用[J]. 课程教育研究（10）：185-186.

吕晓宏, 2016. 长春市112中学心理健康教育组织管理研究[D]. 长春：吉林大学.

孟万金, 2008. 论积极心理健康教育[J]. 教育研究（5）：41-45.

孟万金, 2010. 积极心理健康教育：奠基幸福有成人生[J]. 中国特殊教育（11）：3-8, 12.

聂永忠, 2020. 农村学校开展心理健康教育模式研究：以武威市凉州区为例的研究报告[J]. 教书育人（2）：22.

潘远超, 白东, 李耀卿, 等, 2017. 中学心理健康教育体系的三级建构：以四川省达州中学为例[J]. 中小学心理健康教育（30）：56-61.

庞红卫, 2009. 从校园危机干预透视学校文化：基于对中小学校园危机干预现状的分析[J]. 教育科学研究（3）：34-37.

屈正良, 易玉屏, 夏金星, 2006. 高校心理健康教育师资队伍建设的调查与思考[J]. 大学教育科学, 6（6）：62-65.

权方英, 2019. 大学生心理健康教育课程改革的教学实践：基于积极心理学的视角[J]. 教育观察, 8（16）：124-126, 137.

任俊, 2010. 写给教育者的积极心理学[M]. 北京：中国轻工业出版社.

任雪梅, 2015. 基于微信公众平台的中小学家校合作的研究[D]. 成都：四川师范大学.

史江萍, 2016. 运用现代教育技术实现家校合作沟通之探索[J]. 新疆教育学院学报, 32（1）：50-52.

时可, 张娜, 2011. 对农村中小学闲置校园校舍利用的若干思考[J]. 教育研究（7）：31-34.

舒立国, 阿拉坦巴根, 2020. 农村中小学心理健康教育均衡发展现状调查与对策[J]. 基础教育研究（1）：76-79.

孙俊超, 王昌文, 齐岩, 等, 2017. 绥化市农村留守儿童问题研究[J]. 绥化学院学报, 37（12）：38-40.

孙文中, 孙玉杰, 2019. 家庭生态系统：农村留守儿童关爱服务体系的建构路径[J]. 社会工作与管理, 19（4）：56-65.

田澜, 2005. 图书治疗的作用及其实施[J]. 中国临床康复, 9（8）：126-127.

田莉, 2018. 农村小学教师心理调适与教师职业幸福感研究[J]. 甘肃教育（23）：28.

王蕾玲, 2019. 中小学心理健康教育教师专业化发展的现状及对策[J]. 西部素质教育, 5（24）：101-102.

王丽娟, 2017. 积极心理学视域下德育课堂教学策略探究[J]. 职教通讯（9）：30-31, 42.

王水玉, 2019. 初中心理健康教育活动课实践分析[J]. 中外企业家（26）：154.

王素华, 何雪玲, 2018. 农村留守儿童的心理危机预防与干预[J]. 校园心理, 16（4）：302-304.

吴灯, 杨旭红, 2019. 幸福成长境：小学积极心理健康教育课程建构探索[J]. 中小学心理健康教育（27）：39-41.

吴洁芳, 郑晖, 张丽, 等, 2018. 团体辅导课堂教学方式对高职生积极心理品质培养效果的影响[J]. 开封教育学院学报, 38（2）：163-165.

吴玮，2010. 专业化：中小学心理教师发展趋势与对策[J]. 社会心理科学（6）：81-85.
夏东雨，李瑞，贺璐，等，2019. 我国农村留守儿童心理健康状况调查[J]. 心理月刊，14（15）：229.
谢光金，王寒，杨义滢，2020. 团体心理辅导对小学六年级学生性心理健康干预效果评价[J]. 中国学校卫生，41（3）：438-440.
谢晓敏，2016. 学校心理健康教育中构建家校合作模式实践探索[J]. 教育与装备研究，32（10）：20-22.
徐冬阳，2019. 对民办中学教师积极心理品质培育策略的探究[J]. 新课程（下）（1）：44-45.
许凌燕，2019. 关于积极心理学取向的高中心理健康教育活动课研究[J]. 课程教育研究（48）：59-60.
严林峰，姚德雯，2019. 中学心理健康教育课程评价指标体系研究[J]. 新疆教育学院学报，35（1）：44-48.
杨晓，郭于渝，2018. 基于丹尼尔森教学框架体系的教师专业学习[J]. 中小学教师培训（1）：5-9.
杨晓霞，尹丽娜，2010. 关于我国中小学心理健康教育教师专业化发展的思考[J]. 长春教育学院学报，26（1）：3-6，15.
俞国良，李天然，王勍，2015. 中部地区学校心理健康教育状况调查[J]. 中国特殊教育（4）：70-75.
俞国良，王永丽，2002. 中小学心理健康教育：现状、问题与发展趋势[J]. 教育研究，23（7）：70-73.
余淼，2013. 大连农村小学心理健康教育现状与有效实施途径研究[D]. 哈尔滨：黑龙江大学.
余欣欣，杨静，张月，2018. 信息化时代农村中小学心理健康教育家校合作模式探究[J]. 广西师范大学学报（哲学社会科学版），54（6）：94-99.
张大均，2016. 科学有效地开展学校心理健康教育[J]. 教育科学论坛（2）：1.
张琴，2007. 我国中小学心理健康教育教师专业化对策研究[J]. 现代企业教育（10）：138-139.
张雅慧，2018. 学校与家庭教育的权责边界[J]. 教师教育学报，5（2）：9-13.
赵丹僖，韦婉，杨小琼，2017. 阅读疗法改善新生心理健康的实证研究：以历史类书籍为例[J]. 图书馆研究与工作（6）：81-84.
赵娟，徐彩意，2015. 心理健康教育家校合作现状调查与对策研究[J]. 教学与管理（理论版）（1）：44-46.
赵映霞，2008. 心理危机与危机干预理论概述[J]. 安徽文学（评论研究）（3）：382-383.
郑祥专，孟万金，2009. 中学生积极心理健康教育方法探新[J]. 中国教育学刊（10）：40-42.
朱艳新，段晨明，尹航，2019. 积极心理学视角下"天使在行动"班级主题团体辅导活动模式探讨研究[J]. 教育现代化，6（93）：296-297.
Brammer L M，1985. The helping relationship：Process and shills[M]. 3rd ed. Englewood Cliffs：Prentice-Hall，Inc.
Richards K，Nagel C，Markie M，et al.，2003. Use of complementary and alternative therapies to promote sleep in critically ill patients[J]. Critical Care Nursing Clinics of North America，15（3）：329-340.

# 第七章　积极心理健康教育在农村小学学科教学中的渗透

《纲要》中明确指出,"学校应将心理健康教育始终贯穿于教育教学全过程。全体教师都应自觉地在各学科教学中遵循心理健康教育的规律,将适合学生特点的心理健康教育内容有机渗透到日常教育教学活动中。要注重发挥教师人格魅力和为人师表的作用,建立起民主、平等、相互尊重的师生关系。要将心理健康教育与班主任工作、班团队活动、校园文体活动、社会实践活动等有机结合,充分利用网络等现代信息技术手段,多种途径开展心理健康教育"。总的来说,就是提倡心理健康教育在学校中的渗透。

学科教学是学校的主要活动,通过在学科中渗透心理健康教育能有效培养学生的积极心理品质,开发学生的心理潜能。学科渗透是实施心理素质教育的一个基本而有效的途径(罗乐和鲁朋举,2012)。同样,考虑到目前农村中小学的心理健康教育现状和积极心理健康教育的发展状况,在学科中渗透积极心理健康教育也将是农村中小学开展积极心理健康教育、提升学生心理品质的一个基本而重要的渠道。

## 第一节　农村小学积极心理健康教育开展的现状

随着心理健康教育逐渐得到教育主管部门的重视,相继颁发政策文件之后,各级各类学校纷纷响应,落实政策,开设心理健康课程,举办各种心理辅导活动来保障学生的心理健康。但是由于我国小学心理健康教育起步晚,资源分配不均等原因,以发展性和预防性为主的积极心理健康教育发展较为缓慢,尤其是在广大农村地区,以下是当前农村小学积极心理健康教育开展的现状。

## 一、积极心理健康教育没有得到应有的重视

当前广大农村小学，在积极心理健康教育方面的重视较少，多停留在政策文件传达和口头教育上，虽然部分学校有开设心理咨询室和心理健康课程，但是心理咨询室常出现无人轮值的现象。心理健康课程也多以班会等形式代替。加上应试教育的弊端，学校主要重视学科教学，看重学生的学业成绩，轻视学生的心理发展，学生无心理问题即视为健康。对积极心理健康教育的认识仍停留在解决问题和治疗心理疾病的层面上，对于以发展性和预防性为目标的积极心理健康教育重视不够，不能发挥学校的领导作用，带领教师结合小学生的身心发展特点，开发学生的心理潜能，培养积极心理的品质，促进学生健康成长。

## 二、积极心理健康教育课程的开设形式和内容不明确

在教育主管部门提出中小学要进行心理健康教育的号召之后，不少学校响应改革号召，将心理健康课程纳入教学计划和课表，但小学心理健康教育的发展情况仍不如人意。不少学校将心理健康课程等同于思想品德课、班会课，或者通过心理讲座等形式开展教育工作，无明确的开设形式和课时安排。在心理健康教育教材上呈无序状态，据有关调查，农村有 90%以上的学校没有心理教材（刘彩笼，2020）。教材多由教师自编，内容缺乏内在联系和系统性，且对小学生的心理发展规律缺少科学的认知，这使心理健康课程的作用受到一定限制。

## 三、积极心理健康教育师资力量薄弱

按政策规定，每一所中小学至少应该配备一名专职或兼职的心理健康教师（刘彩笼，2020）。但是由于农村地区的地理位置限制，高校培养出来的心理学教师去往农村地区教学的意愿并不强烈，农村学校无法获得优质师资。因此大部分农村小学的心理健康教师由思想品德课教师和班主任代替。尽管教育主管部门有组织教师参加心理健康教育培训，但是积极心理健康教育涉及积极心理学、积极心理治疗等多方面的知识，专业性、实践性强，对从业者的观察分析、人际沟通、语言表达等多方面的综合能力要求很高。缺乏系

统化和专业化学习的兼职老师,很难有效地对学生进行心理辅导,运用积极的内容、方法和手段从正面发展和培养学生的积极心理品质。

## 第二节 积极心理健康教育在小学学科教学中渗透的必要性和可行性

积极心理健康教育作为学校心理健康教育的一种新型模式,重视培养学生的积极心理品质,强调开发学生的心理潜能,将传统的教育任务从帮助学生解决心理问题转变为开发学生的潜能,对学生的未来发展和心理健康起着非常重要的作用。学科渗透是心理健康教育的重要途径,因此,将积极心理健康教育渗透在学科教学中是可行的,也是必要的。

### 一、积极心理健康教育在学科教学中渗透的必要性

#### 1. 积极心理健康教育是适应新课程教育改革发展的需要

《基础教育课程改革纲要(试行)》提到,要使学生逐步形成正确的世界观、人生观和价值观,要使学生具有健壮的体魄和良好的心理素质。要以学生的发展为本,促进学生全面和谐地发展。积极心理健康教育坚持"以人为本""以学生为本",这符合新课程改革的理念,将其渗透进学科教学中,能够发挥教师学生双主体的教学模式的优势,促进学生的全面发展。各学科内含丰富的心理教育资源,在学科教学中渗透积极心理健康教育不仅能增加学生的专业知识,还能借助教学内容完成情感态度与价值观的教学目标,引导学生形成正确的三观。此外,在升学的压力下,农村小学的日常课程主要为语、数、英等科目,心理健康课程几乎没有,在课程时间得不到保障,仍要促进学生的心理健康发展的情况下,在学科教学中渗透心理健康教育便变得尤为必要。

#### 2. 积极心理健康教育是开展素质教育的要求

《纲要》明确指出:"中小学心理健康教育,是提高中小学生心理素质、促进其身心健康和谐发展的教育,是进一步加强和改进中小学德育工作、全面推进素质教育的重要组成部分。"我们知道,人的素质是由生理素质、心理素质和社会文化素质三部分有机组成,其中心理素质在素质结构中位于中间

层次，它直接影响着人的生理素质的发展和社会文化素质的积淀（顾耀科，2013）。可以说，要推进素质教育，必须要培养学生良好的心理素质。但是，由于应试教育的弊端，学校教学主要以文化课程为主，虽然能有效培养学生的社会文化素质，但是却忽略了学生的生理素质和心理素质。因此，在不耽误学生的文化课学习，又要促进学生心理素质发展的情况下，在学科教学中渗透心理健康教育是全面推进素质教育的必然选择。

### 3. 积极心理健康教育是提高小学生心理健康水平的迫切需要

我国心理健康教育研究表明，当前小学生的总体心理健康状况已经出现了不同类别及不同程度的心理健康问题（余欣欣等，2019）。小学阶段是一个特殊的时期，它衔接着幼年和青少年两个阶段，对于学生的成长和发展至关重要（陶慧，2019）。这一阶段的小学生容易出现恐慌、自卑、过分任性、自我中心、攻击性行为、孤僻和逆反等问题（钟富玲，2020）。假如不给予重视，加以引导，将会演变成为心理问题，严重制约小学生的心理健康发展和积极品质的培养。对于小学生而言，科任教师是他们心中的权威，他们更愿意接受科任教师的教导，同时他们也非常渴望得到科任教师的关爱。所以，在学科教学中渗透积极心理健康教育，能有效发挥科任教师的教导作用，促进小学生积极心理品质的培养，避免小学生心理问题的产生。

### 4. 开展积极心理健康教育是教师专业成长的需要

《纲要》中明确指出，"全体教师都应自觉地在各学科教学中遵循心理健康教育的规律，将适合学生特点的心理健康教育内容有机渗透到日常教育教学活动中"。这无疑是对教师们提出的新要求和新考验。教师除了要具备本专业的知识以外，还需要具备一定的教育学、心理学知识，关注学生的心理动态，及时进行心理辅导。在学科中渗透积极心理健康教育是促进教师专业成长的有效途径，不仅可以推动教师主动地学习心理学知识，拓展知识储备，加强专业意识，还能提高教师在教学过程中的实际运用能力，从而达到专业上的成长（陶慧，2019）。

## 二、积极心理健康教育在学科教学中渗透的可行性

### 1. 各学科教材中蕴含着丰富的积极心理健康教育资源

各学科教材中隐藏着丰富的积极心理健康教育资源，这在很大程度上，证明了积极心理健康教育在学科教学中渗透的可行性。例如，语文学科中丰

富的人物形象和积极的价值取向，能对学生产生潜移默化的影响，借助该内容，能培养他们积极的品质和正确的认知。体育课程中开展的体育活动和团队游戏，如拔河，能培养学生团结协作、积极进取的心理品质。美术课程中呈现的佳作能陶冶学生的情操，培养他们学会感受美、创造美。总之，各科教材中蕴含着丰富的积极心理健康教育资源，只要教师善于发现，加以利用，便能实现在学科中渗透心理健康教育，完成课程教学目标的同时，也促进学生的心理发展。

**2. 学科教学过程提供丰富的积极心理健康教育资源**

学科教学的过程是老师与学生之间、学生与学生之间的多边互动过程（高红梅等，2019），在这一过程中，师生互动、同伴关系、课堂氛围、教学秩序和评价方式都能对学生的心理发展产生积极的影响。教师要善于利用课堂教学过程中的这些隐性的积极心理健康教育资源。例如，在教学过程中，与学生建立和谐的师生关系，多与学生沟通和互动，在心理上给予学生安全感和依靠感，避免学生因为学校适应不良而产生厌学心理。再者，教师的评价方式也能促进学生的心理健康发展，在评价学生的时候，多肯定和鼓励，少批评和指责。用积极正面的词汇评价学生，能增强学生的自信心和学业效能感，引导学生用积极乐观的心态看待事情。教学过程中所隐含的积极心理健康教育资源，为学科渗透提供了可能。

**3. 教师心理健康教育意识与能力的提高**

随着心理健康教育逐渐得到重视，教师除了关注学生的学业问题之外，也开始重视学生的心理问题。教师开始意识到学生的心理出现异常便会影响学生的身体健康和学业成绩，为了避免出现此类情况，大部分教师都提高了心理健康教育意识，自觉加强心理专业知识的学习，参加学校组织的各种心理培训和辅导，一方面能促进自我身心健康，以积极的心理状态开展教学工作，另一方面也能对学生进行有效的心理辅导，帮助学生解决各种心理问题。心理健康教育意识和能力均提高的教师在进行学科渗透时，能灵活运用各种手段做到有机渗透，大大提高了教学的效果和心理健康教育的成效。

**4. 国家教育政策的大力支持**

国家多次强调心理健康教育的重要性，并明确指出教师要在学科教学中渗透心理健康教育。1999年发布的《中共中央 国务院关于深化教育改革全面推进素质教育的决定》提出："针对新形势下青少年成长的特点，加强学生的心理健康教育，培养学生坚韧不拔的意志、艰苦奋斗的精神，增强青少年适应社会生活的能力。"2010年发布的《国家中长期教育改革和发展规划纲要（2010-2020）》也指出，要加强学生的心理健康教育，通过德智体美四育的有机融合，促进其身心健康，提高综合素质。2017年印发的《关于深化教育体制机制改革的意见》又强调了，"要建立促进学生身心健康、全面发展的长效机制"，"加强心理健康教育和国防教育"。这些政策的发布说明了开展心理健康教育的重要性，同时也为积极心理健康教育在学科中的渗透提供了有力的政策支持。

## 第三节　积极心理健康教育在农村小学学科中渗透的原则

要实现积极心理健康教育的目标，就必须要学习和贯彻一定的原则和指导思想，这对于教师开展学科渗透有着重要的意义，在学科中渗透积极心理健康教育要注意遵循以下几个原则。

### 一、全体性原则

积极心理健康教育的开展要求着眼于全体学生的发展，在开展心理健康教育的工作中坚持面向全体学生。积极心理健康教育强调发展和预防的目标，这就决定了积极心理健康教育必须面向全体学生，培养全体学生的积极心理品质，提高心理机能，促进学生心理素质的发展，预防心理问题出现。因此，面向全体学生，最大限度地让学生参与各项心理活动，心理健康教育才能卓有成效。

### 二、主体性原则

主体性原则是指心理健康教育过程中要尊重学生的主体地位，注意调动学生的主动性、积极性（陈家麟，2002）。渗透心理健康教育的目的在于培养学生积极的心理品质，引导学生积极地看待问题，这一过程需要学生自觉主动才能内化形成。因此，积极心理健康教育要以学生为主体，从学生的实际状况和需要出发，尊重学生的主体地位，鼓励学生自我选择和指导，引导学生自知、自助。

## 三、针对性原则

针对性原则是指根据学生的身心发展特点和规律进行心理健康教育。不同年级学段的学生会呈现不同的心理问题，教师在开展积极心理健康教育之时，要注意分析不同年级学段学生的年龄特点、性别特点、学习特点和心理特点，根据不同的情况，采用合适的方法、手段和技术，有针对性地解决学生遇到的问题，引导学生养成良好的积极心理品质，乐观地看待问题。

## 四、差异性原则

差异性原则，就是要求教师在学科渗透中对学生进行因材施教，并体现学科差异（罗乐和鲁朋举，2012）。在学校心理健康教育中，学生的心理健康水平存在着明显差异，不仅有性别差异、认知能力差异，还有年级差异等。因此，教师在进行积极心理健康教育时要充分考虑不同年级学生的个体差异，根据学生的心理发展特点和年龄特征，同时兼顾学科特点，灵活运用各种心理健康教育方法和教学途径因材施教，提高学生的心理健康水平。

## 五、发展性原则

积极心理健康教育强调要促进学生积极品质的发展，并且坚信每一个学生身上都有潜在的积极心理品质，都有自发向上的心理能量。对于小学生而言，他们正处于认识和发展的阶段，该阶段是培养学生积极品质、良好行为态度的最佳阶段。因此，在开展积极心理健康教育时，要注意激发学生身上的积极心理品质，利用学科中的心理教育资源，引导学生形成正确价值观，促进学生的发展。

# 第四节　积极心理健康教育在农村小学低年级各学科渗透的途径与方法

开展积极心理健康教育的途径多种多样，有心理辅导、心理讲座、心理健康课程等，但学科渗透是最为直接有效的途径。学科教学占据了课程教学的大部分时间,并且教材中蕴含着大量的心理健康教育资源,能在教学过程中自然、有效地对学生进行心理健康教育,巧妙地将学科知识与心理教育结合在一起,教学效果更佳。在学科中渗透积极心理健康教育,可从学科内容和教学方法两个方面进行。

## 一、从学科内容进行渗透

学科教材拥有丰富的积极心理健康教育资源,教师在学科渗透之前,要注意对教材进行深度的解读,挖掘教材中蕴含的心理健康教育资源,以便在学科教学中能自然地进行渗透。据农村小学低年级目前开设的课程来看,主要有语文、英语、数学、道德与法治、音乐、体育等课程。语文、英语、道德与法治等课程涉及丰富的观察、想象、直觉、形象思维、逻辑推理等心理能力,能让学生形成正确认知、体验积极情感和培养积极心理品质。数学等自然科学类课程的学习过程需要观察、思维、想象、注意等认知活动的参与,能有效地培养学生的思维品质和科学严谨的态度。音乐能陶冶学生的情操、舒缓消极情绪,美术能培养学生鉴赏美、创造美的能力,体育能培养学生团结协作、坚强勇敢等品质和体验积极情绪等。

小学语文课本中所选的篇目涉及寓言故事、诗歌、散文、人物传记等多种形式的文章,有歌颂我国大好河山的、也有赞扬英雄人物优秀品质的、更有抒发家国情怀的。这些都是学生心理健康教育的典型素材,能有效促进学生人格的形成。教师在教学过程中可根据内容进行有机渗透,如部编版《语文一年级下册》《文具的家》一文中,讲述了一个叫"贝贝"的女孩天天丢文具,在妈妈的教导下养成了爱护文具的好习惯。教师在带领学生学习这篇文章的时候,可以通过"贝贝"丢文具的例子提问学生是否有过不注意收拾文具然后丢失的经历,丢了文具又有何感受。让学生在发言中意识到自己的坏习惯不仅会弄丢文具,增加消极情绪,而且还会浪费资源,进而引导学生反思身上的不良习惯,教导学生努力改变,积极养成良好行为习惯。

小学数学课本中涉及各种公式、概念、定理、例题和规律,教师如若能巧妙地加以利用,可有效渗透积极心理健康教育。各种数学难题的解答也能使学生体验到解题之后的成就感和自豪感,增加学生的自我效能感,更好地促进学生的成长。以部编版《数学三年级下册》中的《年、月、日》一课为例,教师在讲授年月日的知识过程中,可让学生绘制一个日历表,一方面可让学生理解相关知识,另一方面教师可在学生绘制过程中,对学生进行珍惜时间、珍惜生命、做好规划、活出精彩人生的心理渗透,例如:30天是一个月,12个月是一年,一年有365天,在人类几千年的历史长河中,我们有幸只能见证几十年,这时间是那么的短暂,又那么的宝贵,为了让我们的生命活得有意义、有价值,同学们要珍惜当下、珍惜每一分每一秒,做好规划,明确自己的目标,并为之奋斗,这样我们的人生才算是精彩、有意义的。

小学英语课本中涉及各种日常对话、人物故事、英语歌曲、主题讨论。教师可深挖教材中的积极心理健康教育资源,科学运用。如人教版《英语三年级下册》Unit3 At the zoo 中,教师在带领学生认识各种动物的名称及特点时,可对学生进行心理健康教育渗透,例如:"长颈鹿有着长长的脖子,小猴子有着红红的屁股,俏皮又可爱,大象有着大大的耳朵、胖胖的身子,小狗跑得快又机灵。这些小动物与我们一样生活在地球上,它们既可爱又友善,我们应该把它们当作朋友去爱它们,而不应该去伤害它们。"让学生在认识小动物的过程中,激发学生的爱心和善心,逐步培养他们爱的品质。

小学道德与法治课以学生的生活为基础,并在其中融合法律、道德、品德素质、心理健康等内容,旨在提高小学生的法律意识和道德品质,教材中有着众多的心理健康教育资源,教师可根据具体内容进行有机渗透。如部编版《道德与法治一年级下册》第十四课《请帮我一下吧》一文中,教师可结合课文内容,开展一个分享交流环节,让学生分享自己是否遇到过困难?在遇到困难时,是否有人伸出援手?别人帮助自己之后,自己有何感想?让学生在分享交流的过程中意识到,他人的帮助不仅能让自己脱离困境,还会对帮助者产生感恩之情。进而引导学生思考,如果我们能主动去帮助遇到困难的人,不仅能帮到他们,同时也会收获感恩之情,心情会变得更好。这种利人利己的事,我们应该经常去做,主动去做。在渗透的过程中逐渐培养学生乐于助人的品质。

音乐是情感的艺术,学生在歌唱乐曲、吹奏乐器的过程中能感受到不同的情绪,教师应该充分利用这一点,积极调动学生的情绪,使学生有不同的情绪体验。以部编版《音乐一年级上册》中的《中华人民共和国国歌》教学为例,教师可在正式教唱之前,先解释一下歌曲创作的背景,让学生认识到无数的中国人为了拯救祖国,浴血奋战、英勇杀敌,才换来了现在和平安定的祖国。因此我们用歌曲歌颂他们、纪念他们,同时也表达出中国人民为捍卫国家和民族尊严的决心和不屈精神,在慷慨激昂的演唱中一步一步激发学生强烈的爱国之情和民族自豪感。

在体育课上有许多游戏活动的开展和体育项目的训练，这些游戏和训练能使学生体验积极情绪、磨炼意志、提高适应能力。教师可在教学过程中渗透心理健康教育。如在小学一年级入学第一课的时候，教师可开展"老鹰抓小鸡"的游戏活动，让学生在游戏的过程中增进彼此之间的认识和互动，缓解学生新入学的焦虑和不适应感。在游戏结束之后教师再对游戏进行总结，以"母鸡"喻"老师"，告诉学生，老师会像母鸡一样保护各位同学，同学们在学校里不用害怕，把学校当作是一个学习和交往的地方，同学之间团结友爱就能抵御各种困难和险阻。小游戏可增进学生的适应能力和对学校的归属感。

## 二、从教学方法进行渗透

在学科中渗透积极心理健康教育，教学方法的选择非常重要。在小学课堂中，常用的教学方法有讲授法、直观演示法等。教师除了采用一般的教学方法以外，还可以采用便于渗透的教学方法，如讨论法、角色扮演法、积极评价法、游戏参与法、案例分析法等。

讨论法是指在教师的组织和指导下，通过师生之间、学生之间的对话形式，相互交流，从而达到教学目标的一种方法（王昱华和徐洪岩，2015）。讨论法可以培养学生的主动性和积极性，锻炼学生的思维能力和语言表达能力。以部编版《道德与法治三年级上册》中的《说说我们的学校》一课为例，教师可组织学生就"学校在你心目中是怎样的"这一个话题，分小组进行讨论，让学生在组内轮流发表看法，并在小组讨论结束后，请学生主动踊跃分享自己的看法。在这一过程中渗透了积极心理健康教育，提高了学生的主动性和积极性，锻炼了学生的思维能力。

角色扮演法是指课堂教学中根据教学的需要，教师提出具体的场景，提示各角色的身份，学生经过准备，充分发挥自己的能动性、积极性，通过阅读、分析思考，明确自己所扮演角色所处的地位，对事物所处的态度，在扮演过程中开展学习的活动（孔春生，2015）。角色扮演法可以使学生更好地理解人物表达的思想和心理活动，感同身受的同时反思自己。以人教版《语文二年级上册》中《纸船与风筝》一课为例，课文讲述了松鼠和小熊因为矛盾吵架，最终又和好的故事。为了让小学生理解松鼠和小熊的情感变化和心理活动，可使用角色扮演法。让学生在角色扮演的过程中，体验友谊带来的喜悦，认识到友谊的珍贵，并在与朋友闹矛盾之时，能主动请求和好，学会维系人际关系的方法。

积极评价法是指对学生的行为表现、能力等各方面进行肯定、积极的评价。积极评价能增进学生的自信心和成就感，提高学生的学业效能感。例如，在数学课堂教学过程中，提问学生 25 乘以 40 等于多少，学生回答错误时，教师不可直接说学生回答错误，并责怪学生。教师应积极肯定学生，并鼓励学生，例如：首先我们要肯定这位同学站起来回答老师的问题，老师谢谢你，同学经过反复的思考得出了这个答案，虽然与正确答案有一些出入，但是同学的算法是正确的，说明这位同学已经掌握了计算乘法的步骤和方法，只是可能在演算的过程中出现了某些差错，那么我希望同学能在课后重新再演算一遍，找出出错的步骤，并改正过来。在这一过程中，教师积极的评价，肯定和鼓励了学生，减少了学生回答错误的挫败感，同时增加了学生的学业自信心。

游戏参与法是指有目的地设置某个游戏，让学生在参与游戏的过程中体验积极情绪和培养积极品质。如在语文阶段性复习课的时候，复习到古诗词时可开展"接龙游戏"。分小组开始接龙游戏，老师说上一句诗，学生要接出下一句，哪个小组抢先回答出便积一分，最终胜出者可得到奖励。在这个过程中，激发了学生的学习兴趣，同时也能获得较好的教学效果。此外抢答成功的学生，能体验到积极的情绪，小组之间的比赛也能培养学生的竞争意识和集体荣誉感。通过游戏将心理健康教育和学科教学很好地融合在一起。

案例分析法是指在教学的过程中举一些与教学内容有关的例子，并加以分析，引导学生探究和思考。案例分析应该尽量选择真实的案例，提高案例的可信度，此外，学生如果能分享自己的案例，教学效果会更佳，在分享案例的过程中能够宣泄情绪、表达自我，也利于促进情感的共鸣，增进情谊。如在部编版《语文二年级下册》第五课《雷锋叔叔，你在哪里》一课中，就可以举一些关于雷锋奉献爱心的案例，通过案例的分析，增加学生对雷锋的了解，同时引起学生对奉献的共鸣，更好地理解课文表达的情感。

## 第五节 积极心理健康教育在农村小学高年级各学科渗透的途径与方法

### 一、在教学目标中渗透

由于应试教育的长期影响，许多老师在教学过程中过于关注学生的基本知识与技能的习得，忽视学生心理健康状况与心理发展，导致教学方式呆板、学习内容枯燥及学生主动性和积极性不高。随着小学生年级的升高，进入小学高年级以后，学科知识与内容逐渐深化，难度逐渐增加，不少学生出现对学科厌烦、恐惧的心理，对部分学科失去学习的动力和兴趣，产生偏科的现象。积极心理健康教育与学科互相渗透，符合新课程标准的要求，而新课程的三维目标"知识与技能""过程与方法""情感态度与价值观"的实现也少不了积极心理健康教育的依托，尤其是情感态度的获得和价值观的形成（曾建兴，2011）。

积极心理健康教育的主要渠道是学科渗透。课堂是学生接受知识、教师传授知识的主要场所，教学过程不单单是学生知识与技能自我建构的过程，也是心理发展的过程。在教育资源方面，各学科（语文、数学、英语、艺术、体育）包含了丰富的积极心理健康教育资源，它们蕴含着丰富的自我认识、潜能开发、积极人格和心理品质培养的教育内容。因此，教师要明确积极心理健康教育在学科渗透的目标，才能在教学中有的放矢。积极心理健康教育在学科教学目标中渗透，指的是学科教学目标与积极心理健康教育目标的有机结合，即教师不但要明确每一节课的教学目标，还要明确每一节课的积极心理健康教育目标。因此，在学科教学中，教师要努力达成以下积极心理健康教育目标。

第一，激发学生的学习动机。学习动机是推动、引导和维持学习行为的一种内部力量。学习动机的激发需要老师利用一定的诱因使学生潜在的学习需要转化为活动状态，成为学习活动中的积极要素。比如教师可以采用下列方法：创设问题情境，进行启发式教学；选择具有一定趣味性的学习材料；表扬与批评要合理；正确指导学生学习归因，督促学生努力学习（曾建兴，2011）。

第二，帮助学生树立学习自信心。班杜拉在社会学习理论中提出自我效能感（self-efficacy）的概念。自我效能感指人们能否成功完成某一成就行为的主观判断。自信心的培养是学生成长过程中的一个重要影响因素，它直接或间接地影响着人际沟通能力、理解能力、判断能力，同时也对学生的人生观、世界观产生积极或消极的影响。为了帮助学生树立自信心，教师在教学中应与积极心理健康教育结合，做到积极关注学生，关注学生的积极面，促使学生发生积极的转变，让学生在成功与喜悦中获得自信心（曾建兴，2011）。

第三，促进学生获得积极情感体验也是积极心理健康教育的目标之一。每一节课的教学内容、难度和趣味性都不尽相同，而进入小学高年级的学生，每个人的理解能力、注意力也不相同。有些学生对过难的知识内容理解较困难，因而导致在课堂上注意力分散、走神、成绩下滑；有些学生觉得教师的课堂讲解过于枯燥、无聊，因此在课堂上开小差。故教师在教学目标中渗透的积极心理健康教育目标还应包括令学生获得的积极情感体验。在课堂中，教师可以改进自己的教学方式，采用多种形式的教学方式和手段，动手与动脑结合，增加课堂趣味性，营造积极、轻松的课堂氛围；对于难度较大的内容，教师应积极引导、鼓励学生思考，所选择的内容也不应该超出学生的最近发展区。

第四，塑造学生的积极心理品质。积极心理品质是战胜心理疾病的有力抗体，也是稳定的、具有核心意义的心理特征。心理健康的学生积极情绪如愉快、开心和开朗总是占据优势，虽然也会有悲观消极的情绪体验，但是一般不会持续太久，他们能恰当地表达自己的情绪，在国家规定的合理范围内满足自己的需求。教师在教学过程中应关注学生的心理状况变化，并注意调动学生在课堂上的积极性，结合教学内容培养学生的积极心理品质。

## 二、在教学内容中渗透

由于在教学中学生的非智力因素未得到足够的重视，许多教师迫于应试压力，通常关注教学的认知领域，即学生知识和技能的习得，而往往忽视学生的心理状况和心理品质的培养。学生学习的科目（语文、数学、英语、艺术和体育）是情感蕴含丰富和心理健康教育资源丰富的科目，而不是简单的知识性达标科目。因此，积极心理健康教育渗透于学科教学影响到学科教学目标的实现效果和程度，并影响到学生心智的发展。

课堂教学的三要素分别是学生、教师和教材。教材是教师进行教学活动的依据，是学生学习的主要材料。教师首先应该认真体会教学内容，认真备课，准确理解和把握材料的内涵，才能针对小学高年级学生的心理特点更好地开发教学内容的积极心理健康教育资源（陈艾佳，2017），从而传递教学内容中蕴含的心理健康教育精神，达成新课程标准的三维目标。

比如在沪教版《英语五年级上册》Unit 1 My future 中，该单元选择了与真实学习生活息息相关的话题"我未来的职业"，与学生自身密切相关，更容易吸引小学高年级学生的注意，不但有助于教学活动的展开，也有利于学生根据自身情况树立职业理想，成为一个对社会有用的人。通过对教学材料的合理与有效解读，编写教案，合理预设教学过程、选择合适的教学手段与方法，激励学生在小学的最后学习阶段努力学习，为进入中学阶段的学习打下坚实的基础（陈艾佳，2017）。教师也要注意对教学内容的不断挖掘，尤其是注意对学生积极心理健康教育素材的挖掘。在知识和技能的教学过程中，渗透积极心理健康教育，以培养学生良好的品格与积极人格品质。

## 三、在教学方法中渗透

心理健康教育区别于其他学科教育，它是一项系统工程，在学校中不能把心理健康教育看作是一个单一的学科，它渗透于各个学科之中，特别是在学科教学中。在学科教学方法中，有许多方法适合渗透积极心理健康教育。

第一，最常用、最普遍的方法是讲授法。讲授法指的是教师通过课堂讲授的形式系统地向学生传授科学文化知识，促进学生认知发展的同时，也促进学生品德等方面的发展（王道俊和扈中平，2013）。在积极心理健康教育与讲授法渗透的同时，教师要注意观察、了解学生，针对小学高年级的学生，设置教学的任务和内容，采用的方法与手段，要适合于他们的年龄与心理特点。在运用讲授法的同时，教师要注意对学生的启发、引导，激发学生的兴趣与自我思考，及时将上课走神的学生"拉"回课堂。在教师上课讲解过程中，也要注意语言的艺术，给予学生鼓励，促使学生在促进自我认知发展的过程中获得积极的情感体验。

第二，可以运用谈话法。积极心理健康与谈话法相结合有得天独厚的优势，积极心理健康教育的主要目的就是促使学生获得积极的情感体验，培养学生的积极心理品质，谈话法渗透时，教师可以通过问答、谈话的方法引导、鼓励学生自我思考、自我探索，从而获得和巩固知识，获得积极情感体验。而在运用谈话法时，教师应当注意避免居高临下，将学生当作"对手"，对其要求苛刻，而应该关注学生的优点和积极面，帮助学生在获得知识与技能增长的同时，促进心理结构的变化，获得积极的情感体验。另外，教师也应该注意在使用谈话法时，尽量避免只关注班上的优秀学生，而忽视成绩普通、心理自卑的学生，使得教学变成教师与少数学生的"表演"（王道俊和扈中平，2013）。

## 四、在教学评价中渗透

目前学校的评价体系主要有总结性评价和过程性评价。总结性评价通常关注学生的学业成绩，过程性评价关注学生的学习过程。积极心理健康教育应更多将注意力集中在对学生的过程性评价上。相比之下，过程性评价关注学生心理发展过程中的品德、个性、情感、人格和知识与能力的协同发展（富安利，2002）。这种评价体系传递着对学生的尊重与对学生在学习上取得进步的鼓励，营造一种积极、民主的学习氛围。这无疑能激励学生更加主动地学习，提高学生的学习兴趣。这种评价方法，不但能在教学过程中使用，还可以在教学过程之外使用。当教师给予学生更多的鼓励与积极关注时，会使学生的学习变得更加自信、高效，更有学习的成就感和自我效能感，从而形成一个良性循环。

### 五、在教学过程中渗透

每个学生都是单独的个体，不依附于任何人，他们带着自己的想法进入教室，不是一张空白的纸。他们在智力上有差异性，心理发展具有阶段性、不平衡性的特点，学生好坏的标准并不能由此判断。作为教师，应当树立积极的学生观，尊重他们的个别差异性，用发展的眼光平等对待每一位学生。因此，在备课的过程中，教师面对小学高年级的学生，就应当针对其心理发展特点及认知发展特点合理备课，将所教科目与积极心理健康教育相互融合、渗透。首先，在课堂教学过程中，总会有一些学生羞于开口而不敢参与师生或者同学间的互动，教师应适当地激励、引导他们参与其中，采用多种积极的评价方法，促进学生学习成绩的提高，增加其对学习的兴趣，做得好的应当给予积极的鼓励，做得不好的也鼓励其不要气馁，继续加油（曹宇，2012）。其次，在课堂教学过程中，教师应当营造一种积极、轻松和向上的学习氛围。学生的学习效率和思维会因为积极的情绪而得到一定提高，他们对教师所讲授的内容会更加专注，从而积极参与到教学中去，实现快速地接受知识。教师与学生建立平等、民主的朋友关系，站在学生的角度分析问题、思考问题和解决问题，这也是促进学生产生学习兴趣、参与教师教学的主要方式之一。

## 第六节　积极心理健康教育在农村小学低年级学科教学中渗透的个案分析

为了更好地帮助农村小学教师了解如何在低年级的学科教学中渗透积极

心理健康教育，本节以部编版《语文二年级下册》中的《太空生活趣事多》一课为例进行说明。

## 太空生活趣事多

### 一、教学目标

（一）知识与技能

①认识课文生字，并掌握生字写法。
②有感情地朗读课文。
③了解航天员的太空生活。

（二）过程与方法

①通过朗读感受太空的生活。
②通过讨论激发学生对太空生活的想象。

（三）情感态度与价值观

①培养学生对航天员的敬佩之情。
②激发学生对科技探索的兴趣。

### 二、教学重难点

（一）教学重点

认识生字，了解太空生活的趣事。

（二）教学难点

激发学生对科技探索的兴趣。

### 三、教学方法

诵读法、讨论法、积极评价法。

## 四、教学准备

①学生课前了解有关太空的知识。
②航天员在太空生活的视频。

## 五、教学过程

### （一）新课导入

①同学们，我们都知道地球上有引力，所以我们可以站立行走，正常生活。那如果有一天你们到了处于真空状态且失重的太空中，你们知道该如何生活么？下面我们来看一看航天员在太空中是怎样生活的。
②用多媒体课件播放视频《航天员的太空生活》，展示航天员在太空中生活的画面。
③视频播放完后，教师讲述：同学们看完视频，是不是发现在太空中生活与我们在地球上生活很不一样，航天员们吃饭、洗澡、上厕所的方式都很有趣，同学们是不是都很想更进一步地了解太空生活呢？接一下就让我们走进《太空生活趣事多》这篇课文，进一步地了解太空生活。
（利用多媒体播放视频，吸引学生的注意力，激发学生的好奇心。）

### （二）阅读课文，初步感知

①给学生5分钟的时间自由阅读课文，找出生字。
②让学生在阅读的过程中，将课文中提到的太空生活趣事列出来。
（通过自由阅读，整体感知课文内容，培养自主阅读的能力。）

### （三）识字写字

①学生提出不认识的生字，教师将其板书在黑板上，标注上拼音。
②让学生先拼读，教师再教读正确读音。
③教师讲解生字的偏旁结构、笔顺、写法。
④学生仿写生字。

## （四）精读课文

①学生朗读课文，把握课文情感基调。

②小组讨论，太空生活怎么有趣？与我们在地球上生活有什么不一样？

③小组汇报有趣的事件，并朗读出相关段落，这一过程能加深学生对太空生活的认识，同时锻炼学生的沟通能力和语言表达能力。

④给学生5分钟的时间思考为什么在太空上生活需要绑在睡袋里，需要使用带吸管的饮水袋。

⑤让学生主动发言回答问题，在这一过程中，教师态度应柔和且亲切，鼓励学生主动发言。无论学生回答对错与否，都积极评价和肯定。

⑥根据学生的发言，教师总结，解释原因，阐明这一切的趣事都是因为"失重"而导致的。

（引导学生通过阅读课文，了解太空中的趣事，并进一步弄清发生这些趣事的原因，丰富学生认知，激发学生进行科学探索的愿望。）

## （五）感悟分享

①教师阐述：通过以上的分享，我想大家都知道了在太空中生活会发生什么样的趣事。也知道了由于"失重"，航天员在太空中生活的不便。即使在太空中生活有着许多的不便，但是航天员们还是义无反顾地登上了飞船，因为他们都有着一个"航天梦"，他们渴望飞向太空，探索宇宙，同时他们也为航天事业做出了极大的贡献，我们应该为他们感到骄傲，没有他们的贡献，就没有我们国家现在如此发达的航天事业。

②接下来，我想让同学们做一个小小的活动，用纸张写出你想对航天员说的话，或者是发挥想象谈一谈如果你到了太空，会发生一些什么样的趣事？

③学生分享。

（这一环节，能激发学生对航天员的敬佩之情，同时通过写一写的活动，培养学生学会表达爱、赞美、敬佩之情等，说一说的活动也能充分发展学生的想象力。）

## （六）总结

这一节课我们了解了航天员在太空生活的趣事，知道了太空的神奇和奥秘，同时也感受到了航天员在太空生活的不易。我希望在课后，对神秘的太空感兴趣的同学可以继续查阅相关资料，进一步探索了解。

## 六、评价

这一教案，首先在教学目标中除了学科要完成的目标之外，还增加了积极心理健康教育的目标，即激发学生对航天员的敬佩之情，进而培养学生的家国情怀、爱国之情。其次，在教学过程中，教师反复使用积极评价法，能增强学生的自信心。讨论法的使用，也有效地培养了学生沟通交流的能力，增加了师生之间的互动。在精读课文部分中，教师引导学生思考"为何会出现这些趣事"，能促进学生学会思考，同时问题的提出，也能激起学生的求知欲，逐步培养学生的求知力。最后，教师根据教学内容进行渗透，引导学生对航天员产生敬佩之情，同时写一写、说一说的活动，也培养了学生学会表达爱、表达赞美。

## 第七节　积极心理健康教育在农村小学高年级学科教学中渗透的个案分析

为了更好地帮助农村小学教师了解如何在高年级的学科教学中渗透积极心理健康教育，本节以教科版《科学六年级上册》中的《使用工具》一课为例进行说明。

### 使 用 工 具

## 一、教学目标

①认识剪刀、螺丝刀、扳手、开瓶器等工具，并能说出它们各自的作用。
②结合积极心理健康教育，激发学生的好奇心，让学生参与到课程讨论中。
③结合当前时代，让学生明白在生活和学习中，针对不同的问题，也应当采取不同的解决方法。

## 二、教学方法

①讲授法、讨论法、实验法。

## 三、教学过程

①导入：教师利用多媒体展示一些物品，如剪纸、铅笔等图片，激发学生们的好奇心，询问同学们要得到这些物品，应该选择什么工具。

②教材讲解：教师向同学们讲解部分简单机械和工具在生活中的应用，如剪刀可以做剪纸，铅笔刀可以削铅笔，螺丝刀可以拧紧或者扭出家电上的螺丝，等等。

③实物操练：教师提前准备好半成品剪纸、装有图钉的木板、铅笔、简单小家电等，鼓励学生上台自己选择对应的工具使用，教师在一旁积极引导学生自我探索，让学生们切身感受，激活体验。

④分享交流：教师引导每个同学说说这节课的收获，并分享除了在课堂中提到的这些工具，在我们的日常生活中还有哪些工具，它们的作用是什么，采用积极的评价方式，鼓舞学生，让同学们在课堂上获得积极的情感体验，并切身地从自身体验中获得知识。并以工具作为基点，引申到现实生活和学习中，解决不同的问题也需要不同的"工具"和手段。

## 四、评价

首先，这个教案运用多媒体教学呈现一些生活中的工具，激发学生的好奇心和求知欲，以便教学的后续展开。其次，教学目标明确，既有知识技能目标——认识不同的工具和了解它们的作用，也有情感态度与价值观目标——"工具"是方法和手段，解决不同的问题需要不同的方法和手段。在教学方法方面，运用了讲解和实验结合的教学方法，有利于课堂更加有趣、知识获得更加直观，学生可在实验与动手的过程中增长知识和技能，获得积极的情绪体验。最后，学生通过分享与交流自己的见解，从而完成认知目标与心理目标。在与积极心理健康教育结合方面，科学课通过实验与讲解、讨论分享的结合，让学生在亲自动手的情况下获得知识与技能的增长。教师在教学中也采取积极的教学评价，使学生在轻松愉快的课堂氛围中获得积极的情感体验，从而促进其积极心理品质的形成。

# 参 考 文 献

曹宇，2012. 在英语教学过程中渗透心理健康教育[J]. 中小学心理健康教育（13）：39.

陈艾佳，2017. 英语教学中情感目标的渗透摭探[J]. 成才之路（28）：33.

陈家麟，2002. 学校心理健康教育：原理与操作[M]. 北京：教育科学出版社.

富安利，2002.学科教学中渗透心理健康教育方法浅议[J].现代教育科学（8）：17-18.

高红梅，高定国，王朝霞，等，2019. 针对学生差异，探索"多元互动"教学模式[J]. 大学教育（3）：43-45.

顾耀科，2013. 初中语文教学中渗透心理健康教育的必要性和可行性探究[J]. 才智（5）：57，59.

孔春生，2015. 学科教学详解：初中生物[M]. 长沙：湖南教育出版社.

刘彩笼，2020. 农村小学生心理健康教育现状及有效对策[J]. 中小学心理健康教育（6）：70-72.

罗乐，鲁朋举，2012. 论中职学校心理素质教育的学科渗透原则与策略[J]. 当代职业教育（4）：85-87.

陶慧，2019. 小学数学教学中渗透心理教育研究：以扬州市 A 小学为例[D]. 扬州：扬州大学.

王道俊，扈中平，2013. 教育学原理[M]. 3 版. 福州：福建教育出版社.

王昱华，徐洪岩，2015. 中学语文教学探索[M]. 成都：电子科技大学出版社.

余欣欣,王洁莹,杨静,2019. 广西三～六年级小学生心理健康现状分析[J]. 中国健康教育,35(12):1089-1093.

曾建兴，2011. 学科教学渗透心理健康教育的目标[J]. 中小学心理健康教育（17）：42-43.

钟富玲，2020. 小学生心理健康教育存在的问题及对策[J]. 甘肃教育（7）：31.

# 第八章　积极心理健康教育在农村初中学科教学中的渗透

近年来，积极心理健康教育不断兴起并发展，积极心理健康教育在农村初中学科中的渗透是教师在学科教学活动中，自觉地、有意识地运用积极心理学的理论与技术，帮助学生提高学习的认知、情感和行为水平，培养学生的积极心理品质，培养健全人格，全面提高学生的心理素质，达到积极心理健康教育的目的。在学科教学中渗透积极心理健康教育是现代教育的必然要求，符合学科课程的需要，能够提高学生学习学科课程的积极性、主动性和创造性，也有利于学科教学水平、教学效率和教学质量的提高，从而促进农村心理健康教育的快速发展。

## 第一节　农村初中积极心理健康教育开展的现状

《纲要》要求，以中西部地区和农村地区发展为重点，推动中小学心理健康教育全面、协调发展。近年来心理健康教育在农村地区开始得到重视，开设心理健康课程成为学校心理健康教育工作的重要组成部分，但农村中学心理健康教育发展现状不容乐观，还存在许多不容忽视的问题，亟待研究解决（姜有玲，2019）。

### 一、农村初中积极心理健康教育总体状况不良

近年来，我国已越来越重视学校心理健康教育工作，但在大多数农村地区，由于经济条件和教育条件的不允许，当前农村初中积极心理健康教育的总体状况不良，农村初中在制度机制、硬件设施、师资水平、课程开设等方面还存在着很多问题（郭洁玉等，2019；黄圆圆和赖红梅，2019；姜有玲，

2019），学生心理问题未能引起学校足够重视，在教学中渗透积极心理健康教育更是未被农村学校所重视。在制度机制上，学校没有明确领导或部门组织学校开展心理健康教育工作，甚至许多农村初中学校领导对心理健康教育这一板块的工作非常陌生，不知道该如何指导教师开展心理健康教育工作，没有完备的制度机制（黄圆圆和赖红梅，2019）。虽然有些学校建立了组织体系，制定了运行机制，但由于不切合学校实际，未充分考虑学校的实际条件，所以运行效果还是不尽如人意。在硬件设施上，硬件保障不完备是农村心理健康教育普遍存在的一个问题，经费投入少、硬件设施差、教育资源不足等现象严重，心理健康教育无法正常开展（姜有玲，2019）。中小学心理健康教育的开展离不开配套设施的支持，虽然近些年来国家对中小学心理健康教育的重视程度与日俱增，对中小学心理健康教育项目的财政投入力度也在持续加大，但现实情况是，大多地处农村地区的中小学，由于教育观念相对滞后，对心理健康教育的重要性认识不足，上级财政部门的财政投入少，缺乏相关专业书籍，没有设立专门的心理咨询室等，所以农村地区中小学心理健康教育的硬件设施满足不了教学要求（郭洁玉等，2019）。在师资水平上，专业的心理健康教育人才在农村初中非常缺乏，大部分专业心理健康教师都不愿意留在农村初中教学（黄圆圆和赖红梅，2019）。《纲要》要求每所中小学至少配备一名专职或兼职心理健康教师，并逐步增大专职人员配比。虽然农村地区中小学也在积极贯彻落实《纲要》要求，不同程度地开展了心理健康教师的培训工作，但是实际实施情况并不理想。在课程开设上，近年来许多农村中小学都逐渐开始开设心理健康课程，但很多课程只是单纯地为了完成教学大纲规定的教学任务，而且大部分农村地区的教学模式多为生硬地照搬已有模式，而不是通过自己的实践探索适合自身具体情况的教育模式（郭洁玉等，2019）。农村学校积极心理健康教育还有待重视、加强和发展。

## 二、教师未形成渗透积极心理健康教育的理念

长期以来，受到应试教育的影响，各学科教师更多的是将知识技能方面的教学内容作为重点。调查显示，仍有一半的教师未形成在教学中渗透积极心理健康教育的理念，没有认识到渗透积极心理健康教育是一项重要的任务（戴金洲，2015）。一些教师缺乏学科教学渗透积极心理健康教育的观念和意识，对其重要性认识不足，片面地认为心理健康教育是心理健康教师的工作，与学科教师关系不大。各学科教师对心理健康教育的参与度极低，有部分教

师也不了解积极心理品质，更不知道如何在教学中渗透积极心理健康教育（戴金洲，2015；孔静，2018；姜有玲，2019）。

## 三、学生积极心理品质发展不均衡

培养学生积极心理品质是积极心理健康教育的重要任务。根据戴金洲（2015）的农村初中生积极心理品质现状调查数据显示，农村初中生在仁慈维度上发展较好，在知识与智慧维度上发展较差，学生的积极心理品质发展并不均衡，农村的初中生可以很好地表达爱与接受爱，对人友善（戴金洲，2015）。农村的条件使他们更加懂得感恩父母和老师，感恩和善良便成为他们自身比较突出的心理品质（高永金等，2017）。但在爱学习、创造力、洞察力、勇敢和领导力等方面发展较差，学生的创造性低，由于条件的限制，很少有机会能锻炼领导力。在各学科教学中，教师普遍认为学生应重点培养的积极心理品质有正直、爱、友善、团队精神、谦虚，而都不重视的积极心理品质是信仰、幽默、领导力、洞察力。此外，在性别及年级上，某些品质也存在较大的差异（戴金洲，2015）。

## 四、教学内容不够全面

目前农村学校开展的心理健康教育不能满足学生成长的心理需求，教学内容空泛，没有针对性，缺乏系统性和实效性（李大忠等，2019）。积极心理健康教育涉及的领域和内容是十分广泛的，如人的个体发展、学习、生活、工作、娱乐等，而农村学校的心理健康教育在教学内容的设置上还不够全面，大多只涉及个人及学习，此外，农村初中学生在心理问题上也存在不同的差异，学校在内容设置上没有做到依据学生的心理发展而因材施教，一些教师在学科教学中渗透心理健康教育时随意化，没能按照学生的特点合理安排教学内容（林素莺，2019）。在现行的学校心理健康教育中，关于学生积极心理品质培养的内容还不足，在心理健康课程及学科教学上很少涉及积极心理健康教育的内容，不够注重培养学生积极心理品质，缺少相应的知识和方法。

## 五、教学形式较为单一

在课程教学中，大部分教师总是按照传统的教学模式，在课堂上一味给学生讲授理论知识，教学形式缺乏灵活性与针对性，做不到多样化教学。由于农村学校办学条件不允许,教学设施不完善,教学环境较差,在教学过程中相关的心理健康教育的活动也较少,且形式单一。积极心理健康教育教学不应当有固定的模式,在教学中大多数教师未采取灵活多样的教学,没有注重积极心理健康教育中的参与、讨论、活动、分享、体验等形式。在学科渗透方面,未能使学生主动参与,创设互动式教学情境,教学方法单一重复,进行渗透的方式方法欠缺,不能在教学中有意识地将各学科与心理健康教育进行渗透融合,不能很好地在课堂教学中培养学生的积极心理品质。

## 第二节　积极心理健康教育在农村初中学科中渗透的必要性和可行性

### 一、积极心理健康教育在农村初中学科中渗透的必要性

#### 1. 新课程改革的需要

《基础教育课程改革纲要(试行)》将"具有良好的心理素质"列入新课程的培养目标,心理健康教育是新课程实施的基础工程,必须切实加强学校心理健康教育。新课程改革是要培养学生具有强健的体魄、顽强的意志,形成积极健康的生活方式和审美情趣,初步具有独立生活的能力、职业意识、创业精神和人生规划能力;正确认识自己,尊重他人,学会交流与合作,具有团队精神。心理健康教育可以通过情绪体验、心理沟通、心理测验等方法,在各学科中渗透心理健康教育,而学科渗透更要运用积极心理因素。新课程改革要求建立新理念、新定位、新关系、新方式,在学科中渗透积极心理健康教育与新课程改革的要求相呼应,有利于新课程教育理念的建立与实施,教学方式的创新与改变。在农村初中学科教学中渗透积极心理健康教育有助于新课程改革目标的实现。

#### 2. 学生素质教育全面发展的需要

素质教育强调个体能力、道德、个性、身体及心理健康的发展,注重人的和谐全面教育,要使农村初中学生素质教育全面发展,必须重视心理健康教育。素质教育的根本目标是全面提高学生的素质,主要包括生理素质、科学文化素质、思想道德素质和心理素质,心理素质教育是素质教育的重要组成部分。随着素质教育的全面推进,学生全面发展成为主要教育理念,在学

科中渗透积极心理健康教育，有利于学生个体能力的发展，形成健全的人格和良好的社会适应能力，提高学生积极心理素质，促进身心健康和谐发展，促进学生素质教育全面发展。通过渗透积极心理健康教育，可以培养农村初中学生积极的情感，提高学生学习的积极性和有效性，培养良好的意志品质，树立正确的世界观、人生观、价值观。

**3. 解决初中生心理问题的需要**

埃里克森指出，初中生正处在"青春期"，个体的生理和心理都发生了巨大的变化，是从童年到成年的过渡、从幼稚到成熟的重要转型期（林崇德，2009）。根据张琴（2017）的农村初中学校心理健康教育状况的调查结果，农村初中学生或多或少都存在心理问题，如焦虑、敌对、自卑、抑郁等，严重影响学生心理健康发展，表现出对心理健康教育的迫切需要。积极心理健康教育的预防性与发展性，可以挖掘和开发学生的积极心理品质，有利于初中生生理与心理的健康成长（戴金洲，2015）。初中学生正处在身心发展的重要时期，随着生理和心理的发展，他们在学习、生活、人际交往、升学就业和自我意识等方面会遇到各种各样的心理问题，在学科中渗透积极心理健康教育，是解决学生心理问题的需要，是学生健康成长的需要。

**4. 建立和谐师生关系的需要**

师生关系是学校环境中最基本的人际关系，和谐的师生关系是教师与学生在教育教学过程中所形成的一种持续稳定的心理关系，是在学科教学中渗透心理健康教育的情感保障，不良的师生关系会损害学生的心理健康，和谐的师生关系有利于学生积极心理品质的培养，有利于学生积极主动地学习。提升教学效果，教师需要加强个人行为素养，学生也需要学习对教师的尊重，两者共同协调达到共进的和谐关系。教学过程是师生双边的活动过程，良好的师生关系对学生的学和教师的教都有着重要的影响作用。学生的心理健康与他们日常的学习和生活、和谐的师生关系密切相关，在学科中渗透积极心理健康教育是建立和谐师生关系的需要，积极心理健康教育应有机地融于学校日常教育教学活动之中，融于教师的教育教学行为之中，在渗透中不断建立并加强和谐的师生关系。

**5. 促进学科教学的需要**

目前，农村中小学校里的工作主要是围绕学科教学来展开的，将积极心理健康教育渗透到各科教学中，通过教师在各学科教学过程中自觉地、有意识地运用积极心理健康教育的理论和方法,将学科教学打造成为符合学生心理特点、丰富多彩的课堂模式,使学生更加适应与投入课堂,增强学生的学习热情,提高学习效率,帮助学生提高认知、情感和行为水平,极大地发挥课程的功能作用,推动各科教学的工作,提高学科教学的效果与质量,促进学科教学。

## 二、积极心理健康教育在农村初中学科中渗透的可行性

### 1. 教育政策的大力支持

对于心理健康教育,国家教育主管部门出台了一系列关于心理健康教育的政策条例,修订《纲要》,科学规范地指导全国中小学心理健康教育工作,加大教育资金投入,增加教育资源,加大基础设施建设力度,着重发展经济欠发达地区,尤其是偏远农村的学校教育。从各个政策的出台,可见国家对学校心理健康教育的重视程度。根据调查,在农村地区都有接收到相关政策,各相关部门也相继出台了政策措施,学校认真学习贯彻指导思想,制定具体实施方案,农村地区的心理健康教育工作在教育政策的支持下有序展开。

### 2. 学校心理健康教育意识逐渐增强

如今在农村地区,各学校对心理健康教育有了初步的认识,学校心理健康教育意识逐渐增强,人们逐渐意识到心理健康教育的重要性,对心理健康教育的需求增加,开始关注学生的心理成长。意识的增强为积极心理健康教育的发展奠定了思想基础,能够使更多的教育工作者关注在学科中渗透积极心理健康教育,促进积极心理健康教育与学科教学的融合发展。

### 3. 教师的心理健康教育能力逐步提高

心理健康教育能力是教师综合教育能力的重要组成部分,随着教师教育的不断深入,教师积极学习心理健康教育的理论和理念,参与教育科研,教师的心理健康教育能力已在逐步提高,这为教师在初中各学科的教学活动中渗透积极心理健康教育提供了可能性,有利于教师在教学中更好地渗透,提高学科教学的效果和质量,培养学生良好的心理素质,促进学生身心的全面发展。

### 4. 教材内容丰富蕴含着丰富的积极心理健康教育资源

学科课程作为学校教学工作的重要内容,现行的各学科教材都是经过精心

选择和编制的，教材内容丰富，蕴含着丰富的积极心理健康教育资源，且与学生的心理发展息息相关、密不可分（初辉和李春娟，2013）。不论是社会学科、自然学科，还是体艺学科，都包含着十分丰富的心理健康教育资源，需要深度去挖掘教材中丰富的积极心理健康教育内容。学校各学科课程所蕴含的积极心理健康教育资源是非常丰富的，关键是学科教师如何进行开发与利用。

**5. 学科教学是渗透心理健康教育的重要途径**

学科教学是学校的中心工作，在学校教育中，学科教学是最主要的形式，在学科教学中渗透积极心理教育是对学生进行积极心理教育的一种有效的形式，是渗透心理健康教育的重要途径（卫萍，2005；郭卫波，2010）。对于农村初中条件限制的情况，在学科中渗透积极心理健康教育显得更为重要。在学校，学生大部分时间是在课堂中度过的，在课堂教学中，学生会表现出他们的各种心理品质、心理状态、适应能力、人际关系，教师能够更真实直接地掌握学生心理健康的情况，教师可以在上课的过程中适时地渗透积极心理健康教育的内容，调整学生的心理状态，及时发现学生的心理问题，科学合理地引导学生，帮助学生形成良好的心理素质，培养积极的人格，发展积极的心理品质，促进学生身心健康发展。

## 第三节　积极心理健康教育在农村初中学科中渗透的原则

### 一、主体性原则

主体性原则是指教师在学科教学渗透积极心理健康教育的过程中，要以学生为主体，充分尊重学生的主体地位，充分发挥学生主体作用，调动学生的自觉性与积极性，将教师的教学与学生的积极主动参与真正有机地结合起来。初中学生自我意识不断增强，在学科教学渗透积极心理健康教育时，要致力于转变学生的学习方式，通过学生的主体活动，发挥学生的积极性和主动性，促进学生在教师的指导下主动地学习，倡导自主学习、研究性学习和合作学习等，以取得渗透的最好效果（曾建兴，2012）。

### 二、参与性原则

参与性原则是指在学科教学渗透积极心理健康教育的过程中，要通过各种形式的教育活动，使教师和学生都参与到教学中来，学校心理健康教育是以学生和教师双方的充分参与为条件的。参与是学生个体表现自我和社会交往的需要，也是教育有效性的需要，在渗透中，要注意调动学生参与的积极性，不仅要使学生的身体得到积极参与，更要使学生的心理主动积极地参与，只有在参与的过程中，积极心理品质才能形成和发展起来，学科教学才能获得更好的效果。

## 三、成功性原则

成功性原则是指教师在各学科教学渗透积极心理健康教育的过程中，必须创设各种条件，使学生在学习过程中获得成功感，有成功快乐的情感体验（曾建兴，2012）。成功产生的是一种自我价值实现、自我满足和积极愉悦的情绪体验，对一个人的发展具有激励作用，希望获得成功是人的一种心理需求和内在本性。心理学研究认为，学生在学习活动中取得成功和失败，会引起心理上不同的情绪体验，并且这种情绪体验会有一种循环效应，会影响到学生以后的发展。成功性原则还要求在渗透的过程中，要引导和帮助学生正确面对失败。在学科渗透中，教师必须创设多种机会，善于运用鼓励的方法，充分调动学生学习的积极性，激发学生的成就动机，要使学生常常体验到成功的喜悦，激发学生的积极心理品质和潜能，使其在学习中变得更加自信，增强学生学习的信心和学习动力，全身心投入到学科的学习中，用"成功"激励他们走向成功。

## 四、积极情绪原则

学生和教师在课堂上的情绪状态，对教学都有重要的影响作用。学生在课堂上的情绪状态影响着学生学习的效率和知识的吸收，学生以积极饱满的情绪参与到课堂教学中，就会认真听讲、积极思考，与教师和同学有更多的交流（郭卫波，2010）。在学科教学渗透积极心理健康教育时，教师也要用自己的积极情绪去调动学生学习的积极性，把积极的情绪传递给学生，创设积极的教学环境，形成良好的课堂气氛，使每个学生形成积极的自我概念，激发积极情绪，积极热情地参与到学习中来。

## 五、因材施教原则

在学科渗透积极心理健康教育的教学中，教师除了要遵循初中生心理发展的一般规律和特点，还要了解学生的个体差异，如性别差异、年龄差异、性格差异、能力差异等，使渗透的积极心理健康教育适合各学生的个别特点（曾建兴，2012）。在学科渗透的过程中，不同的学生具有不同的能力、需要、兴趣等，教师应有针对性地选择渗透的教学内容和教学方式，对学生进行多方面的了解，认真做好个案研究，根据学生的情况，采取相应的方法进行教学，灵活运用各种教育策略，因材施教。

## 第四节  积极心理健康教育在农村初中学科中渗透的途径与方法

### 一、教学目标渗透

根据《义务教育课程标准（2011年版）》的要求，教学目标可分为三级，即知识与技能、过程与方法及情感态度与价值观。在初中学科教学中渗透积极心理健康教育，需要在教学目标的设置上注重积极心理健康教育因素的渗透，要把各学科教学目标和教学任务与积极心理健康教育的目标和内容有机地结合起来。大量研究表明，积极的情绪情感与心理体验能够促进学生的认知发展和学业进步（佐斌和赵菊，2008；李声和丁凤琴，2010），在教学目标的渗透设置上，教师应加强积极心理的引导与培养，恰当融入心育目标，尤其注重情感态度与价值观的目标设置，培养学生积极的人格与积极的心理品质（曲崴和李凤杰，2014）。

在教学目标上渗透，是实施学科渗透的一个重要途径。各学科本身就蕴含着丰富的积极心理健康教育资源，所以在设计教学目标时要充分利用教材资源渗透积极心理健康教育。在初中学科中渗透积极心理健康教育，教学目标的设计要具有针对性，符合学生的特点和实际情况，各科教师要了解班级学生的心理特点和心理健康状况，结合学生和班级的实际情况，科学有效地设定渗透积极心理健康教育的学科教学目标，对于不同的学生和班级可以制定不同的教学目标，采用不同的教学模式。在教学目标中渗透积极心理健康教育。要以学科课程本身为主要目标，辅以积极心理健康教育目标，注意适度渗透，不能脱离学科教学的内容，要使心理目标结合教学内容，把握好渗透的高度和效度，灵活调整渗透的目标和策略。

## 二、教学内容渗透

从当前初中阶段的各学科教学内容来看，教学内容中可挖掘与利用的积极心理健康教育资源非常丰富，这些内容不同程度地存在于各科教学内容中，准确把握各学科的教学内容是有效渗透积极心理健康教育的基础。

初中是学生心理发展的一个重要阶段，在此阶段应培养的积极心理品质主要内容有爱、信仰、希望、友善、谦虚、宽容、创造力、坚持、正直、领导力，各年级学生还将面临更多的心理挑战，如初一学生的适应性问题，初二学生的情绪、个性问题，初三学生的学业规划及升学压力等，科学全面的心理健康教育内容对学生的发展至关重要，在学科教学中也应根据学生实际，全面合理地渗透积极心理教育到各类问题之中，既帮助学生掌握学科知识内容，也帮助学生健全心理、提升心理品质。

目前，初中课程主要有语文、数学、英语、道德与法治、历史、地理、物理、生物、化学、体育、音乐、美术等。在教学内容中有机渗透积极心理健康教育，教师要依据各个学科的特点和不同教学内容的安排，根据学科的具体内容和所蕴含的可利用资源思考和寻找积极心理健康教育的合理渗透点，切不可为了渗透而渗透（万晓冬和邓志军，2006）。

文科类课程（如语文、英语、道德与法治、历史、地理）的教学内容中都直接或间接蕴含了丰富的积极心理健康教育内容（卫萍，2005），涉及学生的心理健康教育，在这类课程中可侧重人文素养的培养，渗透个性品质培养、社会认知能力、社会适应能力、生涯规划指导等内容，帮助学生不断塑造积极人格，提高观察认知能力，培养逻辑思维与形象思维能力，树立良好的世界观、人生观、价值观。以历史学科为例，在《红军不怕远征难》教学中，教师可借助关于长征的音频、图片、案例等创设各种情境，让学生在情境内容之中获得真切的情感体验，教师可根据教学内容组织学生小组讨论、角色扮演长征故事，引导学生想象和感受红军精神，培养学生团结合作、艰苦奋斗、积极进取、乐观向上、不怕困难等精神，令学生的积极心理品质得到发展。

理科类课程（如数学、物理、生物、化学）所包含的积极心理健康教育资源也十分丰富，在这类课程中可注重认知能力培养，创造性培养，渗透逻辑思维与发散思维、学习动机、学习品质、科学态度、注意力、想象力、探究能力等内容（宋雯燕，2019）。以数学学科为例，在《三角形全等的判定》教学中，教师可鼓励学生积极探索，激发学生学习热情，根据多种证明方法联系到启发学生的创造思维,培养学生观察、记忆、思维、想象等认识能力,通过演示、实验等教学实践,培养学生严谨科学认真的态度。

体艺类课程（如体育、音乐、美术）蕴含着更为丰富的积极心理健康教育内容,这类课程注重审美意识、自我意识、人格品质、情操教育,可渗透自信、意志力、想象力、情绪调节、人际交往等内容,对人的生理和心理具有巨大的影响作用,还可用于心理治疗。以美术学科为例,在《多彩的学习生活》教学中,教师可根据教学内容启发学生思考自己的学习生活,进而渗透积极心理健康教育的内容,教师在指导学生自由创作绘画作品时,要善于激发学生的学习兴趣,帮助学生发现自我、了解自我、表达自我,发展积极心理品质,实现学生身心健康成长。

除了上述的学科课程外,在学校开设的其他学科,如信息技术、劳动、书法等教学内容中,也同样蕴含着许多积极心理健康教育的因素,学科教师应积极把握合理渗透点,真正实现积极心理健康教育的学科渗透。

## 三、教学方法渗透

在学科教学过程中,教学方法的选用影响着教师知识的讲授和学生的学习,影响着学生情绪情感及人格的发展。在初中阶段,讲授法、讨论法、情境法等都是教师常用的教学方法,仅用传统的教学方法,学生心理难以投入课堂,缺乏积极主动的学习心态和兴趣,易产生疲劳和厌学情绪,很难完全达成目标要求,因此,在教学方法上渗透积极心理健康教育是学科渗透的另一重要途径（何鹏国,2010）。在教学方法中渗透积极心理健康教育,有利于充分发挥学生的主体性和创造性,减少传统教学中不良的教学状况,有效地优化教法与学法,使学科教学能够更好地展开。

在教学方法上的渗透,要根据学科内容和学生的实际,采用多种方式和方法,引起学生的学习兴趣,积极主动参与到学习中来,根据学生特点和学科特点进行有机渗透。教师在教学过程中,除采用常规的教学方法外,还应当渗透心理健康教育的方法,如角色扮演、游戏、分享、倾听、沟通等方法。具体来说,在讲授课程时,可以用游戏导入新课,或设置一个游戏活动环节,使学生积极参与；在小组讨论中,学生之间互相分享,互相合作；在课程设计中,使用角色扮演法,学生互相尊重,亲身体验,教师引导学生分享和感受积极心理健康方面的内容；在情境创设的过程中,学生亲自体会感悟,培养良好的积极心理品质等。此外,团体辅导是心理健康教育的一个重要方法,初中阶段的学生个性活泼,热情好动,教师在教学中可以将团体辅导的理念和方法渗透到教学中,增强学生的学习积极性,让学生在参与过程中总结和认识自己的问题,提升心理健康水平,促进自我能力的发展。

## 四、教学过程中渗透

在教学过程中,课堂氛围直接影响着教师的教学效果和学生的学习效率,教师要结合实际创设生动活泼、多样化的课堂情境,营造良好的教学气氛,激发学生的学习热情和学习兴趣,启发学生积极参与,积极思考。教师要遵循学生身心发展规律,注意学生的心理状态,为学科渗透积极心理健康提供心理自由环境,激发学生的积极情绪,营造师生之间民主、平等、和谐合作的师生关系,使学生在轻松愉快、无心理压力的氛围中学习(何鹏国,2010)。

教师要挖掘课堂教学中的积极心理健康教育因素,结合符合学生实际的教学方式,组织多种形式的活动,设计灵活的课堂提问形式,抓住细节,有意识地渗透积极心理健康教育,创造性地整合构建并合理使用教材。在教学过程中,教师要以学生为主体,结合实际生活,注重积极心理体验,促进学生自主发展。在教学中要注重心理健康的渗透式教育,以潜移默化的方式进行积极心理健康教育,强化教学效果,提高学生积极心理健康教育水平。

## 第五节 积极心理健康教育在农村初中学科中渗透的个案分析

为了更好地帮助农村中学教师了解如何在初中的学科教学中渗透积极心理健康教育,本节以部编版《生物学七年级下册》中的《神经调节的基本方式》、人教版《语文七年级上册》中的《紫藤萝瀑布》为例进行说明。

### 神经调节的基本方式

#### 一、教学目标

(一)知识与技能

了解反射是人体神经调节的基本方式,理解反射的概念、反射弧的构成,区分简单反射和复杂反射;通过实验、探究等活动,培养学生学习、实验、观察、想象、归纳总结的能力，提高学生与他人合作交往的能力及分析问题、解决问题、科学探究的能力。

### （二）过程与方法

教师演示反射实验，小组合作学习，体验科学探究活动，引导学生认真观察和思考，团结协作，分享交流。

### （三）情感态度与价值观

增加学生学习生物的兴趣和积极性，感受合作学习的快乐，学会合作与探究，树立科学严谨、实事求是的科学态度，培养学生勇于探索的精神。

## 二、教学重难点

### （一）教学重点

神经调节的基本方式、反射的概念、反射弧的构成。

### （二）教学难点

通过实验理解什么是反射，区分简单反射和复杂反射。

## 三、教学方法

实验法、观察法、情境法、讨论法、探究法。

## 四、教学准备

多媒体课件、有关反射的活动、游戏、实验、示例，一个装有牙签的纸盒，膝跳反射的实验视频、反射弧动画。

## 五、教学过程

### （一）激发兴趣，导入新课

①教师准备一个装有牙签的纸盒，请一名学生把手伸进纸盒，其他学生

观察该学生做出的反应。（学生伸入后，立即把手缩回来）

②学生之间相互配合，进行"打手板"的游戏。（甲学生打乙学生的手掌，乙学生迅速躲避）

完成活动后，教师提出思考问题：这两个活动是怎样完成的？是先缩手还是先感觉到疼痛？为什么？（学生自由回答）学生回答后，教师联系课程内容，引出"反射"，导入新课。

（二）讲授新课

**1. 神经调节的基本方式——反射**

（1）小组实验

老师提出问题：什么是反射？组织学生完成膝跳反射实验。

观看膝跳反射的实验视频，同桌两人为一组，教师讲述实验规则：两人轮换进行实验，其中一位同学坐在凳子上，一条腿着地，另一条腿很自然地搭在这条腿上，另一位同学用手掌内侧的边缘，迅速叩击一下该同学上面那条腿的膝盖下面的韧带，同时观察这条腿有什么反应。（如果学生不是很清楚，请课代表配合老师完成实验，给同学们做示范）接下来组织学生开始实验。在学生实验的过程中下台进行具体的指导，树立严谨的科学态度，在同学们基本完成实验后，请小组汇报观察的实验结果，其他小组进行补充。

实验完成后，引导学生回答什么是反射，学生回答，然后教师小结，归纳总结出反射的定义。

（教师小结：大家说得很好。人体通过神经系统，对内外各种刺激所做出的有规律的反应就是反射。反射是神经调节的基本方式。神经系统在完成调节功能时，常常会产生疲劳而使调节功能降低。因此，同学们每天都要有充分的时间休息，以利于调节功能的恢复，使学习效率充分提高。同时，同学们要合理安排作息时间，把每天的学习、运动、休息和睡眠等时间作合理安排，形成以时间为信号的条件反射。一旦形成条件反射，也就养成了有规律的学习生活习惯。）

（2）融会贯通

联系生活实际，举出其他反射的例子。学生讨论并回答。

**2. 反射的结构基础——反射弧**

（1）创设情境

你看到桌子上的包子，想拿来吃，结果"啊"一声就又丢在了桌子上，原来是太烫了。出示动画：松开烫手包子的反射弧示意图。动画边演示，教师边讲解。引导学生总结完成反射的反射弧结构。

使学生意识到生活中的很多现象与人体自身的反射有关，使学生进入情境之中，培养学生科学探究、归纳整理及表达交流的能力。

（2）合作探究

阅读教材中反射弧示意图，归纳出反射弧的组成。

在发的讲义图上填写出参与反射活动的结构的名称，在图中用箭头标出神经冲动传导的方向，尝试说出神经冲动传导的途径。

学生合作讨论完之后，先找小组汇报，之后老师再作补充和强调。

（反射弧的组成：感受器、传入神经、神经中枢、传出神经、效应器。神经冲动传导的途径是：感受器→传入神经→神经中枢→传出神经→效应器。这五部分结构参与并完成了反射活动，我们把完成某一反射活动的结构，称为反射弧，反射弧是完成反射的结构基础。）

**3. 反射的类型——简单反射与复杂反射**

根据课堂中大家所举出的例子，引导学生分析反射的实例得出反射的类型。

提出反射的一种分类方式，分为简单反射和复杂反射。提问学生两者之间的区别。教师肯定学生的答案并总结。

（缩手反射、眨眼反射、膝跳反射等属于简单反射；望梅止渴、自行车的学习、行人听到汽车喇叭后就会躲避等属于复杂反射。）

（三）拓展延伸

①我们在前面所举出的例子都是人类的一些反射的例子，那么动物是否也具有反射活动呢？（学生思考讨论回答）

②人和动物都具有反射活动，哪些反射活动是人类所特有的呢？

引出与语言文字相关的反射是人类所特有的，激励学生勇于探索，认真学习。

（四）小结作业

引导学生说出在本节课的收获，学生发表各自的看法，然后教师总结。

布置实践作业，观察生活中的反射事例。

## 六、板书设计

神经调节的基本方式

**1. 神经调节的基本方式——反射**

膝跳反射实验→神经系统，有规律的反映。

**2. 反射的结构基础——反射弧**

**3. 反射的类型——简单反射与复杂反射**

（1）简单反射

缩手反射等。

（2）复杂反射

望梅止渴等。

## 七、教学反思

本节内容较难、较抽象，教学以活动开始，引起学生学习的兴趣，通过多样化的教学形式，生动形象地展示本节课的知识内容，以学生为主体，教师适时点拨，能较好地达成各个教学目标，突出重点，突破难点。在教学过程中，将教学内容与生活实际联系起来，理论联系实际，学生更易理解，提高学生学习的兴趣和积极性，注重学生的参与体验、学习态度，通过进行膝跳反射等实验活动，学生不仅能够学习知识，还能加强多种能力的培养，形成科学严谨的实验态度，也能够培养学生的一些积极品质，促进学生心理健康教育的发展。在本节课的内容中，学生对一些知识的理解有一定的难度，还需课上或课下进一步巩固。

## 八、评价

教学目标明确，能够按照三维目标设置科学·合理的目标，渗透积极心理健康教育，注重学生学习的兴趣和积极性，注重合作与探究，树立严谨的科学态度，培养学生勇于探索的精神。教学方法灵活多样，根据不同教学内容选择合适的教学方法，在教学方法上也渗透了积极心理健康教育的内容，以活动导入，引导学生，激发学生的学习兴趣，通过活动，使学生亲自体验，调动学生的兴趣,培养学生的实验能力和观察能力;通过膝跳反射实验,使学生体验科学实验活动,树立严谨的科学态度,引导学生要合理安排作息时间,养成规律的学习生活习惯;在创设情境中,使学生意识到生活中的很多现象与人体自身的反射有关,使学生进入情境之中,培养学生科学探究、归纳整理及表达交流的能力;在小组讨论、合作探究中,培养学生的思维能力和实践能力,培养学生团结协作、整理归纳和综合运用能力。在教学中,创设了一种轻松的课堂氛围,循序渐进地进行师生互动,使学生更加主动参与课堂,能够使用新课程标准的理念来指导教学,遵循学生的认知规律,根据教学内容,通过学生日常生活经历和亲身体验,由浅入深,引导学生进行知识的迁移,符合学生好奇、好动的心理特点,加深学生对知识的理解,加强学生多种能力的培养,促进学生全面发展。

## 紫藤萝瀑布

## 一、教学目标

### (一)知识与技能

有感情地朗读课文,感知课文大意,掌握文章借景抒情、托物言志的方法,加强学生对事物观察、欣赏、想象的能力。

### (二)过程与方法

采用情境、讨论、探究等多元化的方法解读文体,明确文章的思想内涵,学习并运用观察、感受、联想、思考、分享的学习方法。

### (三)情感态度与价值观

体会作者的情感,学习紫藤萝和作者身上乐观、顽强的精神,培养积极乐观、不怕困难的人生态度,使学生热爱生命、珍惜时光、努力学习。

## 二、教学重难点

### (一)教学重点

紫藤萝的象征意义及其主旨的显现;对生动细致的景物描写的分析。

## （二）教学难点

体会作者情感的变化，理解课文蕴含的人生哲理。

## 三、教学方法

讲授法、讨论法、情境法、启发法。

## 四、教学准备

多媒体课件、图片、音乐、分组。

## 五、教学过程

### （一）创设情境，导入新课

教师：同学们一定都接触过许多花草树木，你最喜欢哪一种呢？看到又是什么样的心情和感受？大千世界，只要你善于发现美，去细心观察体会，都会带给我们丰富的联想，产生不同的情感，从中得到深刻的启示。

教师出示紫藤萝的图片。教师：同学们，看这几张紫藤萝的图片，你们从中看到些什么，又想到些什么呢？（学生自由回答）盛开的紫藤萝一簇紧挨着一簇，从空中垂下，真是一片辉煌的淡紫色，就像流动的瀑布一样。今天就让我们到一条紫色的瀑布边走走，去感受它的美，领略它的色彩吧！

### （二）初读课文，整体感知

1）学生自由、大声地朗读课文，圈点勾出不认识的生字词，与同桌分工合作，查字典解决，稍后全班进行分享交流。

2）教师提出思考问题，小组讨论：

①紫藤萝瀑布有什么特点，紫藤萝给你留下了什么样的印象？

②作者为什么要不由得停下脚步？

③面对紫藤萝作者的心情有变化吗？

（让学生在通读的基础上，利用三个问题的提出，理清"看花—忆花—悟花"的思路和情感的变化，并让同学们自己对花的感受和作者对花的感受进行碰撞，抓住紫藤萝瀑布的特征，联想到生命、喜悦等字词，为下文理解作者抒发的感情做准备，初步了解本文主旨。）

（三）深入研读，重点感悟

**1. 分享自己喜欢的描写紫藤萝的句子**

（学生自由发言，教师适时进行引导、总结。）
学生再次朗读同学们分享的这些句子，加深对词句的理解。

**2. 合作探究**

①作者主要从哪些方面，按怎样的顺序对盛开的紫藤萝描写的？
②举例说明本文采用了哪些修辞手法，作用是什么？
③哪些句子可以看出景中有情？体现了作者什么感情？
④结合阅读经验和自身经历，你有什么启示？
（小组讨论，班内交流。）

教师小结：是啊，一花一世界，花的生命何曾不折射出了人的生命呢？由物及人，这样的写作手法叫什么？托物言志。"生命中会有磨难，但磨难终会过去，愿我们每个人的生命都像一朵朵小小的紫藤萝，努力张满自己的风帆，绽放自己生命的异彩，为人类生命的长河增添光彩和芳香。"这就是生命的意义，我们今天更要懂得生命的意义，努力学习，去创造更美好的明天。

**3. 情感交流"我的最爱"**

你喜欢什么花，为什么，它有什么特点，带给你什么样的感受？

（四）拓展延伸

①作者在结尾说"在这浅紫色的光辉和浅紫色的芳香中，我不觉加快了脚步"，作者为什么加快了脚步，对此你有什么看法？
（学生自由发言。）

教师小结：作者从紫藤萝旺盛的生命力中获得了启发，获得了力量，觉得人要珍惜生命，勇敢活下去，所以就加快了脚步。感受到人作为万物之灵长，不管遭遇了什么，都应始终热爱生命，积极向上，就像紫藤萝一样。

②作者从紫藤萝感悟出深刻的人生哲理，这种写法称之为"托物言志"或"借景抒情"。其实，在我们的生活中也包含了许多这样的事物，那么，接

下来就请同学们运用比喻、拟人等修辞手法，以大屏幕上的图为对象，发挥想象，进行描绘。

（五）小结作业

先由学生总结，然后教师总结。在音乐中结束课堂。

教师：这节课我们学习了《紫藤萝瀑布》，文章笔触生动而细腻，手法灵活而多变，它的意义真实而深远。正如我们最开始看的紫藤萝图片，紫藤萝那么茂盛、绵密、层层叠叠，而作者看到它也不禁回想起了十年前的紫藤萝，想到了自己这十年的遭遇，最终超脱出来，感悟到了生命的永恒和可贵，人和花一样，不管经历了什么，都要保持乐观积极的心态，勇敢活下去。那盛开的紫藤萝花生机勃勃、辉煌灿烂，让我们感受到了它顽强的生命力，更让我们深刻体悟到了生命长河的永无止境。所有的苦难都无需畏惧，只要用一颗豁达乐观的心去面对，相信我们会有一个辉煌灿烂的美好人生！

作业：感悟生活，运用托物言志等手法写一种对自己有启示性的植物。

## 六、板书设计

**紫藤萝瀑布**

花<br>现在：茂盛、淡紫色、芳香<br>十年前：稀落、伶仃

托物言志

人<br>生命永恒

## 七、教学反思

教学设计以学生为主体，在教学中与学生在平等和谐的氛围中相互交流，激发学生的学习兴趣、学习热情和学习能力，积极渗透心理健康教育内容，并通过思考探究讨论来带领学生把握内容，体会情感。同时，也充分利用多媒体，加深学生的理解，从而体会作者情感，最终合理有效地实现三维教学目标，使学生有所感悟，健康成长。本文是一篇托物言志的散文名篇，要特别注意情感的教学，在朗读和回答问题上的时间可能不够，要做好时间分配，在环节设计和活动上还有待完善。

## 八、评价

充分贯彻《义务教育课文课程标准（2011年版）》的要求，发挥了学生的主体作用，在教学中注重学生的参与，能够根据教学内容和学生特点进行积极心理健康教育的渗透。在教学目标上，能够按照三维目标设置科学合理的目标，尤其注重情感目标的建立，并将课程目标与心理健康目标有机结合，培养学生积极乐观、不怕困难的人生态度，使学生热爱生命、珍惜时光、努力学习。在教学内容中，由紫藤萝图片、情境、文章逐层深入，根据课文的具体内容和含义寻找积极心理健康教育的合理渗透点，从各方面进行分析，渗透积极心理品质，让学生在教学内容中获得真切的情感体验，引导学生思考、想象、感受，学生能够对文章有更深入的理解，心理健康品质也会得到发展。在教学方法上，注重灵活多样的教学方式，以学生为中心，发挥学生的主体性和创造性，使学生充分思考、探究、合作、讨论，并分享。在教学过程中，充分挖掘课堂教学中的积极心理健康教育因素，创设生动活泼、多样化的课堂，营造良好的教学气氛，营造和谐的师生关系，激发学生的学习热情和学习兴趣，启发学生积极参与，积极思考，认真学习，强化教学效果，加强学生积极心理健康教育。

总之，积极心理健康教育在农村初中学科中的渗透还需要不断探索和完善，学科渗透积极心理健康教育是现代教育的重要内容，将积极心理健康教育有机渗透在初中学科教学之中，对于学科课程的教学效果和质量、学生的身心健康发展、农村的心理健康教育发展具有重要的意义。

## 参 考 文 献

初辉，李春娟，2013. 在学科教学中渗透心理健康教育[J]. 黑河教育（5）：76.
戴金洲，2015. 农村初中生积极心理品质的现状、问题及其教育对策研究[D]. 湘潭：湖南科技大学.
高永金，张瑜，傅纳，2017. 初中生积极心理品质发展现状调查[J]. 中国特殊教育（9）：89-96.
郭洁玉，陈超然，王子慧，2019. 农村地区中小学心理健康教育现状探讨[J]. 中小学心理健康教育（11）：48-50.
郭卫波，2010. 学科教学中如何渗透心理健康教育[J]. 文学教育（3）：117-118.
何鹏国，2010. 浅议学科教学中渗透心理健康教育[J]. 成功（教育版）（3）：163.
黄圆圆，赖红梅，2019. 农村初中心理健康教育工作存在的问题及对策[J]. 西部素质教育，5（6）：100-101.
姜有玲，2019. 农村学校心理健康教育现状及存在问题浅析[J]. 学周刊，1（1）：101-102.
孔静，2018. 农村中学生心理健康教育现状及其对策研究[C]. 中国教育发展战略学会教学创新专业委员会论文集，184-185.
李大忠，何文慧，李朝章，等，2019. 广西农村中小学心理健康教育现状及对策研究：以百色地区为例[J]. 科

# 第八章　积极心理健康教育在农村初中学科教学中的渗透

教导刊（24）：161-162.

李声，丁凤琴，2010. 情绪对认知影响的研究综述[J]. 社会心理科学，25（11-12）：179-182.

林崇德，2009. 发展心理学[M]. 2版. 北京：人民教育出版社：321.

林素莺，2019. 学科教学中心理健康教育的渗透[J]. 西部素质教育，5（11）：98，100.

曲崴，李凤杰，2014. 心理健康教育渗透于学科教学的实施策略[J]. 大连教育学院学报，30（4）：30-31.

宋雯燕，2019. 心理健康教育在学科教学中的渗透研究[J]. 计算机产品与流通（10）：194.

万晓冬，邓志军，2006. 心理健康教育与学科教学的渗透与融合[J]. 黑龙江高教研究（2）：35-37.

卫萍，2005. 学校心理健康教育在学科教学中的渗透策略[J]. 安徽农业大学学报(社会科学版)，14(5)：110-114.

曾建兴，2012. 浅谈学科教学渗透心理健康教育的原则[J]. 中小学心理健康教育（10）：35.

张琴，2017. 农村初中心理健康教育现状及对策研究：以巴中市巴州区为例[D]. 南充：西华师范大学.

佐斌，赵菊，2008. 积极情绪对群际关系认知的影响[J]. 心理发展与教育，24（3）：119-123.

# 第九章　农村中小学学生工作中渗透积极心理健康教育的探索

积极心理健康认为，消除或摆脱了各种心理疾病的人并不一定就意味着心理健康，人的心理健康应该包括两个方面：一是指没有各种心理问题的困扰，二是指人的各种积极品质和积极力量的产生和增加（陈晓娟等，2009）。

如今，人们享受到了社会快速发展带来的成果，也承受着巨大的压力，导致人们心理问题层出不穷。中小学生正处于身心发育阶段，他们的心理健康也受到了威胁，心理问题愈发突出。尤其是农村中小学生，他们的心理健康状况也受到了广泛关注。当前农村中小学关于对学生传授积极心理健康教育知识的意识较为薄弱，缺乏充分利用已有资源开展积极心理健康教育的意识。《纲要》提出："坚持公共教育资源和优质教育资源向农村、中西部地区倾斜，逐步缩小东西部、城乡和区域之间中小学心理健康教育的发展差距，以中西部地区和农村地区发展为重点，推动中小学心理健康教育全面、协调发展。"本章主要从农村中小学学生工作中探讨如何渗透积极心理健康教育。

## 第一节　农村中小学当前的学生心理问题现状

### 一、父母外出务工，留守儿童的心理健康得不到保障

城镇化进程不断加快，人们对物质生活方面的追求提高，特别是农村地区的青壮年。他们涌入城市务工，并没有携带着子女，而是把子女留在农村与老人一起生活，自然也留在农村上学。儿童青少年时期是个体身心发育的关键时期，学习和生活是这一阶段的主要活动（金婷和戴斌荣，2019）。家庭教育在儿童青少年发展过程中是不可或缺的一部分，培养他们健康的心理品质本应是学校和家庭的共同责任。父母把教育的责任推给老人，容易产生隔

代矛盾，如难以沟通、缺乏理解等问题，导致对孩子的教导有效性降低。儿童期生活质量水平的高低，将会影响个体成年以后生活的水平和质量（姚伟和关永春，2004）。父母追求高质量生活，忙于工作，使孩子缺乏父母的陪伴和关怀，疏忽了对孩子的管教，影响他们的生活质量，进而阻碍身心的健康发展。留守儿童群体随着现代化的发展，数量逐年增加。加之，农村中小学积极心理健康教育发展程度较低，相比于城镇的孩子，留守儿童的心理健康更加得不到重视。

## 二、农村父母受教育程度低，对孩子的心理教育认知不到位

调查发现，在农村，不是经济条件不允许，而是家长们的教育意识不强，尤其是祖祖辈辈都生活在农村的家长，他们教育孩子只是沿用老一辈的方法或参考他人的做法（闫振林，2019）。由于家长自身教育意识不强，对后代的教育缺乏重视，使得孩子的教育缺乏全面保障。我国农村地区中小学生的父母不够重视教育，父母受教育水平较低，加之自身能力有限，只会以孩子的学业成绩为标准，成绩好就是一切，他们可能对积极心理健康教育的听闻甚少，更不会有对孩子进行积极心理健康教育的意识。积极心理健康教育需要构建社会、学校和家庭一体化模式，缺乏一方力量都会影响积极心理健康教育的开展。人类的生长存在着各阶段特点，农村家长受自身教育文化程度的限制，不熟知孩子成长各阶段的特点，不会根据他们的特点进行有效教育。埃里克森的八阶段理论罗列了人类经历的八个阶段的心理社会演变，如果孩子的心理得不到正常发展，则会发生心理冲突，影响后续阶段的发展。

## 三、农村中小学生存在较多的心理问题

### 1. 性格不健全

在农村，存在一群特殊的群体，他们生活在架构完整的家庭，双亲拥有健康的身心，却缺乏足够的监护，缺少体验快乐的机会。他们就是一群留守学生，他们的父母长年在外，远走他乡务工或经商。受与户籍挂钩的教育体制、工作条件和经济水平的限制，迁移者的子女无法随其到经济发达地区就读，而被迫留在老家随爷爷奶奶、姥姥姥爷或者亲戚生活，甚至有一部分子女由于缺乏照料者而不得不自我照顾（马金焕，2017）。另外，一些农村学生的家庭并不完整，失去双亲或者父母离婚由单亲抚养，从小受到其他同学的

歧视排挤，出现性格自闭、过度依恋等心理问题。国家统计局公布的数据显示，1978—2018年，中国离婚率快速上升，离婚率从1.53‰上升到10.37‰；每年离婚登记的夫妻数从1978年的28.50万对上升到2018年的446.08万对，升高了15.65倍。①另有一些研究也揭示离异单亲家庭在经济上的确有着较多压力，从而影响到孩子的健康成长（Williams，1990）。正是因为生活在这种特殊环境中，导致了他们在成长过程中出现性格不健全。

**2. 意志力薄弱**

中国的发展不断满足了人民的需求，在生活水平提高的同时，大多数家庭都以独生子女为主，农村也出现了许多独生子女家庭。尤其有很多孩子由于父母工作繁忙，都交由祖辈照顾，而祖辈通常对于孩子都十分溺爱，孩子们的生活中缺少了艰难感和危机感，他们的意志力薄弱，常常经受不住磨难与挫折，哪怕是一个小小的不顺利都挺不住，从此萎靡（关越，2019）。特别是在学业方面，由于父母受教育程度低，看重成绩，农村中小学学生在成绩上喜欢和他人比较。一旦在这场较量中失败就会很沮丧，半途而废，甚至做出危险行为。同时在老师指出错误时，他们容易误解老师，会错认为老师是批评他们，他们情绪变得低落，从此憎恨老师。

**3. 情绪不稳定**

由于农村中小学生大部分由祖辈养育，祖辈就成为了他们的监护人。由于祖辈年纪较大，文化水平不高，有的甚至是文盲，他们既没有教育的精力和体力，也缺乏教育的能力和教育方法（谭承示和廖雪萍，2008）。祖辈甚至一味纵容这些学生，对其不管不顾，有时候甚至为他们的错误做庇护，局限于只是满足他们的物质需要。由于长期在这种庇护下成长，只要生活上有困难，学生的精神就会受到压迫，常常无缘无故发脾气，但也常常会因为受到表扬非常高兴和满足，从而造成心理不平衡，情绪波动大，甚至容易出现情绪冲动，做出异常行为，即情绪时常低落时常高涨。有严重冲突关系的父母也会使得家庭氛围不和谐，令子女们产生焦虑心理，出现情绪波动。

**4. 自我认识不足，情感关怀缺失，导致自卑心理**

6~16岁的中小学生处于自我意识发展的重要阶段。小学阶段是心理发展的一个重要阶段，儿童在与环境相互交往的过程中形成自我意识，教育则对

---

① 本部分数据是根据历年《中国人口与就业统计年鉴》和《中国民政统计年鉴》计算所得的一般离婚率指标。

儿童自我意识的发展起着重要作用。有调查发现：学生从三年级开始能够连续说出一些身体特征作为自己的重要方面，以及自己的爱好，偶尔涉及其心理特质（丁红莉和龚洁，2016）。但是，该阶段学生自我意识客观性发展呈现不平衡，只有不到一半的学生能对自己进行客观评价（吕文婷，2013）。发展心理学家认为，初中阶段的学生进入青春发育期，这是自我意识发展的第二个飞速期，由于生理发展的变化，使他们出现各种冲突和心理困扰，体验到强烈的危机感，这促使他们开始关注自我的发展和变化。但是初中阶段的学生面临自我同一性的建立，学生的自我评价较低，整个初中阶段，对自己的评价仍以外部评价和具体评价为主，对他人的评价则内部评价和抽象评价已占主要地位（杨善堂等，1990）。自我认识是自我意识发展的一个重要成分，是自己对自己身心特征的认识。如果缺乏教师与家长的教育和引导，学生个体对自身的估计与社会上其他人对自己客观评价距离过于悬殊，就会使他们与周边人的关系失去平衡，产生人际的矛盾与冲突。农村地区中小学留守儿童较多，他们无法获得像正常孩子一样的家庭教育和情感关怀，长此以往，就会形成自卑的心理特征，影响心理的健康成长。

**5. 缺乏人际交往技巧，人际关系紧张**

中小学生在学校的生活属于集体生活，需要和教师、同学进行沟通与交往。已有研究表明，人际关系可影响青少年儿童的自我意识、学业成绩、心理健康和身体健康等方面的发展（张振新等，2010）。中小学生在与他人进行沟通交往时，时常会因琐事引发人际的矛盾及冲突。农村地区中小学留守儿童较多，学生与父母交沟通交流少，生活费成了亲子交流的单一纽带。农村中小学生认知评价水平低，应对技巧差，因此面对教师批评、考试失败、父母离异、家长打骂等挫折事件难以正确对待。农村中小学生中孤僻、不合群的情况比较多，学生在遇到矛盾和冲突时，由于缺乏良好的社会支持及人际交往技巧，加剧人际关系不和谐，导致人际关系紧张，更不愿意与他人进行沟通。父母因长期外出务工，其监护和教育角色很大程度上缺失，对留守儿童健康成长造成不利的影响，长此以往，这类学生容易产生心理不自信，无法得到他人的关注，心理较为脆弱，严重时会发生心理扭曲。具体表现为孤僻自卑、过于焦虑、缺乏安全感等问题，在此影响下往往容易导致精神、心理障碍，进而在人际交往上产生人际关系紧张、行为偏差等困难（王艺璇，2014）。

**6. 以自我为中心，任性自私**

农村家长受教育程度较低，对孩子缺乏教育能力，过于溺爱孩子，无条件满足孩子的任何需求,长此以往,在孩子心中就形成了以自我为中心的思想,高傲自大。在社交方面,孩子表现为不懂得与他人沟通,常常因为自大说错话,引起矛盾。正是因为家人的溺爱,舍不得孩子不开心,所以放任孩子,使得孩子缺乏有力的监管,自制力差,任性做事,不考虑道德,也常常容易得罪人。

### 7. 学习动机不强,出现厌学、逃学

学生在学习中除了满足自身对于未知世界的探索与渴求的愿望之外,实际上还包含着更多的诉求。从马斯洛的需要层次理论可见,缺失需要是指生理需要、安全需要、爱与尊重的需要(陈云,2014)。这些需要对于个体的身心健康发展非常重要,必须得到满足。对于学生而言,与取得学业上的成就相比,爱与尊重是更重要的需求。学生如果没有感受到被人关爱,或者感觉自己无能,他们就不可能有强烈的动机去自主地探索和理解新的知识,更不可能像自我实现的个体那样具有创造性和开放性,当然也就不可能有强烈的动机去实现高水平的成长目标。学习动机是促进儿童青少年为达到某种目的而学习的心理动因,表现为学习的志向、愿望或兴趣等形式,对学习起推动作用。研究发现,学习动机若受损,会导致中小学生出现厌学情绪,轻者消极怠工,缺乏进取,重者完全放弃学习。

农村中小学生由于生活环境较为特殊,大多为留守儿童。在学习上缺乏家长的督促和鼓励,加之农村家长受教育程度偏低,家长间也容易起冲突,而且缺乏父母陪伴的孩子通常比较敏感,他们的情绪易受到家长情绪的影响。父母不良的情绪一旦感染孩子,进而会影响孩子的学业,影响家庭的和谐。中国农村社会素有"鲤鱼跳龙门"的文化观念(李涛和邬志辉,2015)。但是,时至今日,中国村落社会中"读书无用论"的社会思潮又开始日益凸显(李涛和邬志辉,2015)。这种思潮的出现无疑是给不愿上学的孩子一个逃学的理由。家长的放纵才是罪魁祸首。在这个竞争日益强烈的社会下,农村中小学生所有的资源较城市学生匮乏,唯一能竞争的也许就是成绩。但是缺乏家庭温暖的学生生性敏感,遭遇父母和老师的批评后容易造成不良的学习心态,从而丧失学习的积极性,厌倦学校的一切,逃避学习。

### 8. 孤僻、自卑、抑郁

大多数农村中小学生生长在父母长期外出、隔代养育的环境下,他们与自己的父母缺乏交流互动。祖父母或外祖父母则由于长期生活在农村或者年龄较大,与他们交流存在障碍。在一些更偏远的地区,这些学生接触的人很少,

导致他们缺乏与他人交流的渠道,也不愿意与他人沟通,自闭现象严重。由于家庭缺少正常的监护人或根本没有监护人,学校与家庭无法沟通,社会上又少有人关注他们,表面上他们跟正常的孩子无异,但在内心深处常常感到自卑、孤独、忧虑、失望(谭承示和廖雪萍,2008)。孤独的情绪常伴随他们,导致他们很多时候表现出精神不振,情绪抑郁,内心渴望与他人沟通却又排斥。

#### 9. 早恋

改革开放以来,人民生活水平普遍提高,饮食和营养结构发生了很大变化,青少年性成熟的时间有所提前(万兴,2008)。青春期的来临面临着性的成熟,中小学生的心智尚未成熟,对"爱情"的概念尚未清楚,对爱情的认知模糊会导致他们陷入早恋。同时,在大时代发展的背景下,互联网迅速发展,他们难免会接触关于两性的影音视频、图书和文学艺术作品等。很多不良商家为了赚钱,迎合大众的胃口,在网络或者图书上肆意做宣传,即使管理很严格,也会有疏漏。大部分农村中小学生缺乏监管,这就使得青少年接触到了这方面的信息,让他们两性的思想得到强化。另外,在生活上难免有烦恼,他们会更多地向异性朋友倾诉寻求安慰。

## 第二节 在农村中小学学生工作中渗透积极心理健康教育的必要性

研究者发现农村中小学生心理问题主要表现为性格不健全、意志力薄弱、情绪不稳定、以自我为中心、学习心态差和早恋等。面对来自各方面的压力,他们开始出现孤僻、任性自私、自卑、颓废、偏激等心理问题。由于没有专业化的条件,如农村地区缺乏心理咨询机构、心理健康教师资源的匮乏及农村学校缺乏心理健康教育机构的设置,他们的问题得不到及时的解决,其身心健康受到严重影响,这警示着迫切需要在学生工作中渗透积极心理健康教育。

### 一、农村地区缺少心理咨询机构

近年来,国家对农村地区的教育也加大了改革力度,教育质量在稳步上升。但是农村中小学在积极心理健康教育方面的实施进度依旧缓慢。由于农村地区许多方面的资源较城市地区匮乏，很多从业者不愿意来到农村地区务工，认为农村对于自身的发展不是一个很好的提升平台，发展前途不大。同时，农村地区的经济条件较差，在农村地区开办心理咨询机构，家长对于心理咨询机构并不了解，而且心理咨询的费用相对较高，农村家庭大多不愿意支付这笔钱去解决孩子的心理问题，甚至对心理咨询的有效性产生疑问，所以在农村地区开办心理咨询机构还没有足够的条件。

## 二、农村学校心理健康教师资源匮乏

农村地区心理健康教育发展缓慢的一大瓶颈是心理健康教师的缺乏。农村地区的心理健康教育一般由其他任课教师兼职。《纲要》要求各地中小学全面开展心理健康教育，虽然农村学校也开展心理健康教育工作，但成果却不是很理想。为了填补岗位空缺，对心理健康教育的人员匹配要求低，以至于招来的工作人员缺乏专业性和实践性，只是照本宣科，甚至有些学校完全不开设相关课程。农村地区的心理健康教师队伍的建设需要长时间的探索，需要有高水平的综合能力的教师加入，才能更好地为学生排忧解难，促进农村心理健康教育质量的提高。配备心理健康教师的同时，心理设施也要配备齐全，心理健康教育的成效才会大大增加。

## 三、农村学校缺乏专门的心理健康教育机构，需依靠学生工作开展心理健康教育

鉴于农村中小学生心理健康教育问题日渐严重，教育部颁布《关于加强中小学心理健康教育的若干意见》，要求将心理健康教育作为学校教育的专门性工作。但大部分农村中小学对此并没有做到足够重视。学校缺乏专门的心理健康教育组织机构，心理健康教育通常只是形同虚设，不能有效开展积极心理健康教育工作。因此，校园里也出现越来越多有心理问题的学生。教育部门的不够重视，加之农村地区较为偏僻，没能引进心理健康教育方面的专业力量。因此，学生心理健康教育的渠道只是体现在少数的其他任课教师的授课中。为了促进学生心理健康发展，迫切需要在学生工作中渗透积极心理健康教育，让农村中小学生在没有专业力量的背景下也能得到心理健康方面的教育。

## 第三节 农村中小学学生工作中渗透积极心理健康教育的对策

农村中小学生的心理问题需要较长时间才能有效解决。基于目前农村中小学心理健康教育的现状，学生的积极心理健康教育须从学生工作方面入手，开展一些有针对性的活动，培养学生的积极心理品质。学校可从校级、年级、班级和宿舍四个层面的学生工作来渗透开展积极心理健康教育。

### 一、积极心理健康教育在校级学生工作中的渗透

**1. 学校心理健康协会要经常科普心理健康知识**

学校心理健康协会一般由在校学生组织而成，协会成员有相同的心理学兴趣，因为爱好而聚集在一起，由学生自我管理，并自愿服务于学校学生心理健康教育。心理健康协会逐渐成为校园心理健康教育不可分割的一部分，为培养学生的积极心理品质起到重要的作用，也推动农村中小学积极心理健康教育体系的建构。心理健康协会作为校园社团的重要组成部分，应发挥其不可或缺的作用。心理健康协会要经常向学生科普一些心理健康知识，比如，认识自己、接纳并肯定自己、学会自我控制情绪、树立正确的价值观、学会自信、培养积极的生活态度、学会建立良好的人际关系等。心理健康协会可以以定期编制心理健康知识手册的形式科普心理健康知识，将手册发至每位学生手中，让学生有心理常识储备，以便能够自我调节。

**2. 举办心理健康活动周**

心理健康协会举行心理健康活动可以让学生聚集在一起，通过互动的形式循序渐进地培养学生的积极心理品质。举办心理健康活动周，可以有效地让学生间的距离变得亲近，并促进学生之间相互交流、相互认识，交流过程中可以寻找适合自己的倾诉对象。由于当今的学生学业压力较大，互动可以缓解学业上的压力，心理健康活动周的系列活动更能有效引导学生勇敢地去认识他人并与他人倾诉心声，也促使学生更愿意主动地与他人进行交谈，有效地减轻学生心理负担，利于学生开展自我心理健康教育。学生通过心理健康活动，身心得到了放松，学业压力也得到释放，做到劳逸结合，从中学会自我调节，进而提高他们的自主学习能力。此外，心理健康活动周开展的活

动形式多样，可以开展挑战游戏、热身游戏、合作游戏、趣味游戏、思维游戏、心灵游戏及信任游戏等（戚辉，2019）。活动应贴近学生的学习和生活，符合其心理发展特点，能更好帮助学生利用合理的方式宣泄不良情绪，也利于培养学生的审美情操。

**3. 举办校级心理演讲比赛**

举办心理演讲比赛可以给学生提供更大的平台，这个平台可以利用别人战胜"心理魔鬼"的例子作为主题，也可以利用自身优良的积极心理品质做例子去感染他人，还可作为宣泄平台，演讲自己对自身不良心理变化的日记。通过这种方式不仅可以让学校更加重视学生的积极心理健康教育，也能得到来自他人的帮助，更快地从心理困境中走出来。演讲比赛应设有奖项，所有参赛者都有奖励。这样可以培养学生的积极主动性，从而使其从紧张的学习氛围中转移注意力，减轻学习焦虑，也能从大家的鼓励中获取信心，拒绝自卑心理。

**4. 校园广播站播放有利于学生身心健康的歌曲、演讲和事例**

身边的一切事物都能够影响到人物自身，人的本身受环境影响是极大的，所以学校可以营造一种良好的氛围，利于学生身心发展的环境。学校广播站也是很好的渲染校园环境的工具。校园广播站一般是学生在岗，利用好校园广播站可以对构建积极心理健康教育体系起到极大的促进作用。因为广播站的工作人员是学生，平时也是和其他人一起上课，可以更好地了解到学生的喜好，可以根据学生的喜好进行校园广播，做学生喜爱的校园广播内容调查，了解学生喜欢的东西，如歌曲、演讲和事例。校园很流行的就是校园广播点歌，应尽量播放学生喜爱的歌曲。演讲和事例则尽量选择一些励志性的来播报。

**5. 加强心理健康教育专题宣讲活动**

以宣讲形式开展的活动是给学生扩充知识的一种教学活动形式。健康的心理对学习和工作效率都有重要的作用。一个心理健康的人富有朝气蓬勃、积极向上的气息，学习和工作有效率。相反，一个常常心绪不稳定、焦虑过多的人，通常不能很好地集中于学习和工作，效率必然低下。学校定期开展心理健康专题宣讲活动是非常必要的。学生一旦长期处于一种紧张的学习氛围中，必然会积累很多压力，一旦累积太多不能消除则会影响学生的身心健康。心理健康专题讲座可以以热点话题作为切入，吸引学生，并巧妙地引入与主题相关的知识，进而使学生掌握更多的心理健康知识。宣讲活动的形式应灵活多样，增加教师与学生的互动，可展开辩论，既可以掌握学生对问题的看法,引导他们正确地思考,也为制定有效策略奠定基础。加强心理健康教育专题宣讲活动力度,为学生身心健全发展提供保障,也为学校教育质量的提升提供保障。

## 二、积极心理健康教育在年级学生工作中的渗透

### 1. 以年级为单位发布心理健康宣传教育小报

为了有效地培养学生的积极心理品质,每个年级可以制定出心理健康宣传教育小报。小报可以按月发布,内容可以根据学校对学生的观察进行分析并给出举措,也可以进行故事编写,还可以记录校级心理健康活动的内容并对其进行扩展。每个年龄段的学生有自己的发展特点,根据日常的观察和学校调查的数据,心理健康协会按年级制定心理健康宣传教育小报,既可以有针对性地处理每个年级学生的心理问题,也可以让学校领导和老师更加关注学生的心理健康发展,还可以让学生参与其中,共同为学校心理健康教育工作贡献一份力量,同时也能不断增强自身的心理素质。

### 2. 组织观看心理电影

随着互联网的不断发展,人们的生活与网络的关系越来越紧密。互联网在一定程度上影响着青少年的身心发展,随着人民生活水平的提高,农村地区的学生接触网络的渠道也越来越多。网络上充斥的一些低俗信息会给学生造成较大的心理伤害,加之农村家庭对孩子的放纵,并不重视这方面信息的监控与引导。在这种情况下,为了保证农村学生身心得到健全发展,必须加强对网络信息的监管,高效利用网络媒体进行心理健康知识的学习。年级学生会根据学校心理健康教育工作,结合本年级的学生实际情况,制订工作计划,可定期安排各年级同学观看心理电影。

在这里,向大家推荐几部心理电影。第一部是《听见天堂》。这是一部关于梦想与勇气的电影,根据真人真事改编。讲述的是一个从小失明的孩子成为闻名欧洲的声音剪接师的励志过程。第二部是《风雨哈佛路》。该影片讲述了一个出生在千疮百孔的美国贫民窟家庭的女子,经历了风风雨雨,重重困难,最终申请到了奖学金,进入了自己的理想院校——哈佛大学。第三部是《当幸福来敲门》。影片取材于美国著名黑人投资专家克里斯·加德纳的人生经历。即使在生活最困难的时候,他依然对自己和孩子关爱备至,对生活充满期待,最后他做到了,当幸福来敲门,准备好去迎接它吧!第四部是《寻梦环游记》。影片讲述的是小男孩米格尔在追求成为音乐家的梦想的过程中,

得到了家人的支持，也表现了人们对美好未来的期待。第五部是《疯狂动物城》。这部电影告诉我们要肯努力，要勇敢去爱，只要坚持不懈，想要的终究会到来。

## 三、积极心理健康教育在班级学生工作中的渗透

### 1. 心理委员做好监督工作并及时反馈

一个好的班级需要有能力的班干部。心理委员，是我国学校心理健康教育工作中的新生事物，是国外朋辈辅导在我国学校心理健康教育中的本土化形式。心理委员是指受过相关心理学知识培训的学生，在班级中肩负起帮助同学解决一般心理问题、组织心理健康教育活动、传播心理健康知识等职责的职务（赵恺，2014）。心理委员作为班级中的一员，与大家年龄相仿，自然与同学互动较为频繁，因此更加容易发现和预防其他同学的心理问题，能及时向老师反馈同学的心理状态。心理委员要做好本职工作，帮助班级同学提高抗挫折能力和适应能力，避免同学有病态心理，防止校园心理危机事件的发生。

### 2. 班主任定期开展心理健康专题班会

由于不少农村中小学生成长于家庭结构不完整、父母长期外出务工或是父母关系不和的环境下，这对身心发展的伤害是根深蒂固的，随着时间的推移，也是难以消除的。他们身心本来就承受着家庭环境带来的负面影响，在学校又面对着学业压力。不少农村中小学生由于家人的溺爱和放纵，心理承受能力较差，容易出现心理问题。班主任应该定期给班级同学举行心理健康教育专题班会。班会主题可以根据年龄段选择，较有针对性地对他们进行心理健康教育。例如，在小学中低年级阶段需要班主任对学生进行学习积极性培养；小学高年级则可以协助班主任一起完成班会工作，这个阶段主要是以认识自己、培养兴趣爱好和升学准备等为主题。初高中阶段班主任可以指导班干部主持班会，初中阶段主要是以适应新环境、学会交往和学会学习等为主题，高中阶段主要是以合理安排时间、缓解压力、如何与异性相处、为择业或升学做准备等为主题。专题班会对于培养学生的积极心理品质有极大的促进作用，也让他们学会自我教育与情绪调节，养成积极乐观的生活态度。

### 3. 班级心理活动月

班级活动是一门科学，也是一门艺术。班级是学生成长的乐园，班级活

动是丰富多彩的，但是为了营造良好的学习氛围，学生良好的心理素质是关键，具有良好的身心才能使学习更有效率，因此班级心理活动是必不可少的，形式也可以多种多样，真正地让学生感受到学习的快乐。开展班级心理活动月要与学生实际生活相结合，要与各学科知识相结合，体现时代潮流，富有时代气息。

### 4. 组织班级心理健康黑板报活动

为了在农村中小学中创建心理健康的人文环境，面向全体学生普及心理健康常识，帮助他们加深对心理健康重要性的理解，增强学生的自我心理保健意识，使学生以积极乐观的心态面对学习和生活，在班级里可以举办心理健康黑板报活动，每班可以分成几个小组，每个组可根据自己的想法设计黑板报。每组的主题各不一样，内容须精心构思策划。布局排版认真，主题突出、设计新颖、布局合理、图文并茂、书写工整的黑板报呈现在班级上，这样才能起到良好的宣传效果。活动结束后，每组都应该得到奖励，以增强学生的学习主动性。黑板报活动，营造了良好的班级环境，培养了学生的合作精神，宣扬了积极向上的健康心理，积累了学生自主学习心理健康知识，提高了学生的心理健康自我调节能力，对促进学校心理健康教育的普及发挥了很好的作用。

### 5. 与心理健康协会共同组织团体辅导活动

随着学校课程改革的多元化，团体辅导活动开始作为学校心理健康教育中的一个模块。团体辅导活动课以学生为中心，以学生的"玩"为主。在活动中，"玩"是为引发某些预期结果而特别为学生设计的一些活动，教师则是通过设计、组织、引导来促使学生体验、感悟、成长（武子平，2017）。团体辅导活动通常以班级为单位开展，因为学生的心理素质是在集体中内化发展的，所以，班干部协助班主任根据本班的实际和团体辅导计划与心理健康协会共同组织进行心理健康教育，可以着力培养良好的班级气氛，使学生建立平等和谐的人际关系。

## 四、积极心理健康教育在宿舍学生工作中的渗透

### 1. 宿舍长做好监察工作并及时反馈

宿舍是校园生活的主要场所。部分农村中小学生由于家庭住所离学校远而选择寄宿，农村中小学寄宿管理制度是学校管理的关键部分，学校领导和

班主任应给予重视。宿舍执勤安排值周教师，值周教师与寄宿学生要做到共同生活，对学生的就寝生活给予统一管理，一旦发现学生在宿舍中出现不文明、不卫生，以及不安全的行为，应注重思想教育的及时开展（周艳明，2019）。值周老师需要重视寄宿学生的心理变化，因为这部分学生家人几乎长期在外务工，爷爷奶奶等无力照顾，家庭地址偏远，造成他们长期缺乏亲人的关爱，性格难免会与非寄宿学生不同，较容易出现心理问题。农村初高中学生宿舍由学校安排，宿舍长是学生，宿舍的成员相对固定，住在一起的时间长，交流的时间长且深，他们大多面临的是人际关系问题。根据发展心理学理论，同伴人际关系对心理成熟成长有着非常重要的作用。由于宿舍成员长期住在一起，家庭生活背景不一，性格各不同，各方面都容易互相影响。生活上的困难是必不可少的，初高中阶段正是情绪起伏大的阶段，学生比较敏感，所以宿舍长要注意观察宿舍成员的心理变化，若有异常心理需要及时上报给老师，使得异常心理得到及时调整。

### 2. 构建宿舍成员良好关系，促进朋辈互助

良好的宿舍成员关系是美好校园生活的基础，构建良好的宿舍成员关系是每个成员的责任。宿舍是公共生活的场所，每个人都有自己的生活空间，在这个共同的生活环境中，必须制定大家共同遵守维系的生活规则。安排好宿舍值日工作，共同维护良好的生活环境，有了好的生活环境，才能维护营造好的宿舍关系；另外，在学习上互相帮助，学会赞美对方，做到诚信待人，不搞"小团体"，就算大家性格各方面大相径庭，也要学会宽容和理解，这样自然就有了好的心情与和谐的宿舍关系。

### 3. 宿舍长动员宿舍成员参加心理健康活动

学校心理健康协会、年级和班级组织的心理健康教育活动，都是有利于培养学生积极心理品质的活动。作为宿舍长，需要尽职，为宿舍成员的心理健康着想，积极动员宿舍成员参加各类心理健康活动，这也是一个促进宿舍良好关系的途径，使得宿舍成员能在活动中学会互相关照、互相尊重、互相理解和忍让，也能使得成员间更加了解彼此，学会营造和维护良好的宿舍人际关系。

### 4. 开展以宿舍为单位的活动，增强宿舍凝聚力

农村寄宿的中小学生，由于缺乏人际交往的技巧，开展以宿舍为单位的活动需要由作为宿舍长的在校教师组织，可以根据中小学生的兴趣爱好展开

活动,如拔河活动、球赛等。初高中生和舍友长期居住,而且年龄相仿,大家感兴趣的东西都有类似之处,所以宿舍活动的形式多种多样,比如,一起唱歌,一起参加宿舍评比活动,还可以为宿舍定一个纪念日,每年都庆祝宿舍纪念日,以及一起去郊游等活动。在活动中,同宿舍的同学会变得非常亲密,彼此也可以有更多的了解机会,友谊也会更加浓厚。

## 参 考 文 献

陈晓娟,任俊,马甜语,2009. 积极心理健康的内涵解析[J]. 心理科学,32(2):487-489.

陈云,2014. 马斯洛人本主义心理学:以《动机与人格》为核心文本的研究[D]. 北京:首都师范大学.

丁红莉,龚洁,2016. 中小学生自我意识发展现状调查与思考[J]. 校园心理,14(6):399-401.

关越,2019. 应从小培养孩子的意志力[N]. 吉林日报,2019-10-17(10).

金婷,戴斌荣,2019. 农村留守儿童生活质量状况及影响因素[J]. 中国健康心理学杂志,27(4):614-619.

李涛,邬志辉,2015. "乡土中国"中的新"读书无用论":基于社会分层视角下的雍村调查[J]. 探索与争鸣(6):79-84.

吕文婷,2013. 小学三到五年级儿童自我意识发展状况调查[D]. 长春:东北师范大学.

马金焕,2017. 留守学生心理健康教育模式的构建[J]. 学周刊(19):29-31.

戚辉,2019. 开展心理社团活动提升高中生心理健康水平研究[J]. 成才之路(20):14-15.

谭承示,廖雪萍,2008. 农村留守学生性格缺陷的问题及其对策[J]. 中国校外教育(理论)(S1):1395.

王艺璇,2014. 留守儿童人际交往能力改善研究[D]. 兰州:西北师范大学.

万兴,2008. 中小学生"早恋"现象的预防和疏导[J]. 科学咨询(教育科研)(12):25.

武子平,2017. 浅谈小学心理团辅活动课的有效开展[J]. 甘肃教育(9):31.

杨善堂,程功,符丕盛,1990. 初中学生自我意识发展特点的研究[J]. 心理发展与教育(1):9-16.

姚伟,关永春,2004. 儿童教育与儿童的生活质量[J]. 东北师大学报(哲学社会科学版)(2):140-144.

闫振林,2019. 农村家庭教育现状及解决建议[J]. 法制与社会(28):245-246.

张振新,徐宪斌,陶晓琴,2010. 中小学生人际关系的发展性研究[J]. 浙江教育科学(4):12-16.

赵恺,2014. 关于加强班级心理委员队伍建设的几点思考[J]. 商情(44):286-287.

周艳明,2019. 农村寄宿制小学管理策略研究[J]. 才智(21):1.

Williams D R,1990. Socioeconomic differentials in health:A review and redirection[J]. Social Psychology Quarterly,53(2):81-99.

# 第十章　少数民族文化在广西农村中小学积极心理健康教育中的渗透

## 第一节　少数民族文化在农村中小学积极心理健康教育中渗透的意义

### 一、少数民族语言文化有利于增强学生的民族向心力和凝聚力

广西壮族自治区是全国少数民族人口最多的少数民族自治区，具有灿烂的少数民族语言文化，其中普遍使用的少数民族语言主要有壮语、瑶语、苗语、仫佬语、京语。少数民族语言是少数民族文化的重要组成部分，是一种特殊的文化现象。少数民族语言承载着少数民族独特的民族思想、民族情感与民族意识，贮藏着民族历史与民族记忆，是构成一个民族的重要因素（李秀华，2018）。少数民族语言是开启少数民族智慧宝库的钥匙，是传递民族情感、形成共同民族心理的桥梁。在同一少数民族语言氛围下，每位学生对特定的团体都具有特殊的情感连接，在心理上获得安全感，产生"我们的语言"的民族归属感。少数民族成员在共同的语言交往中交流思想、表达情感、传递经验、建构关系，从而形成强烈的民族认同感。在全国推广普及普通话的大背景下，少数民族学生在不同程度上体会到文化差距带来的影响，常常因为语言问题而产生自卑心理，导致人际交往障碍等问题。少数民族语言是少数民族学生最为普遍的表达感情和相互交流的思维工具，在少数民族中小学构建良好的少数民族语言氛围，运用少数民族语言进行交流，在互相交流的过程中拥有同一语言文化背景的学生之间会产生巨大的亲和力和情感的认同感，学生们团结在一起，增强了学生之间的民族向心力和凝聚力，从而提升学生民族文化认同感和自信心。

## 二、少数民族服饰文化有利于提升学生的鉴赏能力

在漫长的社会发展过程中,广西这个多民族聚居的自治区的各个少数民族创造了丰富多彩的服饰文化。栩栩如生的图案纹样和内涵丰富的色彩搭配让少数民族的服饰美的神韵充分地显示出来。服饰中图案纹样代表一种情感符号,它汇集了一个民族的传统文化和地域文化,蕴藏着一定约定俗成的含义,表达了一个民族特定的生活情操和审美观念(玉时阶,2012)。例如,瑶族服饰文化以五色犬盘瓠为图腾,挑花构图,呈现出独特的魅力,表达对其始祖盘瓠的图腾崇拜的信念,其五色的色彩配置在中国民间美术体系中呈现出独特的魅力,具有别具一格的民族色彩特点。广西少数民族服饰的审美观主要源于自然崇拜和源于生活,壮族服饰中的图案纹样千姿百态,纷繁复杂,整体上简洁、具象。例如,京族服饰大多有自然美的烙印,是自然美的物化,折射出京族人民对自然的审美意识,在整体上呈现出潇洒飘逸的风格,与海滨自然环境造就的审美意识有关,以海水、风浪的动态美感物化于服饰创造。

审美价值是服饰追求的基本功能之一,从远古人类服饰的产生到现代服饰的发展变化,始终离不开人类欣赏美、追求美、创造美的心理驱动。广西少数民族服饰文化的形成与发展同样也受到各民族审美意识与审美观念的深刻影响,使其以鲜明的特色、精美的工艺、各异的样式和独特的风韵著称于世,其间所表现的美是极其独特的、丰富的。广西少数民族服饰具有自然美。少数民族人民对自然物进行创造性的艺术加工,选择自然物中真实、精美、生动的部分,通过自己丰富的想象和巧妙的构思,按照美的形式规律,在写实的基础上,通过高度的艺术提炼、简化、奇妙组合成极具民族风格的图案纹样(陈曼平,2005)。展现在服饰上的图案纹物比自然界的生物更加自由、生动,更富于幻想、更具有强烈的艺术魅力。广西少数民族服饰还具有历史积淀美。每个民族的服饰都包含着独特的主题、与众不同的风格和情感,甚至还有一些古老的民间传说,透过少数民族服饰,可以洞察到少数民族历史上的沉淀,淳朴厚重,耐人寻味。

少数民族服饰是少数民族人民审美心理的物化,是一种可贵的艺术创造,即黑格尔所说的"认识性的想象力"和"实践性的感觉力"结合的产物,具有很高的美学价值(时晓蕾,2015)。例如,壮族服饰融入了壮族人民的炽热感情,具有传承历史、教育后人、陶冶情操、净化灵魂的文化功能。将少数

民族服饰文化融入农村中小学教学中,能引起学生心理上的反应和共鸣,使学生在心灵深处受到感染和感化,从而达到无声感染的艺术效果,对培养学生发现美、鉴赏美、创造美的能力具有重要的影响。

## 三、少数民族传统体育文化有利于培养学生的合作意识

广西壮族自治区作为一个多民族聚居区,因其特殊的自然地理和人文环境,各民族在长期的历史发展过程中创造和形成了丰富多彩的传统体育文化资源。

广西少数民族传统体育活动大多是以团体形式参加的群体性活动,如三人板鞋竞速、抢花炮、高脚竞速接力等项目都需要队员之间相互配合、共同发力,才能获得胜利。民族传统体育是我国少数民族漫长历史文化的积淀和创造,蕴含着强大民族凝聚力和向心力,既是民族融合互动的纽带,更是民族感情相互交流的桥梁,蕴含着丰富的文化内涵和启发意义。广西少数民族传统体育集竞技、健身、娱乐和文化于一体。弘扬少数民族传统体育文化活动有助于增进民族间的交流、民族关系的改善、社会的和谐与稳定。在农村中小学开展传统体育活动,对强化学生的体育精神、优化学生团结的品质具有重要的作用。

广西少数民族传统体育活动中蕴含的社会性、竞争性和规范性等隐性文化内涵,在无形之中对中小学生的心理健康产生积极的促进效应。学生通过参加民族传统运动项目,能够在不同的项目中获得不同的情感体验,有效增加成员之间的交流与沟通,缓解学生的人际关系敏感、压抑等心理障碍,有利于培养学生积极进取、团结协作等优秀品质,另外,通过合作和团结启发学生的社会意识,增强学生的自信心和责任感。如三人板鞋竞速,这项活动必须由三个人互相配合,共同发力,控制任何自我冲动和个性表现行为,才可能取得成功。学生在活动的过程中能够学习与他人合作和相处的能力和技巧,这种合作能力最终会影响和转移到他们日常的学习、生活中,有利于他们增强团结合作的意识,培养集体主义精神。

## 四、少数民族民歌文化有利于保持学生积极乐观的精神状态

广西是一个爱歌、善歌民族聚集的地区,被誉为"民歌的海洋"。少数民族民歌文化是民歌在民俗、历史、经济发展过程中形成的一种文化,蕴含着丰富的情感因素和人文价值,民歌作为歌唱生活、歌唱劳动、抒发情感的一

## 第十章 少数民族文化在广西农村中小学积极心理健康教育中的渗透

种特有艺术形式,在广西经久不衰,每逢节日及重大节庆活动,人们都以唱民歌的方式互相交流,传情达意。少数民族民歌将娱乐性、趣味性、知性、艺术性巧妙地结合起来,具有浓厚的乡土气息和生活气息,具有寓乐于歌、寓教于歌的特点。

广西少数民族人民把民歌当作一种自己生命活动的审美对象,是一种善于体验生存意志和情感,善于享受生命快乐的智慧(吴德群,2012)。例如,壮族人民在长期的劳动和生活中通过编、唱、听,对山歌来互相表情达意,以歌驱乏。壮族山歌曲调爽朗质朴,节奏自由,鼓舞人民志气,激发人民的热情。侗族大歌作为一种民间多声部音乐,是在侗族人民的群体性劳动中产生的,其最初的作用就是使人们得到精神上的慰藉,释放因繁重劳动而带来的心理负担。后来慢慢发展成为人们宣泄情感的重要手段,人们在大歌的美妙声中亦歌亦舞,欢悦之情油然而生,达到了娱乐身心的目的。京族人民通过唱哈,借助朴实无华的歌声来歌颂先祖们的丰功伟绩,诉说渔家人生活的艰辛与快乐,展现渔家人其乐融融的祥和景象,表达他们对于未来生活的美好向往。

音乐是人们社会生活中极为重要而又较为普遍的文化形式,其作为一种精神产品,与人民的日常生活息息相关,音乐中所蕴含和表达的情感通过共鸣的形式渗透进主体的内心深处,从而绵延不绝、代代相传。人们在审美创造活动过程中,精神获得愉悦,身心得到调节。

广西少数民族民歌文化中蕴含着许多积极的心理资源,如和谐的情感,健康朴实的兴趣爱好,持之以恒的毅力,乐观向上、宽厚待人的生活态度等良好的个性品质。学校可以通过这种长期形成的人生价值观来引导学生热爱生活、热爱家乡、不怕困难,培养学生乐观向上的个性品质。民歌文化体系中有很多有助于保持学生积极乐观的精神状态的题材,例如,要求积极向上、希望社会和谐稳定、劝诫人心向善的民歌;表达热爱祖国、热爱家乡、热爱生活的民歌;珍爱生命、乐观向上、教人待人处世的民歌;抒发内心感受、向往美好生活的民歌;等等。这些内容健康向上、曲调优美动听的少数民族民歌,为弘扬时代主旋律,坚持用"高尚精神塑造人""优秀作品鼓舞人",为提高青少年的思想、文化、身心健康提供了强有力的精神动力和思想保证。另外,从表现形式而言,少数民族民歌淳朴、自然、真实,而且结构短小、韵味和谐、幽默风趣、朗朗上口,这种丰富鲜活的形式能迎合中小学生的心理特点,使学生无论从认知上还是从行动上都愿意接受。中小学生经常由于学习压力太大产生消极情绪,而民歌这一充满情感因素和文化内涵的艺术形式，对学生释放压力，改变自我封闭状态，宣泄情绪，消除心理障碍，保持积极乐观的心理健康状态具有巨大的促进作用。

## 五、少数民族建筑文化有利于培养学生的创造性思维

少数民族建筑是少数民族人民智慧的结晶和创造力的象征。广西少数民族建筑在结构、布局、工艺、装饰等方面都形成了自己典型化、规范化的风格，具有浓厚的民族色彩和地方特色，凸显出丰富性、原生性及景观独特性等文化特征。例如，侗族"建筑三宝"之一风雨桥，用木料筑成，不用一钉一铆，全靠凿榫衔接，横跨溪河，傲立苍穹，久经风雨，仍然坚不可摧。"干栏"式建筑与山、水、植物相互融合，构成绚丽多彩的桂西北山区民族村寨美景，是对"家"的形象生动的诠释，体现出少数民族人民追求与自然的和谐统一。

创造性是指根据一定的目的和任务，运用一切已知信息，开展思维活动，产生出某种新颖、独特、有社会或个人价值的产品的智力品质（俞国良，1996）。创造性的发挥既需要个体所特有的创造性思维水平，又需要特定的环境刺激来激发个体的思维活动来整合各种信息（李爽，2014）。可见环境是影响中小学生创造力发展的重要因素，为学生提供一个具有丰富感受性心理环境，可以有效地激发学生的好奇心和创造力。少数民族建筑是少数民族学生们家的缩影，与其生活息息相关，是不可分割的一部分。学生对家具有较强的情感依托和归属感，家是人们心中温暖的港湾。安全的心理氛围是学生积极、稳定的情绪产生的前提条件，而积极、稳定的情绪有利于学生发散思维进行自由联想。

少数民族建筑依地而建，凝聚少数民族人民与众不同的智慧，鲜明的建筑风格、精湛的做工技巧、巧妙的搭配组合使少数民族建筑蕴含着丰富的审美形态，包含着自然美、形态美、结构美、意蕴美等。少数民族建筑的一砖一瓦包含的文化内涵及家的情感都能激起学生的兴趣、思考和想象，将少数民族建筑文化融入教学中，可以有效地引起学生的学习积极性，对培养学生的创造力具有重要影响。将少数民族建筑文化融入农村中小学的积极心理健康教育中，能够使学生在自己的民族文化背景的教学情境下对建筑艺术的创造与想象有更精确的理解。通过对少数民族建筑的建筑风格、艺术特色和文化内涵进行解读，让学生领略少数民族建筑的魅力，内化学生的情感认识，培养学生的鉴赏和欣赏能力，激发学生的创造力和实践能力。

## 第二节 少数民族文化融入农村中小学积极心理健康教育的路径

### 一、在校园文化中有机地融入少数民族文化

校园文化是学生生长的"空气"与"阳光",是文化在校园中的缩影,具有重要的教育意义,能够在学生成长的重要阶段影响他们的思想品质和身心健康。在农村中小学的校园文化建设中融入少数民族文化,对学生心理健康的影响将是潜移默化的、积极的、持久的。

**1. 校园建设中融入少数民族文化元素**

少数民族地区农村中小学的校园建设要融入少数民族文化元素,注重校园实体建筑物及相关景观的建设,将少数民族文化特色的呈现和现代理念的发挥紧密结合起来。整体层面上,学校的大门院墙、教学楼、读书长廊、图书馆、体育馆、食堂等主体建筑结构,可在现代化建筑风格的基础上融入少数民族文化元素。微观层面上,学校教学楼的名称、标语、指路牌等也可以打造别具一格的民族文化特色。绿化景观方面,可以根据地方地理环境气候等特征,种植不影响当地植物生长的及具有民族文化象征的花草树木,打造与众不同的学校自然景观。在具有浓厚民族文化底蕴的校园环境中唤醒和重建学生的民族文化记忆,提升学生的文化素养,增强学生对自己学校和民族的自信心和自豪感,融入少数民族文化色彩的校园建设时刻触动学生的感官,使其在愉悦中学习,自觉形成一种积极向上的心态。

**2. 创设校园特色文化**

重视传承和弘扬少数民族文化,将少数民族优秀传统文化融入学校的办学理念、校风建设之中,运用心理机制创设校园特色文化。农村中小学中合理、创新的规章制度,宽严相济、富有人文精神的管理模式,重视传承和弘扬少数民族文化的民主型领导风格,组织丰富多彩的少数民族传统活动和建立有效的心理支持系统,等等,都会对学生的身心健康发展起到积极的促进作用。认同是学校保持行为规范整体性的重要心理机制,创设校园文化的过程中可以充分运用认同的心理机制,在学校领导和教职员工的作风气质方面、规章制度方面、学术活动方面等表现出对少数民族优秀传统文化的认可和继

承，建设校风特色突出的校园文化，使学生从进入学校开始，就能够从认知上的认同，发展成为情绪上的认同，乃至上升到行动上的认同层面，迸发出巨大的学习热情，使校园文化建设达到理想效果。

## 二、在隐性课程资源中有机地融入少数民族文化

隐性课程资源是指没有被列入正式课程体系中但以潜在的方式对教学活动产生一系列影响的资源，如少数民族地区丰富的环境资源、多样化的乡土文化教育资源、和谐的师生关系等。隐性课程正以陶冶和潜移默化的功能对学校教育产生影响，在某种意义上补充和拓展了显性课程所不能及的教育功能（罗宏忱，2004）。隐性课程资源对培养学生的智力发展和非智力发展都起着不可忽视作用。

### 1. 提升学生对少数民族文化的情感态度与情感体验

学生的生活经验是最重要的隐性课程资源。建构主义教学认为，学生在学习之前，头脑并非一片空白的，而是基于原有知识经验背景的建构，学习过程也不是接受现成的知识信息，而是基于原有经验概念的转变。在课程教学的过程中，教师应该从学生的实际出发，结合与学生日常生活密切相关的民族情境，激发学生的思考，强化知识的巩固，增进学生学习的现实感和积极体验。

教师自身就是巨大的隐性课程资源库。教师在教学创设过程中要善于挖掘少数民族文化里隐含的积极心理健康教育元素，将蕴含在少数民族文化中的积极心理资源融入教学的创设中，使学生在重视少数民族文化的积极氛围中潜移默化地获得熏陶，提升学生对自己民族文化积极认同的情感态度和心理幸福感。

生成性课程资源是珍贵的隐性课程资源。生成性课程资源就是课程教学过程中，教师与学生、学生与学生、学生与文本等双向与多向互动时产生的课程资源。因此在课程教学过程中需要构建良好的人际情感环境。教师应提高教学的艺术性，减轻学生的心理压力，营造轻松、快乐的课堂氛围，让学生在轻松、快乐的课堂氛围中积极发言、积极互动，在体验中学习，在活动中创造，在合作中成长，使课堂成为学生体验积极情感的场所。

### 2. 营造弘扬优秀少数民族文化的心理氛围

班级是学生在学校中形成的重要组织，是学生安全感、归属感、成就感

的重要发源地。优良班风是长期教育和培养出来的一种氛围,以集体荣誉感、自豪感为出发点和归宿点,带有强烈的情感因素,积极向上的班级氛围可为师生提供良好的教学环境,为师生的学习、工作营造和谐的心理教育氛围。

营造积极的班级氛围,可以以弘扬优秀的少数民族文化为主题,定期开展主题班会、创设民族文化角等方式,提高学生对优秀民族文化的认知,对其进行情感体验,运用少数民族文化中蕴含的热情、团队精神、希望、创造力等积极因素激发学生积极健康的情绪和培养学生的积极心理品质。更重要的是,在开展主题活动的过程中,要关注每一位学生的个人品质,挖掘每一个学生的兴趣,探索、激发学生的积极品质力量,加强学生的自我发展能力,从而让学生和教师获得幸福感。另外,让每个学生自己具有积极心理品质,并结合一些生活中的实际行动在心理健康课程中说明该心理品质。这个过程中,很多学生会慢慢发现自己的优点,这对于培养其积极性有着极大的帮助,当学生们结合自己的经历对所选心理品质进行解释时,可以让学生更加清晰地认知自身具备的优秀心理品质,产生自信心、自豪感与责任感,并迁移到学习和生活中。调动每一位学生的积极心理品质为班集体贡献属于自己的一份力量,使每一位成员在班集体中获得快乐和满足。

## 三、在综合活动中有机地融入少数民族文化

活动是心理发展的基础,学生积极的心理品质是在活动和交往中形成的。活动文化是开展中小学积极心理健康教育的主渠道,它对学生心理潜能的挖掘、心理机能的提升具有重要的教育价值。在少数民族地区农村中小学开展综合活动时应该有机融入少数民族文化,在活动目标上要注意活动目标设计的整体性和层次性,将竞技、情感、行为目标三者有机统一,将立足点放在活动动态进行过程的各个环节,关注学生在文体活动中的情绪状态和情感体验,促进学生心理素质的全面发展和健全人格的形成。

**1. 开展传统体育竞技活动**

广西少数民族具有丰富的传统体育竞技活动,蕴含着丰富的积极心理健康教育资源。在农村中小学开展积极心理健康教育的过程中充分利用民族传统体育训练过程中的情绪体验,引导学生学会自我调节情绪,可以有效地增强学生对自我情绪的控制能力。同时,利用传统体育运动项目的训练过程磨砺学生坚强的意志品质,培养学生形成勇于尝试、坚韧不拔的信念。通过体育项目中的训练和竞赛模式,使学生学会通过合作、竞争的方式来取得更好

的成绩，学生通过合作感受到团结和宽容的力量，通过竞争模式来不断激发自己的潜能并保持主动的心理暗示和激励机制状态。

**2. 创办少数民族文化长廊**

少数民族文化长廊是学生弘扬少数民族优秀文化的重要阵地。通过创建少数民族文化长廊，让学生与富有表达力、富有情怀的传统民族文化进行交流，从优秀的少数民族文化中汲取营养、找到动力，发现民族文化之美，使文化自信浸润于心。少数民族文化长廊由民族主题板报、民族元素的手工艺展示、民族英雄事迹三部分组成。

第一，组织学生参与主题板报的设计，创设不同主题的少数民族文化板报，让学生在作品创设的过程中形成良好的人际互动，提高动手操作能力和执行能力，培养汲取丰富民族元素的艺术感，提升审美能力，通过多姿多彩的作品的展示让学生更加深刻地感悟少数民族文化的精神与智慧，极大地丰富了素质教育的内容，使学校的育人环境民族特色化，使传统民族文化得以传承和发扬，让少数民族学生不断增强民族自信心和自豪感。第二，通过汲取少数民族服饰文化和建筑文化的图形和色彩的搭配进行手工艺品的创作和展示，手工材料与学生的生活环境息息相关，学生容易产生积极的情感和兴趣，在亲切、温暖的心理氛围下学生的思维会更加活跃，能激发出学生更多的灵感和创造空间。第三，通过民族英雄事迹，用少数民族英雄的精神去感染每一位学生，帮助学生以积极的心态挖掘自身潜能，在学生心中建立榜样的力量，让学生加深民族情感，对少数民族文化产生积极的认同。

**3. 组织少数民族文艺活动**

校园文艺活动的开展能够使学生身心放松，提升其参与校园生活的主动性，避免心理问题的出现。因此，学校可定期开展少数民族歌舞比赛、舞台剧表演等文艺活动，将少数民族优秀文化融入其中，配合富有艺术性、创新性、人文性的活动形式，以求重点突出、情感丰富，从而促使学生进一步感受民族文化的魅力，坚定文化的信念。少数民族音乐和舞蹈蕴含着丰富的精神内涵，对保持学生积极乐观的状态具有重要影响。在绚丽的灯光和舞台背景下声情并茂的演唱和婀娜多姿的舞蹈是学生可以直接通过感官感受到的，再配上精美的民族服饰，更加使得学生置身其中，感受着少数民族的艺术魅力，从而使学生在参与文艺活动的过程中，触发热爱家乡、热爱人民的情感，情绪得到充分的调动，思想共鸣，心灵感动，内化于心，外化于行（邵艳梅和张芮萍，2019）。另外，还可以通过舞台剧表演的形式，鼓励每一位学生找到自己的兴趣点,在参与活动的过程中发挥自己的特长,给予每个学生充分表达自己个性的机会,从而进一步提升学生的自信心,发掘学生的潜力,促进学生健全人格的养成。同时在这个过程中,让学生感受团结与合作的魅力,通过一言一行,切身感受动态的文化缩影,增强学生欣赏美、创造美的能力。

## 第三节　少数民族文化在课程中的渗透

### 一、少数民族文化在积极心理健康教育课程中的渗透

#### 1. 在课程内容中渗透

学校积极心理健康教育的内容重点放在培养学生积极的心理品质方面,如积极的思维活动、情感体验、人格品质、认知方式和意志品质。在少数民族语言文化、服饰文化、建筑文化、民歌文化、传统体育文化中都蕴含着丰富的积极心理健康内容,农村中小学的积极心理健康教育内容可以充分融入具备积极心理资源的少数民族文化,培养学生的积极品质。首先,在积极心理健康教育内容中增添关于少数民族语言文化和服饰文化的内容,可以有效地指引学生积极认同自己的民族文化,增强作为少数民族学生的自豪感,帮助学生在学习、生活中以自信、积极的状态去获取社会支持,坚定生活信念,寻求和掌握获得美好幸福生活的方法。其次,在积极心理健康教育中有机融合对少数民族建筑文化进行探究的内容,让学生通过对少数民族建筑文化的内容学习,领略少数民族建筑的魅力,内化为情感认识,充分挖掘学生的潜力与创造力。再次,少数民族民歌文化是少数民族人民的审美创造活动,在积极心理健康教育中增添民歌的鉴赏环节,可以有效地激发学生的内在活力,使学生精神上获得愉悦,身心得到调节。最后,广西少数民族的民风民俗也具有独特的教育价值。实现学校的正式教育与民间的非正式教育之间保持灵活的转换,让少数民族文化充分融入教育资源与课程体系中,让少数民族学生的学习习惯与生活方式得到充分的尊重(旭红和蔡迎旗,2018)。有机地将少数民族的民风民俗融入积极心理健康教育的内容中,帮助学生培养传统美德的同时,让农村中小学的积极心理健康教育的教学内容更加丰富,拓展少数民族地区农村中小学积极心理健康教育课程的教学空间。

**2. 在教学过程中渗透**

少数民族文化要在农村中小学的积极心理健康教育的教学过程中进行渗透，应该在遵循教学原则的基础上进行创新性的融合，以此提升学生的情感体验，促进学生形成积极的态度及正确的价值观。

第一，积极心理健康教育的教学过程要遵循主体性原则。主体性原则要求在教学过程中重视学生的主体性，充分发挥其主体作用，让学生积极主动地参与到教学中来。因此，积极心理健康教育教学过程中可以融合少数民族语言文化和民歌文化进行参与式教学和情境教学，让学生积极主动参与、互动与体验，让少数民族文化中蕴含的积极情感通过共鸣的形式渗透到主体的内心深处。一方面，少数民族民歌中蕴含着丰富的情感因素和人文价值，具有强烈的感染性。组织学生进行歌曲对唱，或者通过打节奏的方式，让学生在这个过程中感受音乐世界的奇妙与美好之处，丰富内心情感，同时，也为学生提供宣泄学习与生活上的压抑情绪的机会，提高学生的心理品质。另一方面，少数民族语言是学生情感连接的桥梁，在教学过程中增添民族元素，采取情境式教学形式，容易使学生具有主人翁感和激发其内部动机，有利于培养学生解决问题的能力和探索精神（谢应宽，2004）。在积极心理健康教育教学过程中融合少数民族文化创设方言版的角色扮演或者心理情景剧，增添教学的吸引力。同时，学生在积极参与和体验的过程中，得到了表现自我的机会，每一位学生的个性特征得到充分展现，凸显学生的个人价值，从而增强了学生自主学习、自我教育、自求发展的信心，使学生的内心产生了实现个人价值的满足感，并由此产生了价值追求的新目标，对未来形成建设性的认识。

第二，积极心理健康教育的教学过程要遵循活动性原则，活动性原则要求教学以活动为主导，以活动贯穿整个教育过程，以活动的方式促进学生的身心健康发展。在农村中小学开展积极心理健康教育活动，要做到以下几点。一方面，可以融合少数民族传统体育，开展户外体验式心理素质拓展训练。设置一系列新颖、有趣、亲切的情景，让学生主动地去体验，接受个人潜力激发和团队凝聚力的挑战，然后经回顾反思和交流分享，促使学生发现自我价值，发掘自身潜力。让学生认识团体的作用，信任他人、投入团队，提高沟通交流的主动性和技巧性，树立相互配合、相互支持的团队精神，增强团体意识和责任感。通过体验式心理素质拓展训练加深学生对自我和团队合作的认识与领悟，并将拓展训练中获得的认知和积极体验迁移到学习生活中。

# 第十章　少数民族文化在广西农村中小学积极心理健康教育中的渗透

另一方面，可以充分利用当地丰富的少数民族文化开展校外活动，如组织学生参观当地的民族博物馆、参加民俗活动、拜访民族非物质文化遗产传承人等。实现第一课堂与第二课堂的有机联动，在寓教于乐的校外活动中让学生进行切身体验、感受少数民族文化的魅力，加深学生对少数民族优秀传统文化的认识，提升积极的情感认知，增强学生们的民族文化自觉与文化自信。立足课堂，走出课堂，发展学生广泛而健康的情趣，培养学生独立自主能力、观察能力、获取知识的能力、创新能力和心理承受能力，形成健全的人格，更好地帮助学生树立正确的世界观、人生观和价值观。

## 二、少数民族文化在学科课程中的渗透

多元文化背景下地方课程的核心目标就是要培养学生多民族与多元文化共存的理念，帮助学生树立正确的民族意识和民族观念，增强少数民族学生的自尊心和自信心。因此，在学科教学的内容和过程中要重视渗透少数民族文化中蕴含的积极心理品质。

**1. 在学科教学内容中渗透**

每一门学科内容都蕴含着丰富的文化意义，在教学中教师需要结合学生的民族文化背景，深入挖掘学科课程内容里隐含的积极心理健康教育元素，如培养好奇心、创造力、领导力、团队精神等，增加课堂教学中的民族文化意蕴，让学生在学习基础知识和基础技能的同时，培养自身的积极心理品质，使被动、单调的文化接受过程转变为文化的建构和审美过程，使课程文化异彩纷呈。

例如，在小学美术课的作品鉴赏环节，可将少数民族服饰作品直观地呈现在学生眼前，带领学生分别从图案纹样、色彩搭配、文化内涵对各个少数民族服饰进行整体的认知，体会民族服饰及服饰元素的文化意蕴和历史记忆，激活学生的族群文化自觉意识。通过少数民族服饰文化在美术课程的渗透，让学生在领略民族文化之美的同时，提高学生的学习能力和思维能力，让学生真正爱上美术课。

初中地理教材中蕴含丰富的传统文化资源，在授课时，教师可以对教材内容进行融合补充，进行少数民族文化的内容渗透。比如，在中国区域地理章节中，可增设民族生态地理模块，运用多媒体呈现具有民族代表性的自然及人文景观，引导学生直观地领略自己民族的自然环境、人文景观之美。同时，组织学生绘制"魅力民族"地图，绘制的地图不仅是一个简单呈现，而

且是一个可视化的载体，将自己觉得具有少数民族标志性的图案、文字、建筑符号等有机地融进地图里，整体呈现出民族的独特魅力，从而让学生更加深层次地去了解民族人文景观，扩展学生的想象力和知识面，激发学生的民族情怀，增加民族自豪感。

**2. 在学科教学过程中渗透**

课堂教学的过程中，将少数民族优秀文化，如积极向上的价值观、为人处世的原则及优良的道德品质融入其中，这样不但使学生掌握本民族的历史文化，还了解其他民族的文化，促进学生对中华民族历史上的民族融合和中华民族多元一体格局形成过程的理解。在教学过程中渗透少数民族文化，有利于增强学生的民族自豪感，弘扬少数民族传统精神，同时，有利于民族学生保持民族的特性，塑造民族精神和增强民族凝聚力，从而获得自身全面的成长与发展。

在学科教学过程中可进行双语教学和情感教学。在少数民族学前双语教育中蕴含着异常丰富的民族团结教育因素（褚远辉和辉进宇，2019）。少数民族语言更贴近民族学生的生活及情感实际，具有较高的亲和性和感染力，更容易被各民族学生所接受、认同和内化，并最终转化成为其民族团结素质。学生民族团结意识、经验、态度、情感、体验、心理倾向是建立在一定的语境下的。在教学过程中，将少数民族丰富的语言资源引入教学中，鼓励学生运用双语进行课堂互动，提高课堂的趣味性和艺术性。比如，创设一些运用少数民族语言进行对话的场景，组织少数民族读书交流会等活动，丰富课程文化，帮助少数民族学生感受民族语言文化的独特之美，并以少数民族语言和文化为荣，让少数民族的学生了解少数民族语言文化的博大精深，做到尊重不同民族的文化，促进学生之间的团结友爱。

情感教育是教育过程的一部分，它关注教育过程中学生的态度、情绪、情感及信念等方面，让学生在快乐之中学习、成长。学生在积极的情感参与下，能够取得更好的认知，另外，认知的提高可以使学生产生积极的情感体验。因此，在进行情感教育的过程中融合少数民族文化的积极情感因素，尊重和培养学生的积极民族情感品质，如认同感、归属感、亲切感、满足感、自豪感，促使他们对学习生活和周围的一切产生积极的情感体验，形成独立健全的个性与人格特征。

## 参 考 文 献

陈曼平，2005. 广西少数民族传统服饰文化审美观探析[J]. 广西地方志（6）：45-51.

# 第十章　少数民族文化在广西农村中小学积极心理健康教育中的渗透

褚远辉，辉进宇，2019. 少数民族学前双语教育中的民族团结教育功能研究[J]. 青海民族研究，30（2）：36-41.

李爽，2014. 个体创造性的影响因素：情绪与人格[D]. 曲阜：曲阜师范大学.

李秀华，2018. 语言·文化·民族：民族语言认同与民族共同体的建构[J]. 西北民族大学学报（哲学社会科学版）（2）：7-12.

罗宏忱，2004. 校园隐蔽课程资源初步开发[J]. 辽宁教育研究（5）：36-37.

邵艳梅，张芮萍，2019. 新时代高校文艺活动对提升大学生文化自信的作用研究[J]. 山西能源学院学报，32（5）：23-25.

时晓蕾，2015. 民族服饰在油画中的美学价值[N]. 中国改革报，2015-06-09（12）.

吴德群，2012. 壮族山歌与人的社会化：以认知和情感为视角[D]. 南京：南京大学.

谢应宽，2004. 建构主义教学理论与教学原则体系构建[J]. 贵州师范大学学报（社会科学版）(3)：112-116.

旭红，蔡迎旗，2018. 多元文化视角下少数民族课程教育资源的开发策略[J]. 贵州民族研究，39（11）：236-239.

俞国良，1996. 创造力心理学[M]. 杭州：浙江人民出版社.

玉时阶，2012. 壮族服饰图案纹样的文化内涵[J]. 广西师范学院学报（哲学社会科学版），33（1）：12-15.